逐条解説 シリーズ

逐条解説
●
改正相続法

東京地方裁判所部総括判事
堂薗幹一郎
農林水産省大臣官房法務支援室長（前法務省民事局参事官）
脇村真治
東京地方裁判所判事
神吉康二
法務省民事局登記所適正配置対策室長
宇野直紀
◉
著

商事法務

○はしがき

　相続法制については、近年立て続けに法改正がされ、平成30年7月6日に「民法及び家事事件手続法の一部を改正する法律（平成30年法律第72号）」【平成30年改正】が成立し、その約3年後の令和3年4月21日には、その一部に相続法制の見直しを含む「民法等の一部を改正する法律（令和3年法律第24号）」【令和3年改正】が成立した。平成30年改正は、相続法制の全般的な見直しを内容とするものであり、改正事項も多岐にわたるが、令和3年改正は、所有者不明土地の解消に向けて、その発生予防と土地利用の円滑化の両面から民法等の改正を行ったものであり、その一環として、相続財産の管理等に関する制度の見直しや遺産分割における特別受益や寄与分の主張制限等に関する改正が行われたものである。

　平成30年改正は、昭和55年以来約40年ぶりに相続法制を大幅に見直したものであるが、そのわずか3年後に相続法制に関する上記の見直しがされ、さらに、現在も法制審議会民法（遺言関係）部会において遺言書の電子化等遺言制度の見直しに関する議論が進められている。このように、法的安定性が求められる民事基本法制においてすら、社会の急速な変化への対応が迫られているものといえ、今後もこの流れは変わらないように思われる。

　平成30年改正は、令和2年4月1日までにその全てが施行され、令和3年改正も、相続法制に関わる部分は令和5年4月1日に施行されているが、これらの施行に相前後して、実務的な観点から審理の在り方等に関する様々な検討や工夫がされるとともに、研究者や実務家による解説書等も多数出版されているところである。

　本書は、両改正の対象とされた条文について逐条的に解説をするものであり、平成30年改正については、主として堂薗、神吉及び宇野の3名が、令和3年改正については主として脇村が執筆したものである。本

書では、各条文の文言の意義等を含め、筆者らがこれまでに出版した書籍よりも丁寧な解説を心掛けるとともに、他の研究者や実務家から出版された書籍等で指摘された事項に関しても、一部筆者らの意見を新たに付け加えるなどしている。中には、筆者らの間でも意見が分かれる箇所（民法第902条の2（注1）等）もあり、従前の書籍以上に、筆者らの個人的見解によるところが大きいものであるが、その文責はひとえに筆者らのみが負うものである。

　もとより、筆者らがこのような書籍を出版することができたのは、いうまでもなく法制審議会民法（相続関係）部会及び民法・不動産登記法部会の議論によるところが大きい。この場をお借りして、改めてこれらの部会の委員、幹事その他の関係者のご尽力及びご協力に対し、心よりお礼を申し上げたい。また、本書の刊行に当たっては、株式会社商事法務の池田知弘氏のご尽力を賜った。併せて謝意を表する次第である。

　令和6年10月

筆者一同

○目　　次

第1部　民法 ……………………………………………………………… *1*

第5編　相続 ………………………………………………………………… *2*
第1章　総則 ……………………………………………………………… *2*
第885条（相続財産に関する費用）【平成30年改正】……………………… *2*
第3章　相続の効力 ……………………………………………………… *4*
第1節　総則 ……………………………………………………………… *4*
第897条の2（相続財産の保存）【令和3年改正】………………………… *4*
第898条（共同相続の効力）【令和3年改正】……………………………… *11*
第899条の2（共同相続における権利の承継の対抗要件）
【平成30年改正】……………………………………………… *14*
第2節　相続分 …………………………………………………………… *32*
第902条（遺言による相続分の指定）【平成30年改正】………………… *32*
第902条の2（相続分の指定がある場合の債権者の権利の行使）
【平成30年改正】……………………………………………… *34*
第903条（特別受益者の相続分）【平成30年改正】……………………… *40*
第904条の3（期間経過後の遺産の分割における相続分）
【令和3年改正】……………………………………………… *53*
第3節　遺産の分割 ……………………………………………………… *59*
第906条の2（遺産の分割前に遺産に属する財産が処分された場合の
遺産の範囲）【平成30年改正】…………………………………… *59*
第907条（遺産の分割の協議又は審判）【平成30年改正】【令和3年改正】… *72*
第908条（遺産の分割の方法の指定及び遺産の分割の禁止）
【令和3年改正】……………………………………………… *77*

iv　　目次

第909条の2（遺産の分割前における預貯金債権の行使）

　　　【平成30年改正】 ……………………………………………… *80*

第4章　相続の承認及び放棄 ……………………………………… *88*

第1節　総則 …………………………………………………………… *88*

第918条（相続人による管理）【令和3年改正】 ……………… *88*

第2節　相続の承認 …………………………………………………… *89*

第2款　限定承認 ……………………………………………………… *89*

第926条（限定承認者による管理）【令和3年改正】 ………… *89*

第936条（相続人が数人ある場合の相続財産の清算人）

　　　【令和3年改正】 ……………………………………………… *91*

第3節　相続の放棄 …………………………………………………… *92*

第940条（相続の放棄をした者による管理）【令和3年改正】 ………… *92*

第6章　相続人の不存在 …………………………………………… *95*

第952条（相続財産の清算人の選任）【令和3年改正】 ……… *95*

第953条から第956条まで【令和3年改正】 …………………… *97*

第957条（相続債権者及び受遺者に対する弁済）【令和3年改正】 …… *98*

第958条（権利を主張する者がない場合）及び第958条の2（特別縁故

　　者に対する相続財産の分与）【令和3年改正】 ……………… *99*

第7章　遺言 ………………………………………………………… *101*

第1節　総則 …………………………………………………………… *101*

第964条（包括遺贈及び特定遺贈）【平成30年改正】 ………… *101*

第2節　遺言の方式 …………………………………………………… *103*

第1款　普通の方式 …………………………………………………… *103*

第968条（自筆証書遺言）【平成30年改正】 …………………… *103*

第3節　遺言の効力 …………………………………………………… *110*

第998条（遺贈義務者の引渡義務）【平成30年改正】 ………… *110*

第4節　遺言の執行 …………………………………………………… *114*

第1007条（遺言執行者の任務の開始）【平成30年改正】 …………… *114*

第1012条（遺言執行者の権利義務）【平成30年改正】 ………… *117*

第1013条（遺言の執行の妨害行為の禁止）【平成30年改正】 ………… 121

第1014条（特定財産に関する遺言の執行）【平成30年改正】 ………… 128

第1015条（遺言執行者の行為の効果）【平成30年改正】 ………… 135

第1016条（遺言執行者の復任権）【平成30年改正】 ………… 138

第8章　配偶者の居住の権利 ………… 142

第1節　配偶者居住権 ………… 142

第1028条（配偶者居住権）【平成30年改正】 ………… 142

第1029条（審判による配偶者居住権の取得）【平成30年改正】 ………… 154

第1030条（配偶者居住権の存続期間）【平成30年改正】 ………… 157

第1031条（配偶者居住権の登記等）【平成30年改正】 ………… 161

第1032条（配偶者による使用及び収益）【平成30年改正】 ………… 165

第1033条（居住建物の修繕等）【平成30年改正】 ………… 170

第1034条（居住建物の費用の負担）【平成30年改正】 ………… 173

第1035条（居住建物の返還等）【平成30年改正】 ………… 176

第1036条（使用貸借及び賃貸借の規定の準用）【平成30年改正】 ……… 180

第2節　配偶者短期居住権 ………… 185

第1037条（配偶者短期居住権）【平成30年改正】 ………… 185

第1038条（配偶者による使用）【平成30年改正】 ………… 197

第1039条（配偶者居住権の取得による配偶者短期居住権の消滅）

【平成30年改正】 ………… 200

第1040条（居住建物の返還等）【平成30年改正】 ………… 202

第1041条（使用貸借等の規定の準用）【平成30年改正】 ………… 206

第9章　遺留分 ………… 210

第1042条（遺留分の帰属及びその割合）【平成30年改正】 ………… 210

第1043条（遺留分を算定するための財産の価額）【平成30年改正】 …… 212

第1044条【平成30年改正】 ………… 215

第1045条【平成30年改正】 ………… 221

第1046条（遺留分侵害額の請求）【平成30年改正】 ………… 226

第1047条（受遺者又は受贈者の負担額）【平成30年改正】 ………… 240

vi 目次

第10章　特別の寄与 ･･ *259*

第1050条【平成30年改正】 ･････････････････････････････････ *259*

第 2 部　家事事件手続法 ･････････････････････････････････ *275*

第 1 編　総則 ･･･ *276*
第 1 章の 2　日本の裁判所の管轄権 ･･････････････････････････ *276*
第 3 条の11（相続に関する審判事件の管轄権）【令和 3 年改正】 ･･････ *276*

第 2 編　家事審判に関する手続 ･････････････････････････ *278*
第 1 章　総則 ･･ *278*
第82条（家事審判の申立ての取下げ）【令和 3 年改正】 ･･････････････ *278*

第83条（家事審判の申立ての取下げの擬制）【令和 3 年改正】 ･･････ *280*

第 2 章　家事審判事件 ･････････････････････････････････････ *281*
第 4 節　不在者の財産の管理に関する処分の審判事件 ････････ *281*

第146条（管理人の改任等）【令和 3 年改正】 ･････････････････ *281*

第146条の 2 （供託等）【令和 3 年改正】 ･･････････････････････ *282*

第147条　（処分の取消し）【令和 3 年改正】 ･･････････････････ *284*

第12節の 2　相続財産の保存に関する処分の審判事件 ････････ *285*

第190条の 2 【令和 3 年改正】 ･･････････････････････････････ *285*

第13節　遺産の分割に関する審判事件 ･･････････････････････ *288*

第199条（申立ての取下げの制限）【令和 3 年改正】 ･･･････････ *288*

第200条（遺産の分割の審判事件を本案とする保全処分）

【平成30年改正】 ････････････････････････････････ *291*

第14節　相続の承認及び放棄に関する審判事件 ･･････････････ *300*

第201条【令和 3 年改正】 ･･･････････････････････････････････ *300*

第16節　相続人の不存在に関する審判事件 ･･････････････････ *302*

第203条から第208条まで【令和 3 年改正】 ･･･････････････････ *302*

第18節の 2　特別の寄与に関する審判事件 ･･････････････････ *304*

第216条の2（管轄）【平成30年改正】 ……………………………………… *304*

第216条の3（給付命令）【平成30年改正】 ………………………………… *306*

第216条の4（即時抗告）【平成30年改正】 ………………………………… *307*

第216条の5（特別の寄与に関する審判事件を本案とする保全処分）

【平成30年改正】 …………………………………………………………… *309*

第3編　家事調停に関する手続 ……………………………………… *311*

第1章　総則 …………………………………………………………………… *311*

第5節　調停の成立によらない事件の終了 ……………………………… *311*

第273条（家事調停の申立ての取下げ）【令和3年改正】 …………… *311*

事項索引 ………………………………………………………………………… *313*

viii

○凡例

〔法令〕

家事法	家事事件手続法（平成 23 年法律第 52 号）
民訴法	民事訴訟法（平成 8 年法律第 109 号）
民訴規則	民事訴訟規則（平成 8 年最高裁判所規則第 5 号）
平成 30 年改正	民法及び家事事件手続法の一部を改正する法律（平成 30 年法律第 72 号）による改正
令和 3 年改正	民法等の一部を改正する法律（令和 3 年法律第 24 号）による改正

〔判例引用〕

最判（決）	最高裁判所判決（決定）／大審院判決（決定）
最大判（決）	最高裁判所大法廷判決（決定）

〔判例集・法律雑誌〕

民集	最高裁判所民事判例集
集民	最高裁判所裁判集民事
最高裁判例解説	最高裁判所判例解説 民事篇
高裁判例集	高等裁判所判例集
家月	家庭裁判月報
判時	判例時報
判タ	判例タイムズ
家判	家庭の法と裁判

〔文献〕

一問一答	堂薗幹一郎・野口宣大編著『一問一答　新しい相続法〔第2版〕』（商事法務、2020年）
新注釈民法⒆	潮見佳男編『新注釈民法⒆　相続⑴〔第2版〕』（有斐閣、2023年）
新版注釈民法㉘	中川善之助・加藤永一編集『新版注釈民法㉘相続⑶補訂版』（有斐閣、2002年）
新基本法コンメンタール相続〔第2版〕	松川正毅・窪田充見編『新基本法コンメンタール相続〔第2版〕』（日本評論社、2023年）
Before/After 相続法改正	潮見佳男・窪田充見・水野紀子・増田勝久・中込一洋・山田攝子編著『Before/After 相続法改正』（弘文堂、2019年）

○執筆者一覧

堂薗幹一郎　　東京地方裁判所部総括判事
脇村　真治　　農林水産省大臣官房法務支援室長（前法務省民事局参事官）
神吉　康二　　東京地方裁判所判事
宇野　直紀　　法務省民事局登記所適正配置対策室長

　＊所属は令和 6 年 10 月現在

第1部

民　　法

2　第1部　民　法

第5編　相続

第1章　総則

第885条（相続財産に関する費用）　　　　　　　【平成30年改正】

（相続財産に関する費用）
第885条　相続財産に関する費用は、その財産の中から支弁する。ただし、相続人の過失によるものは、この限りでない。

〔参考　平成30年改正前民法〕
（相続財産に関する費用）
第885条　（同上）
2　前項の費用は、遺留分権利者が贈与の減殺によって得た財産をもって支弁することを要しない。

解　　説

1　本条の趣旨

　本条は、相続財産に関する費用は、原則として、相続財産から支弁する旨を定めた上で[1]、例外的に、相続人の過失によって生じた費用（費用が増加した場合にあってはその増加分）については、当該相続人がこれを負担する旨を定めるものであるが、この部分は、平成30年改正前と同様の規定であり、同改正による改正部分は、平成30年改正前民法第885条第2項の削除である。

　なお、本条の相続財産に関する費用とは、相続人や相続財産管理人等が相続財産につき行う管理・処分に必要な費用を意味するが、本条によって、相続に関する費用は全て相続財産の負担となる。

　また、本条ただし書では、相続財産に関する費用であっても相続人の

1　その理由については、相続財産に関する費用は相続財産を保護するために必要な費用であるから、相続財産をもって支弁するのは当然のことであるなどと説明されている（『新注釈民法(19)』53頁〔潮見佳男執筆部分〕）。

過失によって支出したものについては、当該相続人固有の債務となることとされているが、相続財産に関する注意義務は、管理者が通常負担する善管注意義務より軽減されて、相続人の固有財産におけるのと同一の注意で足りるものとされているから（第918条等）、本条ただし書が適用される場面は少ないといわれている。

2　平成30年改正前民法第885条第2項の削除

平成30年改正前民法第885条では、第1項で、本条と同様の規定を設けた上で、第2項において、相続財産に関する費用は、遺留分権利者が贈与の減殺によって得た財産から支弁する必要がない旨規定していた。

平成30年改正前民法下においては、遺留分減殺請求権の行使によって受遺者又は受贈者から取り戻した財産が、①遺留分権利者に帰属するのか、②相続財産に復帰するのかについて見解の対立があった[2]。

もっとも、民法の起草者は、遺留分権利者が遺留分を侵害する贈与を減殺することにより取得した財産も性質上相続財産といわざるを得ないとして上記②の見解を採ることを前提に、遺留分権利者の利益のために与えるものであり他の相続財産とは性質が異なるとして、平成30年改正前民法第885条第2項において遺留分権利者が負担する必要がない旨の規定を設けたなどと説明していた（梅謙次郎『民法要義第五巻』（有斐閣書房、1913年）13頁）。

平成30年改正により、遺留分に関する権利の行使によって生ずる権利を金銭債権化したことによって（第1046条第1項）、遺贈又は贈与による財産権移転の効果自体が否定されることがなくなったため、平成30年改正前民法第885条第2項の規定は削除された。

2　なお、平成30年改正前民法下においても、遺留分減殺請求権の行使によって得た財産は遺留分権利者に当然に帰属することになり、相続財産を構成しないという①の見解が通説であった。そして、①の見解を前提とすれば、遺留分減殺請求権を行使することにより取得した財産は、遺留分権利者に当然に帰属することになるため相続財産を構成することはなく、平成30年改正前民法第885条第2項は当然のことを規定しているにすぎなかったこととなる。

4　第1部　民　　法

第3章　相続の効力

第1節　総則

第897条の2（相続財産の保存）　　　　　　　　　　　【令和3年改正】

（相続財産の保存）
第897条の2　家庭裁判所は、利害関係人又は検察官の請求によって、い
　つでも、相続財産の管理人の選任その他の相続財産の保存に必要な処分
　を命ずることができる。ただし、相続人が1人である場合においてその
　相続人が相続の単純承認をしたとき、相続人が数人ある場合において遺
　産の全部の分割がされたとき、又は第952条第1項の規定により相続財
　産の清算人が選任されているときは、この限りでない。
2　第27条から第29条までの規定は、前項の規定により家庭裁判所が相
　続財産の管理人を選任した場合について準用する。

解　　説

1　本条の趣旨

　本条は、相続財産の保存について定めるものであり、令和3年改正に
より新設された規定である。

　令和3年改正前民法においては、相続財産が相続人によって管理され
ないケースに対応するために、相続の承認又は放棄まで（第918条第2
項）、限定承認がされた後（第926条第2項）、相続の放棄後次順位者が
相続財産の管理を始めるまで（第940条第2項）の段階ごとに、家庭裁
判所が相続財産の保存に必要な処分をすることができる仕組み（相続財
産の保存のための相続財産管理制度）を設けていた。

　他方で、共同相続人が相続の単純承認をしたものの遺産分割が未了で
ある場合については、相続財産は暫定的な遺産共有状態にあり、相続財
産の保存が問題となり得るにもかかわらず、相続財産の保存のための相
続財産管理制度は設けられていなかった。

　また、令和3年改正前民法においては、相続人のあることが明らかで

ない場合については、相続財産の清算を職務とする相続財産管理人を選任する仕組みはあったが、相続財産の保存のための相続財産管理制度は設けられていなかった。

さらに、令和3年改正前民法では、相続の段階ごとに保存に必要な処分をする仕組みとなっていたため、継続的に保存のために処分が必要であっても、相続の段階が異なるものとなるたびに、処分を取り消し、改めて処分をしなければならないといった問題もあった。

そこで、令和3年改正により、本条を新設し、相続が開始すれば、相続の段階にかかわらず、いつでも、家庭裁判所は、相続財産管理人の選任その他の相続財産の保存に必要な処分をすることができるとの包括的な規定を設けている。

これにより、単純承認後遺産分割前の暫定的な遺産共有状態にある場合及び相続人のあることが明らかでない場合についても、相続財産の保存に必要な処分をすることが可能となるし、相続財産の段階が異なるものとなった場合にも相続財産の保存を継続的に実施することが可能となる。

なお、本条における相続財産の保存のための相続財産管理制度は、令和3年改正前民法における相続財産の保存のための相続財産管理制度（第918条第2項等）を基礎に、その適用場面を拡張するものであり、基本的に、その請求者及び裁判所が命ずる処分の内容については、同制度を踏襲している。

2 請求者

相続財産の保存に必要な処分の請求者は、利害関係人及び検察官である。これは、令和3年改正前の第918条第2項、第926条第2項及び第940条第2項において利害関係人及び検察官が請求者とされていたことにならったものである。当該各条項において利害関係人に該当すると解されていた者は、本条の利害関係人に該当し得ると解される。

6　第1部　民　法

3　相続財産の保存に必要な処分を命ずることができる時期及びこれを命ずることができない場合

⑴　相続の開始後

　家庭裁判所は、相続の開始後であれば、いつでも、相続財産の保存に必要な処分を命ずることができる。相続の開始前における財産の保存は、被相続人においてすべきであるから、相続の開始前に、相続財産の保存に必要な処分を命ずることはできない。

⑵　相続財産の保存に必要な処分を命ずることができない場合

　相続の開始後であっても、次の①から③までの事由がある場合には、相続財産の保存に必要な処分を命ずることはできない。相続財産が特定の相続人に確定的に帰属した場合にはもはや相続財産は存在せず、本制度による保存の対象ではないし、相続財産清算人が選任されている場合には、その財産は相続財産清算人において管理されるべきであり、本制度による管理の対象とすることは相当ではないからである。

①　相続人が1人である場合においてその相続人が相続の単純承認をしたとき

②　相続人が数人ある場合において遺産の全部の分割がされたとき

③　民法第952条第1項の規定により相続財産清算人が選任されているとき

　このとおり、相続人がいると、相続財産の保存に必要な処分を命ずることができない場合があるから、各事由の有無を確認するためにも、請求者（申立人）としては、まず、相続人の範囲や所在等の調査をする必要がある。相続人が1人であることが判明した場合には単純承認の有無を、相続人が数人あることが判明した場合には遺産分割の有無を確認し、前記各事由の有無を確認することになる。

　また、仮に、相続財産管理人の選任その他の相続財産の保存に必要な処分が命ぜられた後に、前記①から③までの事由があることが認められた場合には、当該処分は取り消されることになる（家事法第190条の2第2項において準用する家事法第147条参照）。

4 相続財産の保存に必要な処分

(1) 処分を命ずる必要性

相続財産の保存に必要な処分を命ずるためには、当該具体的な処分が相続財産の保存のために必要であると認められなければならない。

例えば、相続財産に属する物について相続人が保存行為をしなかったり、相続人のあることが明らかでないためにその物理的状態や経済的価値を維持することが困難であったりするために、相続財産管理人に保存行為をさせる必要がある場合がこれに当たり得る。

なお、最終的には、個々の事案ごとの判断となるが、相続人がいる場合にはその相続人において財産管理をするのが原則であると解されるから、請求者（申立人）としては、処分を命ずる必要性を具体的に主張立証するためにも、まず、相続人の範囲や所在等の調査をすることになると解される。

(2) 処分の内容

家庭裁判所は、相続財産管理人の選任その他の相続財産の保存に必要な処分を命ずることができる。ここでいう相続財産の保存に必要な処分は、令和3年改正前の第918条第2項の規定と同じく、相続財産の現状を全体として維持するために必要な処分を意味する。そのため、家庭裁判所において相続財産の保存と離れた利用・改良を目的として処分を命ずることまで想定されているものではない。

具体的な処分の内容としては、例示されている相続財産管理人の選任のほかは、令和3年改正前の第918条第2項と同様に、換価その他の処分の禁止や、財産の封印なども考えられる。

なお、保存の対象は、あくまでも相続財産に属する財産であり、相続財産に属する財産ではないものは、保存の対象ではない。いわゆる相続債務は、ここでいう相続財産に属する財産ではなく、保存の対象ではない。

8　第1部　民　　法

5　相続財産管理人

(1)　総論

　本条における相続財産の保存のための相続財産管理制度は、令和3年改正前民法における相続財産の保存のための相続財産管理制度を基礎に、その適用場面を拡張するものであり、基本的に、同制度を踏襲しており、相続財産管理人の職務及び権限等についても、同制度と同様に第27条から第29条までの規定を準用している。

　なお、相続財産管理人については、本条において第27条から第29条までの規定を準用するほか、家事法第190条の2にも規定が置かれている。このような立法形式（民法及び家事法のそれぞれに規定を置く形式）は、令和3年改正前の第918条第2項における相続財産管理人にならったものである。

(2)　相続財産管理人の職務

　相続財産管理人は、その管理すべき財産の目録を作成しなければならない（本条第2項において準用する第27条第1項本文）。また、家庭裁判所は、相続財産管理人に対し、相続財産の保存に必要と認める処分を命ずることができる（同条第3項）。

(3)　相続財産管理人の権限等

ア　権限等

　相続財産管理人は、保存行為又はその目的である物若しくは権利の性質を変えない範囲内において、その利用又は改良を目的とする行為をすることができるほか、家庭裁判所の許可を得て、これらを超える行為をすることができる（本条第2項において準用する第28条）。

　相続財産管理人は、相続財産に属する財産全般について管理する権限を有するから、相続財産に属する財産が第三者に賃貸されている場合には、相続人に代わって、当該賃料を受け取ることも可能であると解される。

　相続財産管理人は、前記のとおり、家庭裁判所の許可を得て、保存行為等を超える行為をすることができるが、相続財産管理人は相続財産の

保存のために選任されるものであるから、相続財産管理人が、相続人に代わって、相続財産に属する財産を売却するなどの処分行為をすることは、基本的に想定されていない。例えば、相続財産を保存するための費用を捻出するために相続財産に属する財産の一部を売却することが必要かつ相当であるという事情がないのに、当該財産の一部を売却するなどの処分行為をすることは、職務上の義務に反するし、裁判所も許可をしないと考えられる。

イ　相続財産管理人が相続人に代わってした行為の効果

相続財産管理人が相続人に代わってした行為の効果は、（相続財産を相続している）相続人に帰属し、相続人がない場合（相続人全員が相続の放棄をした場合を含む。）には相続財産法人に帰属するものと解される。

例えば、相続人の熟慮期間中に選任された相続財産管理人が相続人に代わって法律行為をした後、当該相続人が相続の放棄をした場合には、その行為の効果は次順位の法定相続人に帰属するものと解される。

また、法制審議会民法・不動産登記法部会においては、相続財産管理人が法律行為をする際の顕名の方法につき効果帰属主体である個々の相続人の氏名を示さなければならないのかについて検討された。相続財産管理人が相続人を代理して法律行為をしても、その後、相続の放棄によって効果帰属主体が変動する可能性があることから、顕名の方法について特別の規律を設けるべきかが議論されたが、各別に相続人の氏名を表示しなくても、「被相続人○○相続財産管理人●●」と表示された場合には顕名があると解釈することも考えられるところであり、令和3年改正前の第918条第2項等の相続財産管理人の実務を踏まえつつ、引き続き解釈・運用に委ねることとされた（なお、相続財産管理人が法定代理人として訴訟を追行するケースについては、後記(5)参照）。

(4)　担保提供及び報酬

家庭裁判所は、相続財産管理人に財産の管理及び返還について相当の担保を立てさせることができる（本条第2項において準用する第29条第1項）。また、家庭裁判所は、相当な報酬を相続財産管理人に与えること

10　　第 1 部　民　　法

ができる（同条第 2 項）。

(5)　訴訟の追行

　相続財産管理人による相続財産に関する訴訟の追行については、民法等には特段の規定は置かれておらず、相続財産管理人が、場面に応じてどのような立場で訴訟の追行をすべきか等については、解釈に委ねられている。

　なお、令和 3 年改正前の第 936 条第 1 項の相続財産管理人が選任されている場合における相続財産に関する訴訟については、相続人が当事者適格を有し、相続財産管理人は相続人全員の法定代理人として訴訟に関与すると解されていた（最判昭和 47 年 11 月 9 日・民集 26 巻 9 号 1566 頁）。また、家事法第 200 条第 1 項に基づき選任される遺産管理人は、相続財産に関して提起された訴えについて、相続人の法定代理人として、裁判所の許可なく応訴することができると解されていた（最判昭和 47 年 7 月 6 日・民集 26 巻 6 号 1133 頁参照）。

　そのほか、法制審議会民法・不動産登記法部会において顕名につき議論があったが、いずれにしても、訴状には当事者及び法定代理人を記載しなければならないのであり（民訴法第 134 条及び民訴規則第 2 条参照）、相続人（又は相続財産法人）を訴訟の当事者とし、相続財産管理人を法定代理人とする訴訟では、訴状に、当事者である相続人の氏名（又は相続財産法人の名称）を記載する必要があると解される。

第 898 条（共同相続の効力）　11

第 898 条（共同相続の効力）　【令和 3 年改正】

> （共同相続の効力）
> 第 898 条　相続人が数人あるときは、相続財産は、その共有に属する。
> 2　相続財産について共有に関する規定を適用するときは、第 900 条から第 902 条までの規定により算定した相続分をもって各相続人の共有持分とする。

解　説

1　本条の趣旨

　本条は、相続人が数人あるときは相続財産はその共有に属することを定めるとともに（第 1 項）、相続財産について共有に関する規定を適用する際の基準となる相続分を定めるものである（第 2 項）。本条第 2 項は、令和 3 年改正により新たに設けられたものである。

2　相続財産の共有（第 1 項）

　本条第 1 項は、相続人が数人あるときは、相続財産は、その共有に属することを定めるものであり、その文言について、令和 3 年改正前から変更はない。

　もっとも、令和 3 年改正前から、相続財産が共有に属することの意味につき、学説上、様々な議論があったが、令和 3 年改正は、判例によれば、第 249 条以下の共有に関する規定は、基本的に、この遺産共有にも適用されることになることを前提にしている。

3　基準となる相続分（第 2 項）

(1)　本条第 2 項の趣旨（改正の趣旨）

　相続人が数人あるときは、相続財産はその共有に属するとされ、相続人は、相続財産に属する個々の財産について共有持分を有する。判例（最判昭和 30 年 5 月 31 日・民集 9 巻 6 号 793 頁）においては、この遺産共有は第 249 条以下に規定する「共有」とその性質を異にするものではな

12　第1部　民　　法

いと解されており、第249条以下の共有に関する規定は、基本的に、遺産共有にも適用されることになる。

　もっとも、共有に関する規定を適用する際の各相続人の共有持分の割合がどのように定まるのかについては、明文の規定がなかった。相続の場面では、第900条から第902条までの規定により算定される法定相続分（相続分の指定がある場合には、指定相続分）と、第900条から第904条の2までの規定により法定相続分及び指定相続分を修正して算定される具体的相続分があるため、そのいずれを採用するのかについては争いがあった。

　そのため、共有に関する規定を適切に適用するためにも、その基準を明確にする必要があったため、令和3年改正により、本条第2項が新設された。

　そして、本条第2項では、従前の判例の中には各相続人の共有持分は法定相続分により定まることをうかがわせるものがあり（具体的相続分は、遺産分割手続における分配の前提となるべき計算上の価額又はその価額の遺産の総額に対する割合を意味するものであって、実体法上の権利関係であるということはできないとする最判平成12年2月24日・民集54巻2号523頁など）、平成30年改正の際には、こうした判例を踏まえ、相続人が法定相続分又は指定相続分に応じた共有持分を有することを前提とした規定（第899条の2）が新設されたことや、具体的相続分は遺産分割の手続の中で特別受益や寄与分の有無やその額が定まらなければ、その具体的な額を算定することができないこと等を考慮し、その基準としては、法定相続分（相続分の指定がある場合には、指定相続分）を採用している。

　　(2)　**共有に関する規定**

　共有に関する規定に該当するものとしては、民法第2編第3章第3節（共有）の規定のほか、例えば、同章第4節（所有者不明土地管理命令及び所有者不明建物管理命令）の規定がある。

　なお、本条第2項は、共有に関する規定が適用される場合のルールを

定めるものであり、どの場面でどの規定が適用されるのか自体を定める
ものではなく、どの共有に関する規定が適用されるのかは解釈に委ねら
れている。もっとも、判例によれば、特段の定めがない限りは、遺産共
有にも共有に関する規定が適用されることになる。

(3) 基準となる相続分

相続財産について共有に関する規定を適用するときは、第900条から
第902条までの規定により算定した相続分をもって各相続人の共有持分
となる。

基本的には、法定相続分により各相続人の共有持分が定まるが、相続
分の指定がある場合には、指定相続分により各相続人の共有持分が定ま
ることになる。もっとも、相続による権利の承継は、法定相続分を超え
る部分については、登記、登録その他の対抗要件を備えなければ、第三
者に対抗することができない（第899条の2）。そのため、相続財産につ
いて、第三者との関係で共有に関する規定が適用される場面において、
その第三者が指定相続分により共有持分が定まることを否定したときは、
対抗要件を備えなければ、当該第三者との間では、法定相続分により共
有持分が定まることを前提に、共有に関する規定を適用することになる
と解される。そのような場面としては、例えば、遺産共有状態にある不
動産について持分の価格の過半数の決定で第三者に対して短期賃貸借を
設定する場面が考えられる。また、被相続人と第三者の共有であった不
動産につき被相続人の持分について共同相続が生じた場合において、共
同相続人の一人が所在不明であるときに、相続開始から10年が経過し
て、当該第三者が所在等不明共有者の持分の取得の裁判（第262条の2）
を請求する場面が考えられる。

14　第1部　民　　法

第899条の2（共同相続における権利の承継の対抗要件）

【平成30年改正】

（共同相続における権利の承継の対抗要件）
第899条の2　相続による権利の承継は、遺産の分割によるものかどうか
　にかかわらず、次条及び第901条の規定により算定した相続分を超える
　部分については、登記、登録その他の対抗要件を備えなければ、第三者
　に対抗することができない。
2　前項の権利が債権である場合において、次条及び第901条の規定によ
　り算定した相続分を超えて当該債権を承継した共同相続人が当該債権に
　係る遺言の内容（遺産の分割により当該債権を承継した場合にあっては、
　当該債権に係る遺産の分割の内容）を明らかにして債務者にその承継の
　通知をしたときは、共同相続人の全員が債務者に通知をしたものとみな
　して、同項の規定を適用する。

解　　　説

1　本条の趣旨

　本条は、第1項において、従前の判例理論を立法により改め、相続に
よる権利の承継についても、登記、登録等の権利の譲渡に関する対抗要
件を備えなければ、第三者に対抗することはできないこととした上で、
第2項において、上記権利が債権である場合の対抗要件具備の方法につ
いて第1項の特則を定めたものである。

2　相続による権利の承継（第1項）

(1)　従前の判例との関係

　相続による権利の承継を第三者に対抗するためには対抗要件を要する
か否かについては、平成30年改正前は、第177条等の解釈問題として
議論がされていた。

　この点について、判例は、不動産に関する権利の承継のうち、相続さ
せる旨の遺言（特定財産承継遺言）や相続分の指定については、受益相
続人（遺言又は遺産分割による権利の取得により利益を受ける者をいう。以

下同じ。）以外の共同相続人は、受益相続人が取得した権利については相続開始の時点から無権利者であったこと等を根拠として、受益相続人以外の共同相続人から不動産に関する権利を買い受けるなどした第三者に対しても、登記なくしてその権利を対抗することができるとの判断を示していた（相続させる旨の遺言については、最判平成14年6月10日・集民206号445頁。相続分の指定については、最判平成5年7月19日・集民169号243頁）。

　他方で、相続を原因とする権利の承継であっても、遺産分割を原因とするものについては、実質的には、一旦法定相続分又は指定相続分による権利の承継があり、遺産分割によりこれが更に譲渡されたものとみることができること等を根拠として、この場面では、遺産分割に関する遡及効（第909条本文）を徹底せず、受益相続人は、共同相続人から不動産に関する権利（当該共同相続人が法定相続分又は指定相続分により取得した権利）を買い受けるなどした第三者に対しては、登記がなければその権利の取得を対抗することができないとの判断が示されていた（最判昭和46年1月26日・民集25巻1号90頁）。

　しかし、このような考え方によると、例えば、相続債権者が被相続人に対して確定判決等の債務名義を取得し、その責任財産に対する強制執行が可能な状態にあったとしても、その後に被相続人が死亡し、かつ、被相続人が遺言により法定相続分による承継とは異なる財産処分をしていた場合には、相続債権者は、共同相続人の協力を得るか、改めて同人に対する債務名義を取得しない限り、相続財産に対して強制執行をすることができないこととなり、相続債権者の法的地位が不安定なものとなる。

　すなわち、相続債権者としては、被相続人が死亡した場合にその相続財産である不動産に対して差押えをしようとする場合には、債権者代位権の行使として相続登記をした上で、当該不動産の各共同相続人の共有持分に対して差押えをすることになるが、法定相続分に基づく相続登記であれば相続債権者が単独で相続登記をすることが可能になる。した

16 第1部 民 法

がって、本条のような規律があれば、相続債権者は、この方法により、共同相続人の意思にかかわらず、被相続人の責任財産に対する強制執行が可能となり、相続開始の前後でその法的地位にさほどの変動は生じないことになる。これに対し、平成30年改正前の判例理論によれば、相続債権者がこの方法で各共同相続人の共有持分（法定相続分によるもの）に対して差押えをしたとしても、遺言の内容と矛盾する部分については差押えが無効になるものと考えられる。

　また、遺言により法定相続分による承継とは異なる財産処分がされていた場合には、そもそも相続債権者がこれを知るのは困難である上、仮にその事実を知ったとしても法定相続分に基づく相続登記とは異なり、相続債権者が単独で指定相続分に基づく相続登記や相続させる旨の遺言に基づく登記を行うことはできないため、相続債権者が有効な差押えをするためには、改めて受益相続人等を相手方として上記各登記を求める債権者代位訴訟を提起することが必要となる。このように、平成30年改正前の判例理論によると、相続債権者の法的地位は、その債務者である被相続人の死亡という自己に関わりのない事実によって大きく変動することとなる。

　平成30年改正は、基本的に、被相続人の権利義務を包括的に承継するという相続の法的性質等に鑑み、相続債権者や被相続人に対して債務を負っていた者といった相続人以外の第三者との関係では、できる限りその法的地位に変動を生じさせないようにするのが相当であるとの価値判断に基づき各種の見直しをしているが、本条の創設もそのような価値判断に基づくものである。

　また、従来の判例理論によると、受益相続人は、登記等の対抗要件を備えなくても、その権利の取得を第三者に対抗することができるため、早期に登記等の対抗要件を備えようとするインセンティブが働かない結果、相続による権利の承継が登記等の対抗要件制度に反映されずに、実体的な権利と公示の不一致が生ずる場合が増えることとなる。このような事態は、権利変動の過程を登記等に反映させることにより、現在の権

利関係等を公示し、取引の安全を図るという対抗要件制度の趣旨にそぐわないものであり、同制度に対する国民一般の信頼を害することになりかねない。

そこで、本条では、従来の判例理論を立法的に改めることとし、相続による権利変動についても、登記等の対抗要件を備えなければ第三者に対抗することができないこととしたものである。

(2) 第1項の各文言の意義等

ア 「相続による権利の承継」

本条第1項の「相続による権利の承継」は、相続を原因とする権利の承継一般を広く含む趣旨であり、遺産分割による権利の承継のほか、遺言による権利の承継のうち相続を原因とするもの、すなわち、特定財産承継遺言や相続分の指定がこれに含まれる。なお、相続人が相続を原因として法定相続分により権利の承継をした場合もこの要件には該当するが、後記ウのとおり、法定相続分による権利の承継の場合には、本条第1項の「第三者」（登記等の対抗要件の欠缺を主張するについて正当な利益を有する第三者）が生じ得ない結果、本条第1項が適用されることはない。

また、本条第1項の「権利」には、不動産、動産の所有権等の物権や債権はもとより、株式や著作権など、その権利の譲渡等につき対抗要件主義を採用しているもの全般が含まれるが、特許権のように、権利の譲渡等について効力要件主義が採用されているものは含まれない。効力要件主義が採用されている財産権については、各法令において効力発生要件とされる形式が履践されることによって初めて権利変動が生じ、かつ、権利変動はそれで完結することになるが、相続の場面においては被相続人の死亡により従前の権利主体が消滅することとなるため、相続開始と同時に被相続人から新たな権利主体に権利の移転があったものと見ざるを得ず、効力発生要件を備えなければその効力が生じないとする考え方を貫くことは困難であるためである。

18 　第1部　民　法

イ　「遺産の分割によるものかどうかにかかわらず」

　本条第1項において、「遺産の分割によるものかどうかにかかわらず」
と規定したのは、前記(1)のとおり、平成30年改正前の判例理論によっ
ても遺産分割による権利の承継については登記等の対抗要件を備えなけ
ればこれを第三者に対抗することはできないとされていたことを踏まえ、
遺産分割以外の権利の承継であっても相続を原因とするものである限り
「相続による権利の承継」に該当することをより明確にするとともに、
改正後は、遺産分割による権利の承継についても第177条ではなく、本
条第1項が適用されることを明らかにする趣旨である。

ウ　「次条及び第901条の規定により算定した相続分を超える部分」

　本条第1項において「次条及び第901条の規定により算定した相続分
を超える部分については」と規定したのは、同項の「第三者」について
も、第177条と同様、対抗要件の欠缺を主張するについて正当な利益を
有する第三者にこれを限定する趣旨（いわゆる限定説を採ること）を明確
化することを意図したものである。すなわち、この文言がない場合には、
忠実に文言解釈をすると、相続人は、法定相続分による権利の承継で
あっても、登記等の対抗要件を備えなければその権利の承継を第三者に
対抗することができないように読めるが、法定相続分による権利の承継
の場合には、これについて二重譲渡類似の関係が生ずる余地はないた
め[1]、本条は、第177条の場合とは異なり、「第三者」について限定説を
採らないことが前提となっているかのように誤解されるおそれがある。
そこで、前記文言を入れることにより、本条第1項においても、「第三
者」については第177条と同様の限定解釈をすべきことを明らかにした
ものである。

　1　例えば、Aが被相続人、Aの子であるBとCが相続人である場合に、Aがそ
　　の生前にDに対してA所有の土地を売却し、その後にAが死亡して相続が開始
　　したときでも、B及びCは、Aの売主としての地位を承継する結果、DとB及
　　びCは売買契約の当事者の関係に立ち、Aを起点とする二重譲渡類似の関係に
　　は立たない。

第 899 条の 2（共同相続における権利の承継の対抗要件）　19

　このことは、換言すれば、本条第 1 項は、相続人が遺言（相続を原因とするもの）によりその法定相続分を超える権利を取得したとしても、受益相続人以外の共同相続人の法定相続分に相当する部分については二重譲渡類似の関係が生ずること、すなわち、法定相続分を超える権利を取得した受益相続人と、それ以外の共同相続人から遺産に属する権利のうちその法定相続分に相当する部分を取得した第三者とは対抗関係に立つことを明らかにするものといえる。このように、本条第 1 項は、第三者との関係では、受益相続人以外の共同相続人も、遺産に属する権利のうちその法定相続分に相当する部分については、無権利者とは扱われないことを明らかにしたものということができる[2]。

　なお、本条第 1 項において、「次条及び第 901 条の規定により算定した相続分を超える部分については」という文言を用いたのは、あくまでもこれらの点を明らかにする趣旨に止まるものであって、法定相続分を超える権利を取得した受益相続人が法定相続分を超える部分について対抗要件を備えれば、その全体について第三者に対抗することができるという趣旨を含むものではない。すなわち、受益相続人が法定相続分を超える権利の承継を第三者に対抗するためには、その取得した権利の全体について登記等の対抗要件を備えることが必要となる。例えば、相続人 A（法定相続分は 3 分の 1）が特定財産承継遺言により甲土地の全部を取得した場合であれば、甲土地の全部について登記をすることにより、初めて法定相続分を超える部分の権利の取得を第三者に対抗することができることになるのであって、A の法定相続分を除く部分（甲土地の 3 分の 2 の持分）について登記をすれば、その土地全部の所有権の取得を対抗することができることになるわけではない（なお、前記の説明はあくまでも便宜上のものであり、現行の登記実務において、共同相続人の 1 人

　2　さらに、従来、相続開始によって共同相続人間に生ずる遺産共有の持分の大きさについては、学説上は、法定相続分説と具体的相続分説に分かれていたところ、少なくとも第三者との関係では法定相続分の割合が基準になることを明示したとの評価もされている（『新注釈民法⒆』221 頁〔川淳一執筆部分〕）。

20　第1部 民　法

が遺言により遺産に属する土地の全部を取得したにもかかわらず、甲土地の
3分の2の持分についてのみ移転の登記をすることができるかどうかは別論
である。)。

　　　エ 「登記、登録その他の対抗要件を備えなければ」

　「登記、登録その他の対抗要件を備えなければ」との文言は、相続に
よる権利の承継についても、第三者対抗要件としては、第177条、第
178条、第467条、その他特別法（自動車や航空機の場合等）で定められ
ている権利の譲渡の対抗要件と同じものが必要となることを明らかにす
る趣旨である。

　　　オ 「第三者に対抗することができない」

　「第三者に対抗することができない」との文言は、第177条等のそれ
と同義である。この点についてあえて付言すると、「対抗することがで
きない」という用語は、一般に、当事者間において生じた私法上の効力
を第三者には主張することができないという意味で用いられているが、
例えば、第177条についていえば、不動産に関する権利を譲り受けた者
が第三者にその効力を主張することができないという消極的な効果を認
めるだけでは、同条の趣旨である不動産取引の安全等を図ることはでき
ない。このため、同条の趣旨を実現するためには、その付随的な効果と
して、不動産に関する権利を譲渡して本来は無権利であるはずの者につ
いても、第三者との関係では、これを権利者として取り扱うことまで含
意しているとの解釈をすることが必要となる。

　同様に、本条についても、受益相続人が第三者に法定相続分を超える
権利の承継を対抗することができないという消極的な効果のみでは、前
記(1)の改正の趣旨を実現することはできないことから、その付随的な効
果として、本来であれば、遺言の効力に反して遺産に属する権利を承継
する立場にはない受益相続人以外の共同相続人についても、第三者との
関係では、法定相続分による権利の承継を受けたものとして取り扱うこ
とまで含意していると解すべきことになる。

　その結果、遺産に属する権利について、受益相続人が本条の対抗要件

を具備する前に、相続債権者が受益相続人以外の共同相続人の法定相続分に相当する部分を差し押さえた場合には、その差押えは有効なものとなる。

また、受益相続人以外の共同相続人から遺産に属する権利の譲渡を受けた者は、当該共同相続人の法定相続分に相当する部分についてはその権利を取得することができ、受益相続人とは対抗関係に立つことになる。このように、平成30年改正後は、当該第三者が遺産に属する権利を取得したのが遺産分割の前であるか後であるかに関わりなく、本条第1項が適用されることになる[3]。また、この場合に、当該権利の譲受人が受益相続人にその権利の取得を対抗するためには、対抗要件を備えることが必要となるが、その場合の根拠規定は、本条ではなく、権利の譲渡に関する一般的な対抗要件の根拠規定（不動産であれば第177条）ということになる。

(3) 相続により動産に関する権利を承継した場合の取扱い

相続により動産に関する権利を承継した場合については、他の法令の規定により登録制度等が整備されているものを除き、本条第1項により、第178条の規定が適用され、動産の引渡しがなければ第三者に対抗することはできないこととなる。

この点について、判例（最判昭和44年10月30日・民集23巻10号1881頁）は、土地の占有に関する事案ではあるが、土地を占有していた被相続人が死亡して相続が開始した場合には、特別の事情のない限り、被相続人の同土地に対する占有は相続人によって相続される旨の判示をしているが、あくまでもここでの占有は観念的なものであり、このよう

3　このような解釈を採るのであれば、第909条ただし書は必要なくなるのではないかとの疑問も生ずるが、対抗要件が問題となる場面以外でただし書が適用される余地はないとも言い切れないこと等から、同条ただし書はそのまま存続させることとしたものである。仮に、この場面以外に同条ただし書が適用される余地はないということであれば、この部分は確認規定という位置づけになるものと考えられる。

22　第1部　民　法

な観念的な占有の移転をもって対抗要件としての引渡しがあったとはいえないものと考えられる。

　したがって、相続による動産に関する権利の承継を第三者に対抗するためには、①現実の引渡し（第182条第1項）、②簡易の引渡し（同条第2項）、③指図による占有移転（第184条）、④占有改定（第183条）のいずれかを満たす必要があり、外形的にも、現実に動産の引渡しがされるか、あるいは、上記各条文に記載された意思表示のいずれかが存することが必要になる。

　以下では、共同相続人がA、B、Cの3名である場合（法定相続分は各3分の1）において、被相続人がその遺産に属する動産をAに相続させる旨の特定財産承継遺言をした事案を前提として、Aがその動産の所有権を第三者に対抗するための方法について個別に説明する。

　　　ア　①の方法による場合

　この事案において、例えばBが現に当該動産を所持している場合には、AがBから現実の引渡しを受けるか、又は遺言執行者がBから当該動産を受領してこれを現実にAに引き渡すこと[4]が必要となる。

　　　イ　②の方法による場合

　この事案において、Aが現に当該動産を所持している場合には、共同相続人全員又は遺言執行者が占有の承継を認める意思表示をすることが必要となる。

　　　ウ　③の方法による場合

　この事案において、例えば第三者Dが現に当該動産を所持している場合には、共同相続人全員[5]又は遺言執行者がDに対して以後Aのために

────────────

4　動産の現実の引渡しは、その性質上不可分であると考えられるので、BがAにその動産を現実に引き渡せば、Aは対抗要件を具備することになるものと考えられる。

5　この場合に、本条第2項の類推適用又はその法意に照らし、Aが単独で指図をすることができるとの解釈論を展開するものとして、『Before/After 相続法改正』5頁〔水津太郎執筆部分〕。

当該動産を占有することを命じ、Aがこれを承諾したことが必要となる。

　　エ　④の方法による場合

　この事案において、例えばCが現に当該動産を所持している場合には、Cが以後Aのために占有する意思を表示したことが必要となる。

　なお、後記3(1)の相続による債権の承継について特則を設けた趣旨については、動産に関する権利の承継についても同様に当てはまるものが多く、特に受益相続人以外の共同相続人が占有の承継に必要な意思表示に協力することは期待できない場合も多いと考えられるが、動産については、その権利の承継を受けた者は、当該動産を現に所持している者に対し、物権的請求権に基づき、直接当該動産の引渡し等を求めることが可能であることから、動産に関する権利の承継について本条第1項の特則を設けることとはしなかったものである。

3　遺産に属する権利が債権である場合の特則（第2項）

(1)　債権について特則を設けた趣旨

　本条第2項は、遺産に属する権利が債権である場合の対抗要件具備方法について、本条第1項の特則を定めるものである。

　この点について、本条第1項の規定によれば、遺産に属する権利が債権である場合には、債権譲渡の対抗要件を定める第467条が適用されることになる（前記2(2)エ参照）。

　そして、相続による債権の承継の場合には、第467条の「譲渡人」に相当する者は被相続人ということになるが、対抗要件の具備が問題となる場面では被相続人は既に死亡しているため、実際には、被相続人の法的地位を包括的に承継した共同相続人全員がこれに当たることになる[6]。このため、相続により債権を承継した受益相続人は、自己を含む共同相続人全員が債務者に通知をするか、又は債務者が承諾しなければ、その承継を債務者その他の第三者に対抗することができず（第467条第1項）、

　6　「譲渡人」に該当する者は、受益相続人である。

24　第1部　民　　法

債務者以外の第三者にこれを対抗するためには、この通知又は承諾を確定日付のある証書によってしなければならないことになる。

　しかし、債権譲渡の場合には、譲渡人は自らの意思で債権を譲渡したものであり、通常はその譲渡の状況等を把握しているが、遺言による債権の承継の場合には、類型的に、遺言者の相続人はどのような状況の下で遺言がされたのか把握していない場合が多く、受益相続人以外の共同相続人に債務者に対する通知を期待することは困難な場合が多いものと考えられる。

　また、特定財産承継遺言等の相続を原因とする権利の承継の場合には、贈与や遺贈等の特定承継の場合とは異なり、受益相続人以外の共同相続人は対抗要件の具備に協力すべき義務を負わないと考えられるため、対抗要件の具備について受益相続人以外の共同相続人の協力が得られない場合に備えて、別の手段を設けるべき必要性があるものと考えられる[7]。この点については異論もあるようであるが、次のような理解が可能であると考えられる。

　相続による権利の承継のうち、特定財産承継遺言や相続分の指定のように遺言によるものについては、被相続人の意思表示がその要素に含まれるものの、あくまでも、権利の承継という法的効果を生じさせる直接的な原因は相続という法定の原因に求められ、被相続人の下で意思表示に基づく義務が発生するわけではないのであるから、受益相続人以外の共同相続人が当然に対抗要件具備に協力すべき義務を負うことにはならないものと考えられる（共同相続人が被相続人の下で発生した義務を相続により承継するとはいえない。）。したがって、相続による権利の承継について誰がいかなる義務を負うかについては、基本的に法律で定めるべき事項になるものと考えられるが、民法上、特定財産承継遺言等の相続を原因とする遺言の執行について相続人に義務を負わせる根拠となる規定はなく、かえって、遺言の執行は遺言執行者によることとされ、遺言執行者がないとき、又はなくなったときは、利害関係人は家庭裁判所に遺言執行者の選任を請求することができることとされていること（第

1012条第1項、第1010条）、特定財産承継遺言については、遺贈とは異なり、遺言執行者と相続人の権限を調整する規定も設けられていないこと（第1012条第2項参照）からすれば、相続人は、特定財産承継遺言等の相続を原因とする遺言の執行について義務を負わないものと解される。実質的にも、被相続人により特定財産承継遺言や相続分の指定がされた場合には、受益相続人以外の共同相続人は遺言により何ら積極財産を取得しないということがあり得るが、そのような場合にも、当該共同相続人に遺言の履行義務を負わせ、これを免れるためには相続放棄の手続を要するとするのは迂遠であり、当該共同相続人（さらには、当該共同相続人が相続放棄の手続をとったことによって新たに相続人となった者）にも酷であると考えられる。また、仮に相続人に遺言の履行義務を負わせた

7　この点については、遺言執行者による通知によって対応可能であるから、別の手段を設ける必要はないという考え方もあり得るところである。しかし、遺言者が遺言執行者の指定をしていない場合には、受益相続人が家庭裁判所に遺言執行者選任の申立てをし、これにより選任された遺言執行者が債務者に通知をすることが必要となるが、このような方法によると受益相続人が対抗要件を具備するまでに相応の時間を要することとなり、その間に相続債権者による差押えがされるなどして、相続による債権の承継を第三者に対抗することができなくなるおそれがある。

　他方で、遺言執行者による通知を要求しても、必ずしも権利移転の真実性が確保されることにはならないものと考えられる。すなわち、遺言執行者の選任も遺言が有効であることが前提となっており、遺言能力の欠如等により遺言が無効である場合には、遺言執行者の選任も無効であって、同人による通知も有効なものとはなり得ない点や、遺言執行者により通知がされた場合も、債務者は、遺言書等によって遺言執行者の指定等の事実を確認しない限り、その有効性を判断することができない点では、受益相続人による通知とそれほど状況は変わらないものと考えられる。

　平成30年改正では、これらの点を考慮して、受益相続人による通知の制度を設けることとしたものである。

　なお、不動産の登記申請においても、特定財産承継遺言等によって権利を承継した相続人は、遺言執行者によることなく、自ら単独で相続による権利の移転の登記を申請することができることとされている（不動産登記法第63条第2項）。

としても、受益相続人が他の共同相続人全員の協力を得るのは必ずしも容易ではないと考えられるから、前記のような不利益を課してまで相続人に遺言の履行義務を負わせる必要性は高くないものと考えられる。

これに対し、特定遺贈や死因贈与のように、権利移転の直接的な原因が被相続人の意思表示に基づくものについては、その相続人は、当該意思表示によって被相続人が負うこととなる義務を相続によって承継することになるものと考えられる。このうち、特定遺贈については、特定財産承継遺言について述べた前記の理由の多くが同様に当てはまるものと考えられるが[8]、被相続人の下で当該意思表示に基づく義務が発生する以上、その相続人がこれについて何らの義務も承継しないとするのは他の契約責任の場合との平仄上困難であるため、遺言執行者がいる場合に限り、遺言の履行義務を免れさせることとしたという理解が可能である（第1012条第2項）。

次に、相続による権利の承継のうち、遺産分割を原因とするものについては、次のような理解が可能であると考えられる。まず、遺産分割の協議や調停によるものについては、共同相続人が自ら合意（意思表示）をしていることから、自らの意思表示の効果として対抗要件の具備に協力すべき義務を負うことがあり得るものと考えられる。

これに対し、遺産分割の審判によるものについては、特定の遺産を共

8　なお、本条第2項の規定について、被相続人が相続人に対して債権を遺贈した場合についても類推適用すべきであるとするものとしては、潮見佳男『詳解相続法〔第2版〕』（弘文堂、2022年）623頁がある。この点に関し、令和3年改正において、被相続人が相続人に対して不動産を遺贈した場合における所有権移転登記は、当該相続人が単独で申請することができることとされたところであり（不動産登記法第63条第3項）、その意味では、令和3年改正により、特定財産承継遺言と相続人に対する遺贈の差異はより小さくなったものといえ、類推適用の余地が広がったといえるようにも思われる。しかしながら、本条第2項の規定は、相続による権利の承継を前提としたものであり、本文で解説したとおり、平成30年改正の際には、特定遺贈は相続人に対するものであってもその適用対象外であるという前提で改正がされたのであるから、この点は、令和3年改正によっても影響を受けないものと解される。

同相続人の1人に取得させることとされた場合にも、それ以外の共同相続人はその財産の承継について当然に対抗要件の具備に協力すべき義務を負うことにはならないものと考えられ、同義務を負わせるためには、審判の中でこれを命ずる必要があるものと考えられる[9]。

　したがって、本条第2項の特則がないとすると、遺産分割の審判により遺産に属する債権を共同相続人の1人に承継させることとする場合には、基本的には、その審判の中で、他の共同相続人に対し、同承継の事実を債務者に（確定日付のある証書により）通知すべき旨を命ずることが必要となり、当該審判が確定した時点で通知がされたものとみなされることになる（民事執行法第177条）。もっとも、この場合の通知の相手方は当該審判の当事者以外の者（債務者）であるから、債務者にその効力を主張するためにはこれが債務者に到達したこと、具体的には債務者に当該審判書の正本又は謄本が送付され又は提示されたことが必要となる（中野貞一郎・下村正明『民事執行法〔改訂版〕』（青林書院、2021年）828頁）。しかし、いずれにしても、対抗要件となる通知をするのに、当該審判書の正本又は謄本の提示等が必要となることからすれば、審判書に上記の記載を要求すべき必要性に乏しいものと考えられる。

　以上のように、相続による債権の承継の場合には、遺産分割によるものも含めて、共同相続人が当然に対抗要件の具備に協力すべき義務を負うことにはならないものと考えられることから、特別の措置を講ずる必要性が高いものと考えられる。

9　この点については、他の共同相続人が実体法上対抗要件の具備に協力すべき義務を負わないとすると、何故に家庭裁判所が審判でこれを命ずることができるのかが問題となり得る。もっとも、遺産分割の審判は、共同相続人間の協議が調わない場合に、家庭裁判所がこれに代わって行う処分であるとみることが可能であり（この点について、財産分与に関する第768条第2項では、その旨が明確に規定されているが、遺産分割の審判についてもこれと同様の理解をすることが可能であると考えられる。）、このような理解を前提とすると、家庭裁判所は、遺産分割の審判において、共同相続人間で協議が調った場合に生ずる効果と同様の処分をすることができるとの説明が可能であると考えられる。

28　第1部　民　法

　さらに、相続による債権の承継の場合には、不動産又は動産に関する権利の承継とは異なり、対抗要件の具備についても債権的な請求権しか観念することができず、物権的請求権に基づく請求をすることができない点も、その必要性を基礎付けるものといえる。

　平成30年改正では、これらの点等を考慮して、相続による債権の承継については、本条第1項の特則を設け、受益相続人が自ら遺言の内容（遺産分割により当該債権を承継した場合にあっては、当該債権に係る遺産分割の内容）を明らかにして債務者にその承継の通知をすることによって、対抗要件を具備することを認めることとしたものである。

　(2)　**相続により債権を承継した場合における対抗要件具備の方法等**

　共同相続人が相続により債権を承継し、かつ、当該共同相続人が取得した割合がその法定相続分を超える場合において、当該共同相続人が、遺言の内容又は遺産分割の内容を明らかにして債務者にその承継の通知をしたときは、共同相続人の全員が債務者に通知をしたものとみなして、本条第1項の規定が適用される。以下、詳述する。

　　ア　共同相続人が取得した割合がその法定相続分を超える場合

　共同相続人が取得した債権の割合がその法定相続分を超える場合としては、①遺産分割により債権が分割されたが、その分割割合が法定相続分に相当する割合を超える場合や、②特定財産承継遺言又は相続分の指定により債権が準共有の状態等になったが、その持分割合が法定相続分に相当する割合を超える場合等があり得るが、そのいずれについても本条第2項が適用される。

　　イ　対抗要件具備の方法

　　　(ｱ)　遺言による債権の承継の場合

　相続による債権の承継のうち、遺言（特定財産承継遺言、相続分の指定）によるものについては、受益相続人が自ら遺言の内容を明らかにして通知することによって対抗要件を具備することができる。この点について、債権譲渡の場合に、債権の譲受人ではなくその譲渡人による通知を要することとされているのは、一般に、債権譲渡によって債権者の地

位を失うことになる譲渡人による通知の方がその信頼性が高く、他方で譲受人からの通知を対抗要件として認めると詐称譲受人から虚偽の通知がされるおそれがあること等を考慮したものとされている。相続による債権の承継の場合には、前記(1)のとおり、被相続人の地位を包括的に承継した共同相続人全員による通知を要求するのが困難なことから、本条第2項で特例を設けたものであるが、受益相続人による通知で対抗要件の具備を認めることとすると、虚偽の通知がされるおそれがあるため、同項では、このような弊害が生ずるのを可及的に防止する観点から、「遺言の内容を明らかにして」通知することを要求することとしている。このような趣旨に照らすと、「遺言の内容を明らかにして」という要件を満たすためには、債務者に遺言書の原本を提示するか、あるいは、遺言書の写しを提示する場合でも、同一内容の原本の存在について疑義を生じさせない程度の客観性のある書面を提示することを要するものと解すべきである。具体的には、公正証書遺言であれば、公証人によって作成された遺言書の正本又は謄本、自筆証書遺言であれば、その原本のほか、家庭裁判所書記官が作成した検認調書の謄本に添付された遺言書の写しや、自筆証書遺言を保管する法務局の遺言書保管官が発行する遺言書情報証明書を提示することが必要になるものと考えられる。

　以上のとおり、遺言による債権の承継の場合に受益相続人が対抗要件を取得する方法としては、①共同相続人全員又は遺言執行者による通知、②受益相続人が遺言の内容を明らかにしてする通知、③債務者の承諾の3つがあることになる。なお、③の債務者の承諾については、債権譲渡の場合と同様、債務者に承諾をすべき法的な義務はなく、あくまでも債務者が任意に承諾をした場合に対抗要件となるものである。

㈤　遺産分割による債権の承継の場合

　前記(1)のとおり、遺産分割による債権の承継の場合についても、前記㈠の場合と同様、遺産分割により債権を取得した共同相続人による通知で対抗要件を具備する手段を設けることとしている。この場合についても、共同相続人により虚偽の通知がされることを可及的に防止するため

30　第1部　民　　法

に、当該通知を行うに際しては、「遺産の分割の内容を明らかにして」通知をすることを要求している。このため、この場合についても、「遺産の分割の内容を明らかにして」という要件を満たすためには、前記(ア)の場合と同程度の客観性のある書面を提示する必要があるものと解すべきである。具体的には、遺産分割協議書の原本や公証人の作成に係る正本又は謄本、裁判所書記官の作成に係る調停調書や審判書の正本又は謄本等の書面を提示することが必要になるものと考えられる[10]。

ウ　「共同相続人の全員が債務者に通知をしたものとみなして」の意義

前記(1)のとおり、相続による債権の承継については、本条第1項の規定によると、①共同相続人全員による債務者に対する通知か、②債務者の承諾が債務者対抗要件となり、債務者以外の第三者に対しては、これらの通知又は承諾を確定日付のある証書で行う必要があるところ、本条第2項の「共同相続人の全員が債務者に通知をしたものとみなして」という文言は、同項の規定による通知がされた場合には、①の通知がされた場合と同様の法律効果が生ずることを明らかにする趣旨である。

また、本条第2項は、同項による通知がされた場合に①の通知がされたものとみなすという効果を生じさせるにすぎないこと、換言すれば、この方法は、前記①及び②の方法と両立するものであり、本条第2項が前記①及び②の方法を否定するものでないことを規定上明らかにしている。

10　遺産分割の内容を明らかにする書面としては、本文記載のものが考えられるが、遺産分割が共同相続人間の協議で行われた場合については、その前提として、共同相続人の全員が遺産分割協議の当事者になっていることを明らかにする必要がある。そのため、相続により債権を承継した共同相続人が債務者に対して権利行使をするには、本文記載の書面のほか、戸籍関係書類や法定相続情報一覧図など、相続人の範囲を明らかにする書面を示す必要があるものと考えられる。もっとも、これらの書面は、共同相続人が法定相続分により債権を承継した場合（本条の適用がない場合）にも必要となるものであり、本条の「遺産の分割の内容を明らかに」するために必要となるものではない。

第899条の2（共同相続における権利の承継の対抗要件）　31

　本条第2項の通知がされた場合には、これにより債務者対抗要件を具備することになるが、さらに債務者以外の第三者に対抗するためには、この通知を確定日付のある証書によって行う必要があることになる（第467条第2項）。

32　第1部　民　法

第2節　相続分

第902条（遺言による相続分の指定）　　　　　　【平成30年改正】

（遺言による相続分の指定）
第902条　被相続人は、前二条の規定にかかわらず、遺言で、共同相続人
　の相続分を定め、又はこれを定めることを第三者に委託することができ
　る。
2　被相続人が、共同相続人中の一人若しくは数人の相続分のみを定め、
　又はこれを第三者に定めさせたときは、他の共同相続人の相続分は、前
　2条の規定により定める。

〔参考　平成30年改正前民法〕
（遺言による相続分の指定）
第902条　被相続人は、前2条の規定にかかわらず、遺言で、共同相続人
　の相続分を定め、又はこれを定めることを第三者に委託することができ
　る。ただし、被相続人又は第三者は、遺留分に関する規定に違反するこ
　とができない。
2　（同上）

解　　説

1　本条の趣旨

　本条は、被相続人は遺言により自ら相続分の指定をし、又は相続分の
指定を第三者[1]に委託することができること（第1項）、これにより共同
相続人の中の一人又は数人の相続分のみが定められた場合には、他の共
同相続人の相続分は法定相続分に関する第900条及び第901条の規定に
より算定すること（第2項）をそれぞれ定めたものである[2]。この部分の
規定の表現については、平成30年改正の前後で変更はないが、同改正
により平成30年改正前民法第902条第1項ただし書が削除された。

　1　ここでいう「第三者」に相続人が含まれるかについては、学説上の対立があ
　る（『新基本法コンメンタール相続〔第2版〕』72頁〔木村敦子執筆部分〕）。

2 平成 30 年改正前民法第 902 条第 1 項ただし書の削除

　平成 30 年改正前は、第 902 条第 1 項ただし書において、「被相続人又は第三者は、遺留分に関する規定に違反することができない。」と規定していた。

　この規定を文言に忠実に解釈すると、被相続人が自ら相続分の指定をし、あるいは、被相続人から委託を受けた第三者が相続分の指定をする場合にも、相続人の遺留分を侵害するような相続分の指定はすることができず、これをした場合には遺留分を侵害する限度で無効になるようにも読めるところであり、現に、平成 30 年改正前民法においては、相続分の指定が遺留分減殺請求の対象となることを前提とした規定がなかったこともあり、そのように解する学説が少数説ながら存在した。

　もっとも、この点について、平成 30 年改正前の判例・通説は、遺留分を侵害する相続分の指定も当然には無効とはならないとした上で、遺留分減殺請求の対象になるものと解していた（最判平成 10 年 2 月 26 日・民集 52 巻 1 号 274 頁等参照）。

　そこで、平成 30 年改正では、これらの判例・通説の立場を立法上も明確にすることとし、遺留分を侵害する相続分の指定がされた場合も遺留分侵害額請求権の行使の対象となることを規定上も明らかにするとともに（第 1046 条第 1 項括弧書、第 1047 条第 1 項括弧書参照）、平成 30 年改正前民法第 902 条第 1 項ただし書を削除することとしたものである。

　2　なお、平成 30 年改正以前から、本条による相続分の指定、遺贈及び遺産分割方法の指定の関係については様々な見解が主張されており、平成 30 年改正に至る調査審議の過程においても、これを立法的に解決することが検討されたが、コンセンサスが得られなかったという経緯がある（『新基本法コンメンタール相続〔第 2 版〕』74 頁〔木村敦子執筆部分〕）。

34   第1部 民   法

第902条の2（相続分の指定がある場合の債権者の権利の行使）

【平成30年改正】

（相続分の指定がある場合の債権者の権利の行使）

第902条の2   被相続人が相続開始の時において有した債務の債権者は、前条の規定による相続分の指定がされた場合であっても、各共同相続人に対し、第900条及び第901条の規定により算定した相続分に応じてその権利を行使することができる。ただし、その債権者が共同相続人の一人に対してその指定された相続分に応じた債務の承継を承認したときは、この限りでない。

解   説

1   本条の趣旨

　本条は、遺言により相続分の指定がされた場合における相続債権者の権利行使について定めたものであり、相続債権者は、原則として、各共同相続人に対し、法定相続分に応じて権利行使をすることができる旨を定めた上で（本条本文）、例外的に、相続債権者が共同相続人の1人に対して指定相続分に応じた債務の承継を承認した場合には、指定相続分に応じて権利行使をすることになる旨を定めた（本条ただし書）ものである。

2   相続分の指定がされた場合における相続債権者の権利行使（本条本文）

　本条本文では、相続分の指定がされた場合でも、相続債権者は、各共同相続人に対し、法定相続分に応じて権利行使することができる旨を定めている。これは、基本的に、遺言者は、その積極財産を処分する権限を有しているが、その消極財産を処分する権限は有しておらず、遺言によって相続債務の承継の在り方を決める権限を認めることは相当でないことを根拠とするものであり、「遺言による相続債務についての相続分の指定は、相続債務の債権者の関与なくされたものであるから、相続債権者に対してはその効力が及ばないものと解するのが相当であり、各相

続人は、相続債権者から法定相続分に従った相続債務の履行を求められたときには、これに応じなければならず、指定相続分に応じて相続債務を承継したことを主張することはできないが、相続債権者の方から相続債務についての相続分の指定の効力を承認し、各相続人に対し、指定相続分に応じた相続債務の履行を請求することは妨げられない」と判示した判例（最判平成21年3月24日・民集63巻3号427頁）の考え方を明文化するものである[1]。

　また、積極財産については、第899条の2の創設により、相続分の指定や特定財産承継遺言がされた場合であっても、相続債権者は、遺言に

1　前掲最判は、「相続人のうちの一人に対して財産全部を相続させる旨の遺言により相続分の全部が当該相続人に指定された場合、遺言の趣旨等から相続債務については当該相続人にすべてを相続させる意思のないことが明らかであるなどの特段の事情のない限り、当該相続人に相続債務もすべて相続させる旨の意思が表示されたものと解すべきであり、これにより、相続人間においては、当該相続人が指定相続分の割合に応じて相続債務をすべて承継することになると解するのが相当である。」と判示している。ここで、どのような場合が「特段の事情」に当たるかは必ずしも明らかでなく、この場合の相続させる旨の遺言を遺贈と解する趣旨であるのか、積極財産について法定相続分と異なる遺産分割方法の指定をした場合でも、相続分の指定を伴わないものを認める趣旨なのかは必ずしも明らかではない。この点については、一般に、相続債権者の利益を考慮し、被相続人は、特定財産承継遺言や相続分の指定を通じて、積極財産の分配の在り方を決めることはできるが、積極財産の分配の在り方とは離れて相続債務の帰属の在り方を決めることはできないこと等を根拠として、法定相続分を超える額の特定財産承継遺言がされた場合には、特定財産承継遺言と共に、相続分の指定がされたと理解してきたように思われる。もっとも、筆者らの間でも見解は一致していないものの、特定財産承継遺言と相続分の指定はそれぞれ独立の遺言事項として規定されており、積極財産の全部又は一部について特定財産承継遺言をしたからといって、これに伴い当然に相続分の指定がされたものと解すべき理由は必ずしもないものと考えられ、相続債権者の利益を害する遺言がされた場合には、詐害行為取消権などで対応すれば足りるとも考えられる。以上の考え方に立てば、遺言者が積極財産の全部を相続人の1人に相続させる旨の特定財産承継遺言をしたとしても、相続債務については法定相続分に応じて承継させる旨を遺言で明らかにしていた場合には、相続分の指定は伴わないものと解すべきことになる（第903条（注10）参照）。

36　第1部　民　法

よる権利の承継についての対抗要件の具備よりも先に差押え等をすることにより、共同相続人が法定相続分に応じて積極財産を取得したことを前提として権利行使をすることが可能となった。このため、相続債権者は、同条と本条本文の適用により、遺言がある場合であっても、相続債務とその引当てとなる相続財産がいずれも法定相続分の割合により承継されることを前提として権利行使をすることができ、改正法施行前と比較して、相続による影響を受けることが少なくなったものといえる。

　なお、本条本文は、あくまでも相続債権者が共同相続人に対して権利行使をする場合の責任割合を定めたものであり、相続債務に関する共同相続人間の内部的な負担割合もこれに合わせることまで定めたものではない。相続債務に関する共同相続人間の内部的な負担割合については、相続分の指定がされた場合に、これを積極財産の承継割合に合わせることに一定の合理性が認められるため、平成30年改正前から、遺言者にその限度で相続債務の内部的な負担割合を定める権限が認められているが（第899条、第902条）、改正法施行後もこの点に変更はない。したがって、法定相続分を下回る相続分の指定がされた共同相続人が本条本文の規定に従って相続債権者に対して債務の弁済をした場合には、法定相続分を上回る相続分の指定がされた共同相続人に対して求償権を行使することができることになる。

3　相続債権者が指定相続分の割合で権利行使をする場合（本条ただし書）

　前記2のとおり、相続債権者は、第899条の2と本条本文の適用により、相続債務及びその引当てとなる相続財産のいずれについても法定相続分の割合により承継されることを前提として権利行使をすることが可能となったが、特定財産承継遺言や相続分の指定により法定相続分よりも多くの財産を取得した共同相続人が相続債権者よりも先に対抗要件を具備した場合には、相続債権者は、遺言による権利の承継があったことを前提として権利行使をせざるを得ないこととなる。

第 902 条の 2（相続分の指定がある場合の債権者の権利の行使）　37

　上記 2 のとおり、相続分の指定がされた場合であっても、各共同相続人に対してその法定相続分に応じた権利行使を認めるのは、相続債権者の利益を考慮したものであるが、他方で、法定相続分に応じた権利行使しか認めないこととすると、例えば、被相続人が遺言により積極財産の大部分を共同相続人の 1 人に相続させることとした場合には、本条本文の規律だけでは責任財産が不足し、相続債権者が不利益を受けることが生じ得る（このような場合には、詐害行為取消権により対応することも可能であると考えられる。）。このような場合については、相続債権者の選択により、指定相続分の割合でその権利行使を認めることに合理性があり、これを認めても、共同相続人については、内部的にはそもそも指定相続分の割合で債務を承継することとされており（第 899 条）、不当な不利益を生じさせることにはならないと考えられることから、本条ただし書では、相続債権者が共同相続人の一人に対して指定相続分に応じた債務の承継を承認[2]した場合に本条本文の適用を否定することにより、指定相続分に応じた権利行使が認められることを明らかにしている（第 899 条、第 902 条)[3,4]。

　他方で、相続債権者が共同相続人の 1 人に対して指定相続分に応じた債務の承継を承認した場合には、もはや法定相続分に応じた権利行使を認める必要はなく、また、これを認めると法律関係が過度に複雑になる

2　この承認は意思表示（単独行為）の一種であり、一旦承認をした場合には、これを撤回することはできない。

3　本条ただし書では、相続債権者が共同相続人の 1 人に対して指定相続分に応じた債務の承継を承認した場合に、本条本文の適用が否定される旨が定められているにすぎず、その場合にどのような規律が適用されるかについてまで規定されているわけではないが、相続分の指定がされた場合を含め、相続における権利義務の承継に関する原則的な規律（本則）は第 899 条であるから、本条ただし書により本条本文の適用が否定された場合には、本則である第 899 条に戻ることになり、各共同相続人は、その（指定）相続分に応じて義務を承継することになる。

4　実際に本条ただし書の意思表示を認定した事例として、東京地判令和 3 年 9 月 28 日・判例秘書登載がある。

おそれがあることから、相続債権者が共同相続人の1人に対して指定相続分に応じた債務の承継を承認した場合には、本条本文を適用しないこととしている。このため、例えば、相続債権者が共同相続人の1人に対して指定相続分に応じた履行を請求した場合には、履行請求の前提として前記の承認をしたものと評価される結果、その後は他の共同相続人に対しても法定相続分に応じた権利行使をすることはできなくなる。

　これに対し、相続債権者が法定相続分に応じた債務の承継を前提とした権利行使をした場合に、指定相続分に応じた権利行使を否定する旨の規定は設けていない。これは、この場合には、相続債権者が遺言の存在を知らずに法定相続分に応じた権利行使をすることも考えられることや、この権利行使の効力が後に否定されることがなければ、その後に指定相続分に応じた権利行使を認めても特段相続人に不利益は生じないと考えられること等を考慮したものである。

　したがって、相続債権者は、一旦法定相続分に応じた権利行使をしたとしても、これにより、指定相続分に応じた権利行使ができなくなるわけではない（もっとも、事案によっては、禁反言による信義則違反等の一般条項により指定相続分に応じた権利行使が否定される場合はあり得るものと考えられる。）が、後になって指定相続分に応じた権利行使を承認した場合でも、その前にされた弁済の効力には影響を及ぼさない。

　例えば、相続人がA、B、Cの3名（法定相続分は各3分の1）である事案において、被相続人がAの相続分を4分の3、Bの相続分を4分の1、Cの相続分はないものと指定した場合に、被相続人に対して600万円の債権を有していた相続債権者DがCからその法定相続分に応じて200万円の弁済を受けた後に、Aに対して指定相続分に応じた債務の承継を承認したときでも、CのDに対する弁済の有効性に影響はないから、Dは残額である400万円の債権について権利行使をすることができるにすぎない。この場合に、Dは、Aが指定相続分に応じて債務を承継したことを前提として、Aに対し、400万円全額（Aは指定相続分に応じて債務を承継したとすると、600万円×3／4＝450万円の債務を承継したことに

第 902 条の 2（相続分の指定がある場合の債権者の権利の行使）　39

なる。）の支払を請求することもできるし、ＡＢ両名に対して請求する
ことも可能であるが、後者の場合には、Ｂに対する請求の上限額は 150
万円（600 万円の 4 分の 1）にとどまることになる。

　また、残額 400 万円を指定相続分の割合に応じて、Ａに対して 300 万
円（＝ 400 万円× 3 ／ 4）の支払を、Ｂに対し 100 万円（＝ 400 万円× 1
／ 4）の支払をそれぞれ請求することもできると考えられる。

40　第1部　民　　法

第 903 条（特別受益者の相続分）　　　　　　　　　　【平成 30 年改正】

（特別受益者の相続分）

第 903 条　共同相続人中に、被相続人から、遺贈を受け、又は婚姻若しく
は養子縁組のため若しくは生計の資本として贈与を受けた者があるとき
は、被相続人が相続開始の時において有した財産の価額にその贈与の価
額を加えたものを相続財産とみなし、第 900 条から第 902 条までの規定
により算定した相続分の中からその遺贈又は贈与の価額を控除した残額
をもってその者の相続分とする。

2　遺贈又は贈与の価額が、相続分の価額に等しく、又はこれを超えると
きは、受遺者又は受贈者は、その相続分を受けることができない。

3　被相続人が前 2 項の規定と異なった意思を表示したときは、その意思
に従う。

4　婚姻期間が 20 年以上の夫婦の一方である被相続人が、他の一方に対
し、その居住の用に供する建物又はその敷地について遺贈又は贈与をし
たときは、当該被相続人は、その遺贈又は贈与について第 1 項の規定を
適用しない旨の意思を表示したものと推定する。

〔参考　平成 30 年改正前民法〕

（特別受益者の相続分）

第 903 条　共同相続人中に、被相続人から、遺贈を受け、又は婚姻若しく
は養子縁組のため若しくは生計の資本として贈与を受けた者があるとき
は、被相続人が相続開始の時において有した財産の価額にその贈与の価
額を加えたものを相続財産とみなし、前 3 条の規定により算定した相続
分の中からその遺贈又は贈与の価額を控除した残額をもってその者の相
続分とする。

2　（同上）

3　被相続人が前 2 項の規定と異なった意思を表示したときは、その意思
表示は、遺留分に関する規定に違反しない範囲内で、その効力を有する。

解　　説

1　本条の趣旨

本条は、遺産分割において共同相続人間の公平を図る観点から特別受
益者の具体的相続分の算定方法を定めるとともに（第 1 項）、特別受益

者の具体的相続分の額が特別受益の対象となる遺贈又は贈与の価額と同額か、又はそれを超える場合（いわゆる超過特別受益となる場合）には、特別受益者は遺産分割において財産を取得することができないこと（第2項）、被相続人が第1項及び第2項の規定とは異なる意思表示（いわゆる持戻し免除の意思表示）をしたときはその意思に従うこと（第3項）、さらには、婚姻期間が20年以上の夫婦の一方である被相続人が他方の配偶者に対して、その居住する建物又はその敷地の遺贈又は贈与をしたときは、当該被相続人は持戻し免除の意思表示をしたものと推定すること（第4項）を定めたものである。

　本条第1項から第3項までは、平成30年改正前の規定の内容と実質的に変更はなく、本条第4項が改正により新たに設けられたものであるので、本条においては、第4項を中心に解説することとするが、平成30年改正では遺留分侵害額の算定に当たって、遺産分割対象財産がある場合には、具体的相続分（ただし、寄与分は考慮しない。）を前提に計算することとされたことから（第1046条第2項第2号）、具体的相続分及び遺産分割における取得額の算定方法について、改正対象外の条文についても必要な範囲で敷衍して説明する。

2　特別受益者の具体的相続分の算定方法（第1項）

　本条第1項は、共同相続人の中に被相続人から遺贈や一定の目的で贈与を受けた者（特別受益者）がいる場合に、これらの遺贈や贈与の目的財産を相続財産とみなした上で、相続財産の価額を算定し、特別受益者の具体的相続分の算定においては、当該相続財産の価額に特別受益者の法定相続分又は指定相続分の割合を乗じたものから、特別受益者が受けた遺贈や贈与の価額を控除することを定めたものである。

　以上を計算式で示すと、以下のとおりとなる。

（計算式）

①　（被相続人が相続開始時に有した財産の価額）＋（贈与価額）＝みなし相続財産の価額

42　第1部　民　法

②　（みなし相続財産の価額）×（法定相続分率又は指定相続分率）
　　−（各共同相続人が受けた遺贈又は贈与の価額）＝具体的相続分

　なお、通常は、具体的相続分が、各共同相続人が遺産分割で取得することができる財産の価額となるが、共同相続人の中で具体的相続分がマイナスとなっている者がいる場合（いわゆる超過特別受益が生じている場合。本条第2項）や各共同相続人の具体的相続分の総和が遺産分割の対象財産の価額を超えている場合（相続開始後に相続財産の価値が毀損された場合等）は、具体的相続分そのものが遺産分割で取得することができる財産の価額とはならないことに注意を要する。
　また、第1項の「被相続人が相続開始の時において有した財産の価額」については、第1043条第1項のそれとは異なり、共同相続人以外の第三者に対する遺贈については含まないと解されることにも注意を要する[1]。もっとも、平成30年改正前と実質的内容に変更はなく、同改正によって第902条の2が創設されたことに伴い、形式的に、改正前は「前三条の規定」とされていたのを「第900条から第902条までの規定」

1　この点はそれぞれの制度趣旨の違いから来るものであると考えられるが、以下の事例からしても、その結論に異論はないものと考えられる。
　すなわち、例えば、被相続人の相続開始時の財産の価額（第三者Dに対する遺贈を含む。）が2000万円、相続人がA、B、Cの3名で各自の法定相続分が3分の1ずつ、相続人Aに対する生前贈与（特別受益）が1000万円あり、また、第三者Dに対する遺贈が1000万円であったケースについて検討をする。
　上記事例で、「被相続人が相続開始の時に有した財産の価額」にDに対する遺贈を含めないで具体的相続分を計算すると、Aの具体的相続分は0、B及びCの具体的相続分は各1000万円となり、遺産分割においてAが取得すべきものはないのに対し、B及びCは1000万円を取得することができ、公平な遺産分割を実現することができる。
　一方、「被相続人が相続開始の時に有した財産の価額」にDに対する遺贈を含めて具体的相続分を計算すると、Aの具体的相続分は333万円、B及びCの具体的相続分は1333万円となり、Aは遺産分割において222万2222円、B及びCは888万8888円取得することができ、生前贈与の分を含めてAが1222万2222円取得することができ、公平な遺産分割を実現することができない。

第903条（特別受益者の相続分）　43

と改めたものである。

3　超過特別受益となる場合の取扱い（第2項）

本条第2項は、特別受益者の具体的相続分を同条第1項の規定により算定をすると、特別受益となる遺贈や贈与の価額が具体的相続分と同額か、具体的相続分を上回る場合（いわゆる超過特別受益が生じている場合。上記2の計算式に当てはめると、具体的相続分がマイナスとなる場合）には、当該特別受益者は、遺産分割において財産を取得することができないことを定めたものである。本条第2項については、その形式面も含め、平成30年改正による改正部分は存在しない。

なお、本条第2項は、超過特別受益が生じた場合でも、当該特別受益者は他の共同相続人に対して償還義務等を負うことはないことをも含意していると解されている。また、超過特別受益が生じている場合に、その余の共同相続人の遺産分割における取得額をどのように計算するかについては、本項が定めるものではないが、超過特別受益者がいないものとした上、その余の共同相続人の具体的相続分で遺産分割対象財産を割り付けて計算するという方法が、最も自然な方法であると思われる。

4　持戻し免除の意思表示がされた場合の取扱い（第3項）

本条第3項は、被相続人が同条第1項及び第2項の規定と異なる意思を表示したときは、その意思に従うことを定めるものである。

本条第1項と異なる意思表示としては、持戻し免除の意思表示が典型例であり、具体的相続分の算定に当たり、被相続人が、共同相続人に対してした遺贈又は贈与については「相続開始の時において有した財産」に含めない（前記3の計算式②における控除の対象ともしない）という意思表示をした場合には、その意思に従って計算をすることを定めたものである。

同条第2項と異なる意思表示としては、例えば、同条第1項の規定による算定をすれば超過特別受益となる場合でも、特別受益となる遺贈又

44　第1部　民　法

は贈与の全部又は一部について持戻し免除の意思表示をすることにより、遺産分割において、当該特別受益者に一定の財産を取得させることとする場合が典型例である。

　本条第3項が持戻し免除の意思表示以外のものを含むか否か、含むとしてどこまでの意思表示が含まれるかについては解釈上争いがあり、確立した判例はないが、この点については今後も解釈に委ねられることになる。

　本条第3項については、平成30年改正前は、被相続人が同条第1項及び第2項の規定と異なる意思表示をしたときは、「その意思表示は、遺留分に関する規定に違反しない範囲内で、その効力を有する。」と規定されており、遺留分を侵害する持戻し免除の意思表示は遺留分減殺請求によるまでもなく無効であるとも読める規定になっていたが、判例は、改正前においても、遺留分を侵害する限度で持戻し免除の意思表示の効力を失わせるためには遺留分減殺請求を要するとの立場をとっていた（最決平成24年1月26日・集民239号635頁参照）。

　そこで、平成30年改正では、この判例の考え方をより明確にするために、「遺留分に関する規定に違反しない範囲内で、」との文言を削除し、端的に「被相続人が前2項の規定と異なった意思を表示したときは、その意思に従う。」と規定することとしたものである。

5　持戻し免除の意思表示の推定規定（第4項）

(1)　推定規定創設の趣旨

　本条第4項は、婚姻期間が20年以上の夫婦の一方である被相続人が他方の配偶者に対して居住用の建物又はその敷地を目的とする遺贈又は贈与をしたときは、当該被相続人はその遺贈又は贈与の目的の価額の全額について持戻し免除の意思表示をしたものと推定するものである。

　一般に、婚姻期間が20年という長期に及んだ後に、配偶者の一方が他方の配偶者に対して、居住用の建物又はその敷地という生活の安定に資する財産を目的とする遺贈又は贈与をしたという場合には、単なる遺

第 903 条（特別受益者の相続分）　45

産の前渡しとは異なり、これまでの婚姻生活における長年の貢献に報い
るものとして、実質的な夫婦共有財産の清算的な意味合いを有するとと
もに、配偶者の将来の生活の安定等にも配慮して遺贈等がされた場合が
多いと考えられる。

　そうだとすれば、当該被相続人がこれらの遺贈又は贈与について持戻
し免除の意思表示をすることができることを知っていれば、そのような
意思を表示した場合が多いと考えられるが、法律の専門家でない者は持
戻しの免除の意思表示をすることができるという知識を有しておらず、
そのために明確な意思表示をしないことも多いと考えられる。

　もっとも、持戻し免除の意思表示の存在については、その存在を主張
する側に主張立証責任があると考えられており、前記のような実態と必
ずしも整合的でない状態になっているとすると、黙示的に持戻し免除の
意思表示がされたといえるか否かをめぐって、共同相続人間で紛争が生
じやすくなるものと考えられる[2]。

　そこで、本条第 4 項では、持戻し免除の意思表示に関する主張立証責
任を転換し、同項の要件を満たす場合には、持戻し免除の意思表示がさ
れたものと推定し、持戻し免除の意思表示がなかったと主張する者に、
その主張立証責任を負わせることとしたものである[3]。

(2)　各要件の意義等

ア　婚姻期間が 20 年以上の夫婦

　本条第 4 項の適用を受けるためには、婚姻期間が 20 年以上の夫婦で
あることを要するが、同項において「婚姻期間が 20 年以上の夫婦の一

2　平成 30 年改正前民法の下でも、本条第 4 項の要件に該当する事案では、持戻
　し免除の意思表示が黙示にされたとの認定がされる場合が多かったのではない
　かと考えられるが（東京高決平成 8 年 8 月 26 日・家月 49 巻 4 号 52 頁）、弁護
　士等に相談しない限り、相続人である配偶者がこのような主張をするのは困難
　であったと考えられる上、黙示の意思表示については、他の共同相続人が当然
　にその存在を認めることは通常考えにくいため、共同相続人間で紛争になりや
　すい状況にあったものと考えられる。

46　第1部　民　　法

方である被相続人が、〜遺贈又は贈与をしたときは」と規定していることからも明らかなとおり、この20年の期間は、夫婦間で居住用不動産の遺贈又は贈与がされた時点[4]でこれを経過していたことを要する。このため、相続開始の時点で婚姻期間が20年以上になっていたとしても、居住用不動産の遺贈又は贈与がされた時点で婚姻期間が20年に達していなかった場合には本条第4項は適用されない。

　したがって、例えば、婚姻期間として19年が経過した時点で夫婦の一方が他方の配偶者に対して居住用不動産の遺贈をした場合には、その後その遺言の撤回がされずに婚姻期間が20年以上経過した後に相続が開始されたとしても本条第4項は適用されないことになる[5]。もっとも、婚姻期間20年という要件を満たさない事案でも、居住用不動産の遺贈又は贈与がそれまでの夫婦共同生活における貢献に報いるとともに、将来の生活の安定を図る趣旨でされたものと認められる事案については、本条第4項が創設されたことを踏まえ、持戻し免除の意思表示が黙示にされたとの認定がされる場合も多くなるものと考えられる[6]。

　なお、同一の当事者間で婚姻と離婚を繰り返している場合について、

　3　「婚姻期間が20年以上の夫婦」という要件は、相続税法上の贈与税の特例という制度を参考にして設けたものである。この制度は、婚姻期間が20年以上の夫婦間で居住用不動産の贈与が行われた場合等に、基礎控除に加え最高2000万円の控除を認めるという税制上の特例を認めるものであるが（相続税法第21条の6）、このような特例が設けられた趣旨については、居住用不動産は夫婦の協力によって形成された場合が多く、夫婦の一方が他方にこれを贈与する場合にも、一般に贈与という認識が薄いことや、居住用不動産の贈与は配偶者の老後の生活保障を意図してされる場合が多いこと等を考慮し、一生に一度に限り、その居住用財産の課税価格から2000万円を限度として控除することを認めることとしたものであるとの説明がされている。
　4　遺贈については、遺贈をする旨の遺言が作成された時点であり、遺贈が効力を生じた時点（第985条第1項、第2項）ではない。
　5　遺言者は、いつでも遺言の撤回をすることが可能であるから（第1022条）、婚姻期間が20年に達していない時点で居住用建物の遺贈をした場合でも、これを一旦撤回した上で、婚姻期間が20年を経過した後に再度同様の遺贈をすれば、本条第4項の適用を受けることができることになる。

第903条（特別受益者の相続分）　47

婚姻期間の要件充足性をどのように考えるかは解釈問題であるが、このような場合であっても、遺贈又は贈与をした時点において婚姻期間が通算して20年以上となっていれば、基本的には前記(1)で説明した事情が当てはまるものと考えられることや、規定上も婚姻期間が20年以上「継続」していることを要件とする表現とはなっていないことからすれば、20年以上の婚姻期間の要件については、複数の婚姻期間の通算を認める趣旨であると解すべきものと考えられる[7]。

　　イ　居住用不動産

　本条第4項の「その居住の用に供する建物」には、配偶者が生活の本拠として現に居住の用に供している建物のほか、将来居住の用に供することが予定されている建物も含まれる[8]。この点は、相続開始の時点で現に居住していたことを要件としている配偶者居住権（第1028条第1項参照）や配偶者短期居住権（第1037条第1項柱書本文参照）とは異なる。他方で、別荘のように、一時的に滞在することが予定されているにすぎず、生活の本拠として使用することが予定されていない建物はこれに含まれない。

　同様に、「その敷地」は、居住用建物の敷地として現に使用され、又は将来居住用建物の敷地として使用されることが予定されている土地をいう。敷地の範囲は、他の法令の場合と同様、その土地やその上に存する建物の形状やそれぞれの利用形態等を考慮し社会通念によって決せられるものと考えられる。

6　ただし、本条第4項の適用がない以上、持戻し免除の意思表示があったことの主張立証責任は配偶者が負担することとなる。

7　贈与税の特例の適用に関する解釈においても、同一当事者間で婚姻、離婚、婚姻を繰り返した場合には、離婚中の期間を除いた上で通算することとされている（相続税法施行令第4条の6第2項参照）。

8　「その居住の用に供する建物及びその敷地」という要件は、第859条の3（成年後見人が本人の居住用不動産について売却等の処分をする場合に家庭裁判所の許可を要する旨を定めるもの）を参考にしたものであり、ここでも、基本的に同条と同様の解釈がされることになるものと考えられる。

48　第1部 民　法

　もっとも、本条第4項は、持戻し免除の意思表示を推定するものにす
ぎず、被相続人においてこれと異なる遺言をすることは可能であること
や、厳密には一筆の土地の全体が居住用建物の敷地とはいい難い場合で
も、被相続人の現実の意思として、その敷地部分については持戻しを免
除するが、その余の部分については特別受益の対象とするとの意思を有
していることは稀であって、通常は一筆の土地の全体についていずれか
の意思を有しているものと考えられること等を考慮すると、本条第4項
の適用においては、敷地の範囲を厳格に解する必要は必ずしもないもの
と考えられる。

　なお、遺贈又は贈与の対象となった建物の全部が居住用ではなく、居
宅兼店舗のように居住用とは異なる利用形態が含まれている建物につい
て本条第4項の適用があるか否かは解釈に委ねられることになる。この
点についても、居宅兼店舗となっている建物全体を目的として遺贈又は
贈与がされた場合に、被相続人の現実の意思として、建物の一部につい
ては特別受益として取り扱うが、その余の部分については持戻しを免除
するとの意思を有していることは稀であると考えられることからすれば、
基本的には、建物全体について本条第4項の適用を認めるか否かを判断
すべきこととなるものと考えられ[9]、当該建物が主に居住用として使用
されていると認められる場合には、建物全体について同項の適用を認め
てよいものと考えられる。

　　　ウ　遺贈又は贈与

　本条第4項は、本来であれば特別受益の対象となる居住用不動産の遺
贈又は贈与がされた場合に、被相続人により持戻し免除の意思表示がさ
れたものと推定するものであるから、贈与についても本条第1項の要件
を満たす贈与に限られる。もっとも、居住用不動産の贈与は通常生計の

───────────────

　　9　もっとも、居宅兼店舗が1つの建物として登記されている場合であっても、
　　　居宅部分が構造上区分されており、独立して居住の用に供することが可能なも
　　　のについては、その部分についてのみ本条第4項の適用を認めることがあり得
　　　るものと考えられる（第1028条の解説の注10参照）。

資本として行われるものと考えられ、同項の要件を満たさない贈与であるとの判断がされる場合は想定し難いように思われる。

　また、居住用不動産について特定財産承継遺言がされた場合については、本条第4項は適用されない。特定財産承継遺言の法的性質は遺産分割方法の指定であり（第1014条第2項）、居住用不動産について特定財産承継遺言がされた場合には、受益相続人である配偶者は、遺産分割によりこれを取得したことになるのであるから、その財産の価額を配偶者の具体的相続分から控除するのは第903条第1項を適用するまでもなく当然であり、同項の適用があることを前提とする本条第4項が適用される余地はないと考えられる。もっとも、例えば、居住用不動産については特定財産承継遺言がされたが、残余の遺産については特定財産承継遺言がされずに遺産分割がされることになる場合に、その遺産分割において、配偶者に対しては、法定相続分を前提に算定された具体的相続分から居住用不動産の価額を控除した残額に相当する財産を分与すべきことになるのか、あるいは、特定財産承継遺言と併せて相続分の指定もされたものと解して[10]、居住用不動産は別枠として取り扱い、残余の遺産分割において配偶者の取り分を減らすことはしないこととするのかについては遺言の解釈問題になるものと考えられる。そして、この解釈をする際には、本条第4項の存在が大きく影響するものと考えられる。すなわち、同項の規定は、婚姻期間が20年以上となる夫婦の一方が他方に対して居住用不動産の遺贈等をした場合には、これによって遺産分割における配偶者の取り分を減らす意図は有していない場合が多いこと等を考慮して推定規定を設けたものであるが、このこと自体は、居住用不動産について特定財産承継遺言がされた場合も同様に当てはまるものと考えられる。したがって、本条第4項の規定の趣旨に照らせば、この場合についても、被相続人がこれとは異なる意思を有していたことをうかがわせる事情がない限り、遺産分割方法の指定と併せて相続分の指定等がされたものと解して、居住用不動産については別枠として取り扱い、残余の遺産分割において、配偶者の取り分を減らすこととはしないこととす

50　第1部　民　法

べきものと考えられる。

(3)　本条第4項の効果

　本条第4項の要件を満たす場合には、被相続人は、配偶者に対する居住用不動産の遺贈又は贈与について第1項の規定を適用しない旨の意思表示をしたものと推定される[11][12]。

　前記のとおり、本条では、第3項において、「前2項と異なった意思を表示したときは、その意思に従う」旨定めているが、第4項で「第1

10　この点については、共同相続人に対して法定相続分を超える額の遺産分割方法の指定がされた場合には、常に相続分の指定を伴うことになり、相続分の指定を伴わずに、法定相続分を超える額の遺産分割方法の指定をすることは認められないという考え方が一般的であるように思われる。このような考え方によると、相続分の指定を伴う特定財産承継遺言がされた場合には、積極財産の承継割合と相続債務の内部的な承継割合とが合致することになる（第902条）。

　しかし、本条においては、遺贈の場合を含め、遺留分を侵害しない限り、これを特別受益として取り扱うか否かを遺言者の自由な意思に委ねており、特定遺贈がされた場合については、実質的に、被相続人からの積極財産の承継割合と相続債務の内部的な承継割合とが異なる取扱いを認めているにもかかわらず、特定財産承継遺言の場合には、これとは異なり、積極財産の承継割合と相続債務の内部的な承継割合を合致させなければならない必要性及び合理性に乏しいものと考えられる。また、このような考え方によると、例えば、被相続人がその遺産の全部を対象として、複数の共同相続人に対して特定財産承継遺言をした場合には、各共同相続人の積極財産の取得額が法定相続分と合致していることはむしろ稀であると考えられるにもかかわらず、その目的財産すべてについて財産評価を適切にしなければ相続債務の内部的な承継割合が定まらないことになり、相続をめぐる紛争をより複雑化させることになって相当でないと考えられる（例えば、被相続人が、共同相続人である子らに対し、遺産である複数の不動産についてほぼ取得額が均等になるように特定財産承継遺言をしたとしても、厳密に財産評価をした場合には、法定相続分どおりの分配にはなっていないものと考えられる。したがって、そのような場合には、各不動産の財産評価をしなければ、各共同相続人の相続債務の内部的な承継割合が定まらないことになる。）。

　以上のような理解を前提とすれば、特定財産承継遺言についても、積極財産についてのみ法定相続分とは異なる割合で承継させ、相続債務の内部的な承継割合はこれに連動させずに法定相続分で承継させることも認められるという考え方も成り立ち得るように思われる（なお、第902条の2（注1）も参照）。

項の規定を適用しない」旨の意思表示をしたものと推定することとした
のは、配偶者に対する居住用不動産の遺贈又は贈与についてはその全部
について持戻し免除の意思表示をしたものと推定する趣旨であることを
明らかにしたものである。すなわち、本条第3項の「異なった意思表
示」の範囲については、前記4のとおり学説上争いがあるものの、特別
受益の対象となる遺贈又は贈与の全部について持戻し免除の意思表示を
する場合だけでなく、その一部についてのみ持戻し免除の意思表示をす
ることができることに異論はないものと考えられるが、本条第4項では
「第1項の規定を適用しない旨の意思を表示したものと推定する」と規
定することにより、居住用不動産の遺贈又は贈与については、特別受益
としては一切考慮しない旨の意思表示をしたものと推定することとした

11　持戻し計算の具体例①
　【事例】相続人　　　　　　配偶者Xと子ども2人（Y、Z）
　　　　　　遺産　　　　　　居住用不動産持分1／2　2000万円（評価額）
　　　　　　　　　　　　　　その他の不動産　　3000万円（評価額）
　　　　　　　　　　　　　　預貯金　3000万円
　　　　　　Xに対する贈与　居住用不動産持分1／2　2000万円（評価額）
　【検討】
　　　被相続人死亡時点においては、遺産は8000万円分しかないが、贈与された不
　　動産が遺産に持ち戻されて計算されるとなると、Xの遺産分割における相続分
　　は、
　　　（8000万＋2000万）×1／2－2000万＝3000万円
　　となり、Xの最終的な取得額は、
　　　3000万＋2000万＝5000万円分
　　となる。結局、贈与があった場合となかった場合とで、最終的な取得額に差異
　　がないこととなる。
12　前注の事例において、前記贈与について持戻し免除の意思表示が認められた
　　場合には、Xの遺産分割における取得額は、
　　　8000万×1／2＝4000万円分
　　となり、Xの最終的な取得額は、
　　　4000万＋2000万＝6000万円分
　　となり、贈与がなかった場合と比べ、より多くの財産を最終的に取得すること
　　ができることとなる。

ものである。

　もっとも、本条第4項の効果は、あくまでも持戻し免除の意思表示（なお、遺言以外の方法によりその意思表示をすることも可能である。）がされたものと推定するにすぎず、被相続人がこれと異なる意思表示をして、特別受益の対象に含めることは可能である。ここでの「推定」は、本条第4項の要件を前提事実として、持戻し免除の意思表示がされたものと推定するものであり、講学上は法律上の推定に当たるものと考えられる。

　なお、被相続人が配偶者に対する居住用不動産の遺贈又は贈与についても特別受益としての取扱いを希望する場合には、その旨の意思表示をして本条第4項の推定を覆す必要があるが、その場合の意思表示については特段の要式性を要求していないので、遺言以外の方法でこれを行うことも可能である。したがって、その旨の明示的な意思表示がない場合でも、裁判所において諸般の事情を考慮して黙示の意思表示があったものと認定することは可能である。

第904条の3（期間経過後の遺産の分割における相続分）

【令和3年改正】

（期間経過後の遺産の分割における相続分）
第904条の3　前3条の規定は、相続開始の時から10年を経過した後に
する遺産の分割については、適用しない。ただし、次の各号のいずれか
に該当するときは、この限りでない。
一　相続開始の時から10年を経過する前に、相続人が家庭裁判所に遺
産の分割の請求をしたとき。
二　相続開始の時から始まる10年の期間の満了前6箇月以内の間に、
遺産の分割を請求することができないやむを得ない事由が相続人に
あった場合において、その事由が消滅した時から6箇月を経過する前
に、当該相続人が家庭裁判所に遺産の分割の請求をしたとき。

解　　説

1　本条の趣旨

　本条は、所定の期間経過後の遺産の分割における相続分を定めるもの
であり、令和3年改正により新設された規定である。新設された理由は、
次のとおりである。

　相続人は、遺産分割の前は、遺産につき法定相続分又は指定相続分に
応じた共有持分を有するが（第898条第2項参照）、その分割は、被相続
人からの生前贈与等の特別受益や被相続人への寄与分を加味し、法定相
続分又は指定相続分の割合を修正して算出する具体的相続分の割合によ
り実施することになる（第900条から第904条の2まで）。

　他方で、令和3年改正前の民法においては、具体的相続分による遺産
分割を求めることができる期間には制限がなく、遺産分割の請求をしな
いまま放置しても相続人には直ちに不利益が生じないため、早期に遺産
分割の請求をするインセンティブが働きにくかった。

　また、相続開始後長期間を経て相続人が具体的相続分による遺産分割
を求める場合には、特別受益や寄与分に関する証拠等が散逸し、関係者
の記憶も薄れるため、遺産分割を円滑に実施することが困難になる。

54　第1部　民　　法

　民法では、一般的に、所有権以外の権利は、一定の期間行使されない
場合には消滅することとされているが（第166条等）、具体的相続分によ
る分割の利益も一定の期間の経過により消失することとすれば、その利
益を求める者による早期の請求を期待することができる。

　また、具体的相続分による分割の利益が一定の期間の経過により消失
することとすれば、その後は法定相続分又は指定相続分の割合により遺
産分割をすることになるため、考慮すべき要素が少なくなり、基準割合
も簡明な数値となることから、協議又は裁判により遺産を分割すること
が容易になる。

　そこで、令和3年改正により、相続開始の時から10年を経過した後
にする遺産の分割については、一定の場合を除き、第903条から第904
条の2までの規定は適用しないこととされ、具体的相続分ではなく、法
定相続分（相続分の指定があるときは、指定相続分）により遺産分割を行
うこととされた。

2　相続開始時から10年の期間の法的性質

　相続開始の時から10年の期間が経過すると、原則として、第903条
から第904条の2までの規定は適用されないことになる。もっとも、こ
の期間の性質はいわゆる消滅時効期間ではない。そのため、消滅時効に
関する規定は適用されない。

3　10年経過後の分割の性質

　本条により、相続開始時から10年を経過後は、原則として、第903
条から第904条の2までの規定は適用されないことになるものの、遺産
共有の状態にある財産の分割は、共有物分割ではなく、遺産分割として
することになる。

　遺産分割は、①分割の基準が基本的には具体的相続分であること、②
分割手続が家庭裁判所で行われること、③遺産全体の一括分割が可能で
あること、④遺産に属する財産の種類及び性質、各相続人の年齢、職業、

心身の状態及び生活の状況その他一切の事情が考慮されること、⑤配偶者居住権の設定が可能であることといった点が共有物分割と異なる。

相続開始後10年の経過により、原則として、前記①と異なり分割の基準は法定相続分又は指定相続分となるが、その余の点は変わらず、分割の方法は遺産分割によることになる。

4　相続開始時から10年を経過した後に第903条から第904条の2までの規定が適用される場合

(1)　10年経過前の遺産分割の請求（本条第1号）

相続開始の時から10年を経過する前に、相続人が家庭裁判所に遺産分割の請求をしたときは、相続開始時から10年を経過した後に遺産分割の調停又は審判をするとしても、その遺産分割には、第903条から第904条の2までの規定が適用される（本条第1号）。

相続開始の時から10年を経過する前に、遺産分割の請求がされればよく、寄与分の請求や、特別受益の主張・立証を伴っている必要はない。

また、相続人のいずれかが適法に遺産分割の請求をしていれば、その請求をしていない相続人を含む相続人全員との間で、その遺産分割には、第903条から第904条の2までの規定が適用される。

(2)　やむを得ない事由がある場合（本条第2号）

相続開始の時から始まる10年の期間の満了前6か月以内の間に、遺産分割を請求することができないやむを得ない事由が相続人にあった場合において、その事由が消滅した時から6か月を経過する前に、当該相続人が家庭裁判所に遺産分割の請求をしたときは、相続開始時から10年を経過した後に遺産分割の調停又は審判をするとしても、その遺産分割には、第903条から第904条の2までの規定が適用される（本条第2号）。

遺産分割を請求することができないやむを得ない事由の有無は、個々の相続人ごとに判断される。例えば、相続人Aにはやむを得ない事由があるが、相続人Bにはやむを得ない事由がないというケースにおいて、

具体的相続分による遺産分割をするためには、A自身がやむを得ない事由が消滅した時から6か月を経過する前に遺産分割の請求をする必要がある。

やむを得ない事由は、相続開始の時から10年の期間満了前6か月以内の期間のいずれかの時点で存在していれば足り、その期間の全てにわたって継続的に存在している必要はない。

5　相続人の合意と具体的相続分の割合による遺産分割

令和3年改正による改正前においても、明文の規定はないが、相続人は、協議によって、本来の相続分と異なる割合で遺産分割をすることは可能であると解されていた。

これと同様に、令和3年改正による改正後においても、相続開始の時から10年を経過した後に、法定相続分又は指定相続分によって分割をした方が有利である者が、その利益を放棄して、具体的相続分による遺産分割協議をすることは可能であると解される。

また、遺産分割は相続人間の合意によってすることができる性質のものであるから、相続開始後10年が経過した後に、相続人間で具体的相続分による遺産分割を実施するとの合意をした場合には、裁判所はその合意に沿って遺産分割をすることになるものと解される。

したがって、相続開始の時から10年を経過した後に、相続人が具体的相続分に沿った遺産分割を望む場合には、その全員で具体的相続分に応じて遺産の分割をする旨の合意をして遺産分割協議をすればよく、その合意があれば、その合意に基づき、裁判所は、遺産分割の調停又は審判をすることになると解される。

なお、相続開始の時から10年を経過する前に、相続開始の時から10年を経過した後でも具体的相続分に応じて遺産分割をする旨の合意がされた場合に、その合意に効力を認めると、具体的相続分による遺産分割をすることができる期間に限定を加えた趣旨が没却されることになる。消滅時効においても、その時効の完成前にあらかじめその利益を放棄す

ることはできないとされている（第146条）。したがって、（相続開始時から10年を経過する前に）相続人間でこのような合意をしたことを相続開始時から10年を経過しても具体的相続分による遺産分割を求めることができる例外事由とはしておらず、このような合意には効力が認められないと解される。

6　第906条との関係

第906条は、遺産の分割は、遺産に属する物又は権利の種類及び性質、各相続人の年齢、職業、心身の状態及び生活の状況その他一切の事情を考慮してこれをするとしている。

従前の学説の中には、第906条は相続分を修正することを認めるものであり、同条により、本来の相続分と異なる割合で遺産の分割をすることは可能であるとの見解もあった。この見解によれば、相続開始時から10年を経過し、本条本文が適用される場合であっても、第906条の規定により、相続人は、具体的相続分による遺産分割を求めることができると解することになるとも考えられる。

しかし、第906条は、あくまでも相続分を前提としてその分配の方法（どの財産をどの相続人に分割するか）を定める際の基準を示すものであり、同条により相続分自体を修正することはできないと解される。また、長期間経過後の遺産分割については法定相続分等の簡明な基準割合で行うことによってこれを円滑化するという本条の趣旨からすると、第906条の解釈についてどのような見解を採るとしても、少なくとも、相続開始時から10年を経過し、本条本文の規定が適用される場合には、第906条の規定によっても具体的相続分による遺産分割を求めることはできないと解される。

7　金銭請求の可否

相続開始時から10年を経過して具体的相続分による遺産分割をすることができなくなった相続人が、遺産分割によらず、例えば、不当利得

58　　第1部　民　　法

に基づいて、他の相続人に対し、具体的相続分によれば得ることができ
た遺産の額相当額の支払を求めることができるのかが問題となり得る。
しかし、他の相続人は、本条本文が適用される結果、第900条から第
902条までの規定により法定相続分又は指定相続分をもって相続を受け
る権利を有しているのであり、その利得は法律上の原因に基づいている
ことや、このような支払請求を認めると、具体的相続分による遺産分割
に制約を設けた趣旨に反することになることから、不当利得は成立しな
いと解される。

第906条の2（遺産の分割前に遺産に属する財産が処分された場合の遺産の範囲）　59

第3節　遺産の分割

第906条の2（遺産の分割前に遺産に属する財産が処分された場合の遺産の範囲）　　　　　　　　　　　　　【平成30年改正】

> （遺産の分割前に遺産に属する財産が処分された場合の遺産の範囲）
> 第906条の2　遺産の分割前に遺産に属する財産が処分された場合であっても、共同相続人は、その全員の同意により、当該処分された財産が遺産の分割時に遺産として存在するものとみなすことができる。
> 2　前項の規定にかかわらず、共同相続人の一人又は数人により同項の財産が処分されたときは、当該共同相続人については、同項の同意を得ることを要しない。

解　説

1　本条の趣旨

　本条は、共同相続人の一人又は数人が遺産分割前に遺産に属する財産を処分した場合に、共同相続人間の公平を確保する観点から、当該処分の影響を受けて各共同相続人の最終的な取得額（以下、本条においては、各共同相続人が被相続人の財産から取得した財産の総額をいい、特別受益の対象となる財産や本条の処分により取得した財産の価額を含む。）に変更が生ずることがないようにするため、第1項において、共同相続人全員の同意により、当該処分された財産が遺産分割時に遺産として存在するものとみなすことができることとした上で、第2項において、当該財産の処分をした者を除く共同相続人全員の同意があれば、当該財産の処分をした者の同意が得られなくても、同様の取扱いをすることができる旨を定めたものである。

2　新たな規定を設ける必要性とその限界

　共同相続された遺産については、原則として共有状態となり、共同相続人が各自その相続分の割合で共有持分を有することになるが、その共有状態の解消については、原則として、共有物分割の手続（第256条以

60 第1部 民 法

下）ではなく、遺産分割の手続によることとされている（第907条）。遺産分割と共有物分割の違いとしては、①遺産分割においては、特別受益（第903条）や寄与分（第904条の2）による調整が予定されており[1]、遺産分割前の共有持分割合に応じて遺産が分割されるとは限らないのに対して、共有物分割においては手続開始前の共有持分割合に応じて共有財産が分割されることになること、②遺産分割においては、分割の対象となる遺産を総体として把握した上でそれを前提として各共同相続人の具体的相続分額を算定し、各共同相続人に対してその額に相当する財産を取得させることになるのに対し、共有物分割においては、基本的には、共有となっている個々の財産を前提としてその分割がされることになること等の点において違いがある。もっとも、②の点については、共有物分割においても、複数の共有財産を一括して分割することが認められていることからすれば、その違いは相対的なものにとどまるということができるように思われる。

　このように、遺産分割と共有物分割の最も大きな違いは、分割前の共有持分の割合に応じて財産を分割するのか、そこに修正の余地があるのかという点にあるものと考えられる。そして、遺産分割において、このような修正の余地が認められているのは、いうまでもなく、特別受益の有無及び額を考慮して遺産分割における各共同相続人の取得額を調整し、又は被相続人の財産の維持や増加に特別の貢献がある共同相続人についてはその取り分を増やすことが共同相続人間の公平に資すると考えられるからである。

　他方、遺産共有は物権法上の共有とその性質を異にするものではないという現在の判例法理（最判昭和30年5月31日・民集9巻6号793頁等）を前提とすれば、遺産分割前においても、各共同相続人は、その遺産共

　1　もっとも、令和3年改正により、相続開始の時から10年を経過した後にする遺産分割においては、原則として、特別受益や寄与分による調整は行わないこととされた。

有持分を単独で処分することができることになるが、平成30年改正前においては、共同相続人が遺産分割前に共有持分の処分をした場合に、その後の遺産分割においてこれをどのように取り扱うかという点に関する規律は設けられておらず、この点に言及した判例も見当たらなかった。

このため、この点に関する実務上の取扱いも、明確に確立したものはなかったのではないかと思われる。

また、遺産分割前に共同相続人が遺産に属する財産を処分したことにより、遺産性が失われる場合としては、共同相続人が遺産共有状態にある遺産の共有持分を第三者に譲渡した場合が典型例ではあるが、このほかにも、例えば、遺産に属する預貯金債権のように、本来であれば、共同相続人の全員の同意がなければその払戻しができない場合（第909条の2の規定による場合を除く。）であるにもかかわらず、共同相続人の一人がＡＴＭを利用するなどして預貯金の払戻しをし[2]、これについて準占有者（受領権者の外観を有する者）に対する弁済（第478条）が成立する場合等が含まれる。このように、共同相続人による遺産分割前の財産処分には、㋐共同相続人がその処分権限に基づき行うものと、㋑本来は共同相続人の処分権限を超えた処分であるが、外観法理等によってその処分が有効となる場合とがあることになるが、この両者で問題状況は大きく異なる。

まず、㋐の場合については、遺産の共有持分の処分をした共同相続人にその処分権限があるのであるから、その対価を取得することができることになるが、当該遺産については、当該共同相続人はその処分により

2　預貯金債権については、準共有持分を有する共同相続人が有効に預貯金の払戻しを受けると、その分預貯金債権の額が減少することになるから、払戻しは準共有財産の変更に当たり、準共有者全員の同意が必要となると解される。これに対し、不動産の共有持分の譲渡の場合には、共同相続人の一人がその共有持分の譲渡をしても共有者が代わるだけであり、不動産自体に変更が生ずるわけではないので、その処分について他の共同相続人（共有者）の同意は不要となる。

62　　第1部　民　　法

共有持分を失うことになるのであるから、各共同相続人の具体的相続分を算定するに当たっては、それを考慮した計算がされることになるものと考えられる[3]。このような理解を前提とすれば、共有持分の処分をした共同相続人がその処分によって取得した対価の額が、仮にその処分がなかったとした場合に遺産分割において取得することができた額（以下では、この額を便宜「仮定取得額」という。）の範囲内にとどまっている限り、当該処分の有無によって各共同相続人の最終的な取得額が変わることはないが、当該処分をした共同相続人に多額の特別受益があるなどの理由で、処分の対価の額が仮定取得額を超える場合には、各共同相続人の最終的な取得額が変わることになり得るものと考えられる[4]。この点については、このような場合に他の共同相続人が当該処分をした共同相続人に対して不当利得返還請求をすることができるのであれば、これにより共同相続人間の公平を図ることができる[5]が、判例上具体的相続分には権利性がないとされていること（最判平成12年2月24日・民集54

3　例えば、被相続人の子であるA、B及びCの3人が共同相続人となり、甲土地ほかの遺産を相続した事案において、Aが遺産分割前に甲土地の3分の1の持分を第三者に譲渡した場合には、その後の遺産分割において、遺産として遺産分割の対象となる甲土地の残り3分の2の持分については、Aは持分を有しておらず、B及びCが各3分の1の持分を有する前提で各共同相続人の具体的相続分額を算定することになるものと考えられる。すなわち、遺産分割では、通常は、遺産の総額に各共同相続人の法定相続分を乗じるなどして各共同相続人の具体的相続分額を算定することになるが、遺産分割前に共同相続人による共有持分の処分があった場合には、具体的相続分額の算定に当たっても、処分後の残りの財産については別枠で算定をする必要が生ずるため、計算が若干複雑になる。先の事例で言えば、甲土地以外の遺産については、通常の場合と同様の方法で具体的相続分額を算定した上で、甲土地の残り3分の2の持分については、B及びCのみが各3分の1の持分を有する前提で、その評価額をB及びCの具体的相続分額に加算することになる。したがって、例えば、甲土地以外の遺産を前提としたA、B、Cの具体的相続分額が各自2500万円であったとして、甲土地の3分の2の持分の評価額が2000万円であるとすると、Aの具体的相続分額は2500万円のままであるのに対し、B及びCの具体的相続分額は各自3500万円（2500万円＋2000万円×1／2）となる。

第906条の2（遺産の分割前に遺産に属する財産が処分された場合の遺産の範囲）　63

巻2号523頁）[6]からすれば、この場合に不当利得返還請求が認められる
か否かはかなり微妙であると考えられる。また、仮に不当利得返還請求
が認められるとしても、平成30年改正前には、このような問題が生じ
た場合に遺産分割の手続の中で一回的に解決することができないという
問題があったことになる。

　次に、⑦の場合については、共同相続人は本来単独でその処分をする
ことができないのであるから、準占有者（受領権者の外観を有する者）に
対する弁済（第478条）により弁済自体が有効となる場合でも、他の共
同相続人は、処分をした共同相続人に対して不法行為に基づく損害賠償
請求や不当利得返還請求をすることができるものと考えられる。この場
合にも、その損害額又は損失額の算定において、仮定取得額と遺産分割
における現実の取得額の差額を損害又は損失として認めることができる
のであれば、これにより共同相続人間の公平は図られることになるが[7]、

4　例えば、注3と同様の事例で、遺産としては、甲土地の残りの3分の2の持
　分（時価2000万円）のほかに、6000万円の預貯金債権があり、Aには、生前贈
　与による特別受益（1500万円）があったという事例では、Aの具体的相続分は
　1000万円（7500万円×1／3－1500万円）、B及びCの具体的相続分は各
　3500万円（7500万円×1／3＋2000万円×1／2）ということになり、甲土
　地の3分の1の持分の処分の有無によって最終的な取得額（いずれの共同相続
　人においても3500万円）に変更は生じないが、この事例で、仮にAの特別受益
　が合計4500万円であったとすると、Aの処分がなければ、各共同相続人の最終
　的な取得額は4500万円（（3000万円＋6000万円＋4500万円）×1／3）とな
　るのに、Aの処分があるといわゆる超過特別受益の状態となり、Aは遺産分割
　では財産を取得することができないものの、最終的な取得額は5500万円（甲土
　地の処分によって得た1000万円＋特別受益4500万円）となり、Aの処分の有
　無によって最終的な取得額が変わることになる。

5　注4の事例で、B及びCが、Aに対し、各自500万円の不当利得返還請求を
　することができるのであれば、最終的な取得額はいずれも4500万円となって不
　公平は生じないことになる。

6　この判例では、「具体的相続分は、このように遺産分割手続における分配の前
　提となるべき計算上の価額又はその価額の遺産の総額に対する割合を意味する
　ものであって、それ自体を実体法上の権利関係であるということはでき〔な
　い〕」との判示がされている。

64　第1部　民　法

ここでも、具体的相続分の権利性が問題となり、その解釈次第では、上記差額を損害又は損失と認めることはできないとの結論になるおそれがある[8]。また、仮に上記差額の全額を損害又は損失として認めることができるとの結論になるとしても、㋐の場合と同様、遺産分割の手続の中で一回的に解決することはできないとの問題点は残ることになる。

　これらの事情を踏まえ、平成30年改正では、遺産分割前に共同相続人が遺産に属する財産を処分した場合に、その処分がなかった場合よりも最終的な取得額が多くなるといった事態ができる限り生じないように

7　預貯金債権が相続の開始により当然に分割されるか否かについて、従前の判例を変更した最大決平成28年12月19日・民集70巻8号2121頁の理解を前提とすれば、準占有者に対する弁済によって預貯金債権の一部が消滅することになった場合でも、残りの預貯金債権の準共有持分の割合は変わらないものと解される（この点について、同最決は、「預金者が死亡することにより普通預金債権及び通常貯金債権は共同相続人全員に帰属するに至るところ、その帰属の態様について検討すると、上記各債権は、口座において管理されており、預貯金契約上の地位を準共有する共同相続人が全員で預貯金契約を解約しない限り、同一性を保持しながら、常にその残高が変動しうるものとして存在し、各共同相続人に確定額の債権として分割されることはないと解される。」と判示している。）。この点で㋐の場合とは異なる。

8　平成30年改正の施行後に、「被告Y1は、遺産分割前の準共有状態にあった本件各貯金を原告の同意なく払い戻したのであるから、払い戻した時点において、不法行為が成立するというべきであり、遺産分割が未了である以上、その損害は、法定相続分相当額とするのが相当である。具体的相続分は、遺産分割において算定されるべき事項であり、本件においても、今後、行われる被相続人の遺産分割において、具体的相続分や原告が遺産の代わりに取得した本件各請求権を踏まえて、調整を図ることが可能である。また、遺産分割の対象となるのは、原則として、分割時に残存する遺産であるから、遺産分割前に遺産である本件各貯金が払い戻された場合、原則として、本件各貯金は遺産分割の対象とはならない。原告と被告Y1の合意により、被告Y1が払い戻した本件各貯金をみなし遺産として、遺産分割することはできると解されるが（平成30年法律第72号により新設された民法906条の2第1項同趣旨）、それを理由に、原告の権利が侵害されていないということはできないし、これにより、原告の不法行為による損害賠償請求権の行使が妨げられるものではない。」と判示したものとして、東京地判令和2年7月28日・判例秘書登載がある。

第906条の2（遺産の分割前に遺産に属する財産が処分された場合の遺産の範囲）　65

し、また、遺産分割の中でその調整が可能となるようにするため、本条を新設することとしたものである。

　もっとも、本条においても、第1項においては共同相続人全員の同意が必要とされ、第2項を適用する場合にも、処分をした共同相続人の同意をとる必要がないとするにとどめているため、処分者以外の共同相続人の中に何らかの理由で同意をしない者がいる場合には、上記の問題は解決しないことになり、その意味では本条の規律には一定の限界がある[9]。

3　共同相続人全員の同意による場合（本条第1項）

　本条第1項は、遺産分割は共有物分割の特則であり、現に共有状態にある遺産を共同相続人間において分配する手続であるという伝統的な理解を前提とし、本来は、共同相続人の一人が遺産分割前に遺産に属する財産を処分し、その部分が遺産でなくなった場合には、遺産分割の対象財産から除外されるという理解を前提とした上で、その例外を定めるものである。すなわち、共同相続人が遺産分割前に遺産に属する財産を処分した場合でも、共同相続人全員の同意[10]があるときには、上記原則の例外として、その処分された財産が遺産として存在するものとみなすこ

　9　この点について、法制審議会民法（相続関係）部会では、当初は、共同相続人の同意を要件とせず、共同相続人による遺産分割前の処分があれば本条と同様の効果を生じさせることとするなどして、遺産分割前の処分の有無により各共同相続人の最終的な取得額に変更が生じないようにする各種の案が検討されたが、これらの案については、処分者が共同相続人であるかそれ以外の第三者であるかについて争いがあるような事案については、民事訴訟によりこの点の事実関係を確定する必要が生ずるなど、相続をめぐる紛争がより一層長期化、複雑化するおそれがあるなどとして、これに反対し、又は懸念を示す意見が多かったため、採用されなかった。

　10　誰が処分したのかについて争いがある場合であっても、その財産が存在していたとみなすことについて争いがなく、このことに同意があれば、当該処分された財産が遺産分割時に遺産として存在するものとみなすことができるとするものとして、潮見佳男『詳解相続法〔第2版〕』（弘文堂、2022年）324頁。

66　第1部 民　　法

とができることとしており、これにより、当該処分によって各共同相続人の最終的な取得額に変更が生じないようにすることが可能となる。

　このような取扱いは、平成30年改正前にも運用上の工夫として行われていたものであり、本条第1項は、このような実務上の取扱いを明文化したものということができる。

　このように、本条は、遺産分割前の処分により当該財産が遺産性を喪失した場合に、共同相続人間で不公平が生ずるのを防止することを目的とするものであるから、同条の「処分」は、これにより当該財産の遺産性を喪失させるものであることを要し、かつ、それで足りる。したがって、ここでの「処分」には、預貯金の払戻しのように遺産に属する財産を法律上消滅させる行為や、相続の開始により遺産共有となった不動産等の共有持分を相続人以外の第三者に譲渡する行為だけでなく、遺産に属する財産を現実に破損、減失させるなど、その財産の価値を毀損する行為も含まれる（なお、預貯金の払戻しについては、第909条の2に本条の特則が設けられている。）。

　他方で、例えば、共同相続人の債権者により遺産共有状態にある不動産の共有持分の差押えがされた場合でも、それだけでは、当該共有持分の権利関係に変動はなく、遺産性は喪失しないから、本条の「処分」には該当しない[11]。もっとも、この事例で、差押え後に当該共有持分が強制競売により売却され、その代金が納付された場合には、当該共有持分は第三者に移転し、遺産性を喪失することになるから、その時点で「処分」がされたことになるものと考えられる。したがって、遺産分割前に

　11　この場合についても、遺産分割において、当該不動産を別の共同相続人に取得させることとすると、遺産分割後に、差押えを受けた共有持分が強制競売により売却されたときには、これを取得した共同相続人が不利益を受け得ることになるが、これについては、差押えを受けた共同相続人に当該不動産を取得させることで上記のような問題を回避することができるし、また、別の共同相続人にこれを取得させることとした場合にも、当該共同相続人は、他の共同相続人に対して担保責任（第911条）を追及することが可能であるから、本条の適用対象に含めるまでの必要性はないものと考えられる。

第906条の2（遺産の分割前に遺産に属する財産が処分された場合の遺産の範囲）　67

代金が納付された場合には、本条の適用があり得ることになる（強制競売によって権利が移転した場合に、本条第2項の適用があるか否かについては、後記4参照）。

　また、本条第1項は、第2項とは異なり、処分をした主体に限定を設けていないから、相続人以外の第三者が処分をした場合にも適用され得る。

　本条第1項の要件を満たす場合（本条第2項により本条第1項の要件を満たすことになる場合も同じ。）には、共同相続人は、処分された財産が遺産分割時に遺産として存在するものとみなすことができる。この効果は、共同相続人間においてのみ生ずるものであるが、遺産分割の調停や審判の場合だけでなく、裁判外の遺産分割の協議の場面でも同様の効果を生じさせるものであり、実体法上の効果を生じさせるものと考えられる。そして、本条により遺産分割時に遺産として存在するものとみなされた場合には、通常は、遺産分割の場面でも、その処分者に当該財産を帰属させることになるものと考えられるが、規定上はこれに限定することとはせずに、当該財産を処分者以外の共同相続人に帰属させることも認める趣旨で、「遺産の分割時に遺産として存在するものとみなす」との表現を用いることとしている[12,13]。この点は、後記4(2)の論点にも影響を及ぼすものと考えられる。

　12　もっとも、既述のとおり、本条による効果は共同相続人間にのみ生じ、第三者の権利関係には影響を及ぼさないものであるから、処分された財産を処分者以外の共同相続人に帰属させることとした場合でも、その財産の所有権等を取得することはできない。したがって、当該財産を取得することとされた共同相続人は、その処分者に対して不当利得返還請求又は不法行為に基づく損害賠償請求をすることが可能であるが、そこでその損失分を完全に回復することができない場合には、共同相続人間の担保責任（第911条、第913条）を追及するほかはないものと考えられる。このため、処分者以外の共同相続人にこれを帰属させた場合に当該共同相続人が不利益を被るおそれがある場合には、このような方法を採るのは相当でないものと考えられ、実際に処分者以外の共同相続人に処分された財産を取得させるのは、当該共同相続人が特にそれを希望している場合など希有な場合に限られるのではないかと考えられる。

68　第1部　民　　法

4　処分者以外の共同相続人全員の合意による場合（第2項）

(1)　処分者の同意を要しないこととした趣旨等

　前記3のとおり、本条第1項は、平成30年改正前の実務でも行われていた取扱いを明文化したにすぎず、本条を創設した実質的な意義は第2項にある。

　すなわち、本条第1項の規律は、共同相続人全員の合意を要件とするものであるから、この規定がなくてもそのような取扱いは可能であると考えられるが、本条第2項は、処分者の同意を要しないとする点で明文の規定がなければ採り得ない取扱いを認めるものである。

　民法は、共同相続人間では、特別受益や寄与分を考慮して遺産を分割するのが公平であるという価値判断をしているところ（第903条、第904条の2）[14]、遺産分割前に共同相続人の一部の者が遺産に属する財産を処分したことによって最終的な取得額が変わるというのは本来そのような価値判断にそぐわないものであるから、本条第2項のような取扱い

13　これに対し、第909条の2では、遺産分割との関係でも、同条により預貯金債権の行使をした共同相続人にその権利を帰属させることとする趣旨で、「当該共同相続人が遺産の一部の分割によりこれを取得したものとみなす」との表現を用いている。

14　このような趣旨を徹底するのであれば、本来は、共同相続人による遺産分割前の処分を認めないこととすべきであると考えられる。

　　もっとも、そのような取扱いをして、共同相続人は、遺産分割前には物権法上の共有持分すら持っていないこととすると、特別の規定を設けない限り、相続人の債権者は、その相続人が相続により一定の財産を取得しているにもかかわらず、これに対して権利行使をすることができなくなるという不都合が生じ得ることになる。また、例えば、実際には遺産分割が終了し、遺産に属する不動産の取得者が決まっている場合でも、その旨の登記がされていないときなどには、債権者は、遺産分割の内容すら容易には知り得ないなど、その財産に対して権利行使をするのが極めて困難となる事態が生じ得ることとなり、債権者からの差押えを回避するために、相続人があえて登記をしないという事態を誘発することにもなりかねない。

　　このため、このような事態等が生ずることを回避するために、各共同相続人は、遺産分割前であっても、法定相続分に基づく（物権法上の）共有持分を有していることとされているものと解される。

第906条の2（遺産の分割前に遺産に属する財産が処分された場合の遺産の範囲）　69

をしてもその処分者に対して不当な不利益を課すことにはならないと考えられる。そこで、本条第2項では、第1項の原則的取扱いの例外として、当該処分者についてはその同意を要しないこととしたものである。

　本条第2項の「処分」は、第1項のそれと同義であり、遺産に属する財産を法律上消滅させる行為や、相続の開始により遺産共有となった財産の共有持分を相続人以外の第三者に譲渡する行為だけでなく、遺産に属する財産の価値を毀損する行為も含まれる。

　また、前記3で説明したとおり、本条の「処分」に該当するためには、これにより当該財産の遺産性を喪失させるものであることを要するため、共同相続人の遺産に属する財産の共有持分の差押えがされただけでは足りず、強制競売により第三者に売却され、代金が納付されることが必要となるが、この場合に本条第2項の適用が認められるか否かが問題となる。この場合には、共同相続人による積極的な行為があったわけではないが、本条第2項の適用を認めないと共同相続人間で不公平が生じ得る点では共同相続人が積極的に処分をした場合と同様の利益状況にあり、また、当該共有持分の権利が移転することになったのは、差押えを受けた共同相続人が請求債権に係る債務の履行を怠ったからであって、本条第2項の適用を認めても当該共同相続人に不当な不利益を課すことにはならない。以上によれば、この場合についても、本条の「処分」があったものとして本条第2項の適用又は類推適用を認めてよいものと解される。

(2)　共同相続人間で処分者について争いがある場合の処理

　遺産分割前に遺産に属する財産が処分されたが、共同相続人間で、その処分者が誰であるかをめぐって争いが生ずることがあり得る。

　このような場合には、遺産分割事件を取り扱う家庭裁判所において、遺産分割の前提問題としてその処分者について事実認定をした上で、遺産分割の審判をすることは可能である。

　しかし、家庭裁判所が遺産分割の審判の中でした事実認定については既判力が生じないため、後にその事実認定が確定判決の既判力と抵触す

70　第1部　民　法

ることとなった場合には、遺産分割の審判の全部又は一部の効力が否定
されるおそれがある。このため、遺産分割の当事者としては、このよう
な事態が生じないようにするため、遺産分割の前提問題として、遺産確
認の訴えを提起して、当該処分された財産が本条第2項の適用により、
遺産分割時に遺産として存在するものとみなされることの確認を求める
ことができると解される（最判昭和61年3月13日・民集40巻2号389頁
参照）[15]。

　例えば、いずれも被相続人の子であるA、B及びCの3人が相続人で
ある場合に、A及びBは、Cが遺産分割前に遺産に属する預金の払戻し
をし、預金債権の一部が消滅したとして、A及びBの同意により遺産分
割時に当該預金債権の一部が遺産として存在するものとみなす旨の主張
をしたのに対し、Cがこれを争っている場合には、A及びBは、Cを被
告として、当該預金債権の一部が遺産として存在するものとみなされる

---

[15]　この点については、判例上、具体的相続分を算定する過程で相続財産とみな
　　される特別受益については、特定の財産が特別受益財産であることの確認を求
　　める訴えは確認の利益を欠くものとされていること（最判平成7年3月7日・
　　民集49巻3号893頁）との関係が問題となる。この判例において、上記の確認
　　請求について確認の利益が認められないとされている理由としては、ある財産
　　が特別受益財産に当たるかどうかの確定は、具体的相続分又は遺留分を算定す
　　る過程において必要とされる事項にすぎず、この点が確定しても、その価額の
　　ほか、遺産の全範囲及びその価額等が定まらなければ具体的相続分又は遺留分
　　が定まることはなく、相続分又は遺留分をめぐる紛争を直接かつ抜本的に解決
　　することにならないこと等が挙げられている。
　　　これに対し、本条により遺産として存在するものとみなされた場合には、特
　　別受益の場合とは異なり、その対象財産自体が分割の対象となり、理論上はこ
　　れを処分者以外の相続人に帰属させることも可能であって、具体的相続分を算
　　定する際に考慮される事項にとどまらないものであり、この点では、遺産確認
　　訴訟において確認の対象とされる遺産の取扱いと異ならないものと考えられる。
　　また、本条により遺産として存在するものとみなされるという効果は、前記3
　　のとおり、実体法上の効果であると考えられる。これらの諸点に照らすと、遺
　　産分割前に処分された財産が遺産分割時に遺産として存在するものとみなされ
　　ることの確認を求める訴えについては、通常の遺産確認の訴えと同様、確認の
　　利益が認められるものと解される。

第906条の2（遺産の分割前に遺産に属する財産が処分された場合の遺産の範囲）　71

ことの確認を求めることができると解される。この場合には、Ａ及びＢ
は、これを基礎付ける請求原因事実として、①当該預金債権の一部が相
続開始時に遺産に属していたこと、②遺産分割後にＣが当該預金債権を
消滅させる行為をしたこと（具体的には、例えば、相続人が相続開始の事
実を当該預金債権の債務者である銀行に伝える前に、ＣがＡＴＭを利用して
預金の払戻しをしたこと）、③Ａ及びＢは当該預貯金債権の一部が遺産と
して存在するものとみなすことに同意していることを主張することにな
るものと考えられる。

72   第1部 民 法

第907条（遺産の分割の協議又は審判）

【平成30年改正】【令和3年改正】

（遺産の分割の協議又は審判）

第907条 共同相続人は、次条第1項の規定により被相続人が遺言で禁じた場合又は同条第2項の規定により分割をしない旨の契約をした場合を除き、いつでも、その協議で、遺産の全部又は一部の分割をすることができる。

2 遺産の分割について、共同相続人間に協議が調わないとき、又は協議をすることができないときは、各共同相続人は、その全部又は一部の分割を家庭裁判所に請求することができる。ただし、遺産の一部を分割することにより他の共同相続人の利益を害するおそれがある場合におけるその一部の分割については、この限りでない。

〔参考 令和3年改正前民法〕

（遺産の分割の協議又は審判等）

第907条 共同相続人は、<u>次条の規定により</u>被相続人が<u>遺言で禁じた場合</u>を除き、いつでも、その協議で、遺産の全部又は一部の分割をすることができる。

2 （同上）

<u>3 前項本文の場合において特別の事由があるときは、家庭裁判所は、期間を定めて、遺産の全部又は一部について、その分割を禁ずることができる。</u>

〔参考 平成30年改正前民法〕

（遺産の分割の協議又は審判等）

第907条 共同相続人は、次条の規定により被相続人が遺言で禁じた場合を除き、いつでも、その協議で、<u>遺産の分割</u>をすることができる。

2 遺産の分割について、共同相続人間に協議が調わないとき、又は協議をすることができないときは、各共同相続人は、<u>その分割</u>を家庭裁判所に請求することができる。

3 <u>前項</u>の場合において特別の事由があるときは、家庭裁判所は、期間を定めて、遺産の全部又は一部について、その分割を禁ずることができる。

第 907 条（遺産の分割の協議又は審判）　73

解　　説

1　本条の趣旨

　本条は、共同相続人は、被相続人が遺言で分割を禁じた場合や共同相続人間で遺産分割をしない旨の契約をした場合を除き、いつでも、その協議で、遺産の全部又は一部の分割をすることができることを定め（第1項）、また、遺産分割において共同相続人間の協議が調わないときや協議をすることができないときは、各共同相続人が家庭裁判所に遺産の全部又は一部の分割を請求することができる旨を定めるとともに（第2項本文）、遺産の一部を分割することにより他の共同相続人の利益を害するおそれがある場合には、一部分割をすることができないこと（第2項ただし書）を定めたものである。

　平成30年改正の関係では、本条において、遺産分割の協議だけでなく、審判においても一部分割をすることができる場合があること及びその要件を明らかにした点に意義がある。

　また、令和3年改正により、第908条第2項から第5項までの規定が新設されたことに伴い、改正前の本条第3項の規定が削除されるなどしている（その理由については、第908条の解説参照）。

2　共同相続人間の協議による遺産分割（第1項）

　共同相続人は、被相続人が遺言で相続開始時から5年を超えない期間を定めて遺産分割を禁止した場合（第908条第1項）や、共同相続人間で5年以内の期間を定めて遺産の全部又は一部の分割をしない旨の契約をした場合（同条第2項、第3項）を除き、いつでも、遺産の全部又は一部を対象として、その協議で遺産分割をすることができる。平成30年改正前は、規定上は、「いつでも、その協議で、遺産の分割をすることができる」とされていたものであり、協議による一部分割についても、これが認められるか否かについて明確に規定されていなかったが、平成30年改正においてこれを明示することとしたものである。

74　第1部　民　法

3　遺産分割の審判による場合（第2項）

　遺産分割について共同相続人間で協議が調わない場合や、協議をすることができない場合には、各共同相続人は、遺産の全部又は一部の分割を家庭裁判所に請求することができる（本条第2項）。共同相続人間で協議が調わない場合等に遺産全部の分割を家庭裁判所に請求することができるのは当然であるが、平成30年改正前は、家庭裁判所に一部分割の請求をすることができるのか、できるとしてどのような場合にそれが認められるのかについて定説といえるものはなかった。

　そこで、平成30年改正では、本条第2項ただし書の要件に該当する場合、すなわち、一部分割をすることにより他の共同相続人の利益を害するおそれがある場合を除き、各共同相続人は、家庭裁判所に対する請求において、遺産分割の対象となる財産の範囲を定めることができ、家庭裁判所はその申立ての範囲内で審判をする旨を明示することとしたものである[1]。

　なお、本条第2項における一部分割の審判は、当事者の申立てに対する全部審判として行われるものをいい、家事審判事件の一部について裁判をするのに熟した場合に行うことができる一部審判（家事法第73条第2項）によるものは含まれない。したがって、家庭裁判所が当事者の申立ての範囲に含まれる遺産について分割の審判をしてこれが確定すれば、当該事件は終了することになる。

　本条第2項の「遺産の一部を分割することにより他の共同相続人の利益を害するおそれがある場合」とは、一部分割をすると最終的に適正かつ公平な遺産分割を行うことが困難になるおそれがある場合をいう。例えば、申立人が経済的な理由等から預貯金等の換価容易な財産について一部分割の請求をした場合でも、残りの遺産の多くが換価困難な財産であり、共同相続人の全員がその積極的な取得を希望していないなどの事

　1　なお、一部分割の必要性を要件としない点で、「旧法下より、共同相続人の遺産に係る処分権限を重視したものである」と評価するものとして、『Before/After 相続法改正』27頁〔田中智晴執筆部分〕。

情があり、当該換価困難な財産を誰に帰属させるかを決めた上でなければ、預貯金等の財産の公平な取得割合を判断することが困難になる場合や、遺産分割の方法として代償分割を選択せざるを得ない事情があり、当事者の申立てに係る一部分割を認めると、将来の残部分割の際に代償金の支払債務を負うこととなる共同相続人の支払能力が十分でないこととなるおそれがある場合等がこれに当たり得るものと考えられる[2]。

　本条第2項ただし書の要件に該当する場合[3]には、各共同相続人は、

2　家庭裁判所の実務においては、特別受益の有無等を検討し、代償金の支払の確保、換価等の分割方法をも検討した上で、最終的に適正な分割を達成し得るという明確な見通しが得られた場合に、一部分割は許容されている（片岡武ほか編著『家庭裁判所における遺産分割・遺留分の実務〔第4版〕』（日本加除出版、2021年）23頁）。

3　具体例（他の共同相続人の利益を害するおそれがある場合）
　以下のような事例においては、一部分割を行うと他の共同相続人の利益を害するおそれがあるものと考えられる。
【事例】
　相続人　A（配偶者）、B～E（子4人）
　遺産として居住用不動産（1000万円）のほか、田畑等の不動産が複数筆ある（合計2000万円）。なお、Aには、特別受益（生前贈与）が2000万円ある。
　上記事例において、居住用不動産をAに取得させるべく一部分割の申立てがあったものとする（その他の不動産については、B～E間の協議がまとまっておらず、もう少し時間をかけて協議をしたいという希望がある。）。
【検討】
　相続人間で協議が調うのであれば、審判を経ることなく、Aに居住用不動産を取得させる旨の遺産分割をすれば足りる。もっとも、例えば、Eが行方不明で協議による分割ができないが、B～DはAに具体的相続分を超えて居住用不動産を取得させることについて特段異議がないという場合には、一部分割の審判を経る必要がある。
　この場合において、Aに代償金支払の資力（B～Dは代償金の支払を現実に受けなくても構わないという意思を示している場合には、Eに対する125万円の代償金支払の資力があればよいと考えられる。）がない場合には、居住用不動産の一部分割をするとEの利益を害するおそれがあるので、そのような一部分割の審判をすることができないということになる。
　なお、Aが居住用不動産につきEと共有をしてもよいと考えている場合には、Aに居住用不動産の8分の7の持分、Eに居住用不動産の8分の1の持分を取得させるという審判をすることは可能である。

76　第1部　民　法

一部分割の請求をすることができない（家庭裁判所は、当該一部分割の申立てを不適法として却下することとなる[4]。）が、この要件に該当するか否かは、一部分割の対象となる遺産の範囲によっても異なり得るものと考えられるから、共同相続人の一人が一部分割の請求をして、それが認められなかった場合でも、一部分割の対象となる遺産の範囲を変えればこの要件に該当しなくなる場合があり得るものと考えられる。

　また、本条第2項では、共同相続人のそれぞれに、遺産の全部又は一部を対象とした遺産分割請求を認めることとしており、仮に、共同相続人の一人が一部分割の請求をした場合でも、他の共同相続人は、その対象に含まれていない財産の全部又は一部の遺産分割請求を別途行うことが可能である。したがって、一部分割の請求が先行しているときであっても、他の共同相続人が一部分割の対象となっていない遺産の全部を対象とした分割請求を別途行えば、最終的には、遺産の全部について分割の審判がされることになる（このような場合には、通常両事件が併合審理されることになるものと考えられる。）。

　4　もっとも、家庭裁判所における手続としては、「直ちに却下するのではなく、釈明権を行使して、当事者に申立ての趣旨を拡張するか否かを確認することになろう」とされている（片岡武ほか編著『家庭裁判所における遺産分割・遺留分の実務〔第4版〕』（日本加除出版、2021年）23頁）。

第 908 条（遺産の分割の方法の指定及び遺産の分割の禁止）　　77

第 908 条（遺産の分割の方法の指定及び遺産の分割の禁止）

【令和 3 年改正】

（遺産の分割の方法の指定及び遺産の分割の禁止）

第 908 条　被相続人は、遺言で、遺産の分割の方法を定め、若しくはこれを定めることを第三者に委託し、又は相続開始の時から 5 年を超えない期間を定めて、遺産の分割を禁ずることができる。

2　共同相続人は、5 年以内の期間を定めて、遺産の全部又は一部について、その分割をしない旨の契約をすることができる。ただし、その期間の終期は、相続開始の時から 10 年を超えることができない。

3　前項の契約は、5 年以内の期間を定めて更新することができる。ただし、その期間の終期は、相続開始の時から 10 年を超えることができない。

4　前条第 2 項本文の場合において特別の事由があるときは、家庭裁判所は、5 年以内の期間を定めて、遺産の全部又は一部について、その分割を禁ずることができる。ただし、その期間の終期は、相続開始の時から 10 年を超えることができない。

5　家庭裁判所は、5 年以内の期間を定めて前項の期間を更新することができる。ただし、その期間の終期は、相続開始の時から 10 年を超えることができない。

解　説

1　本条の趣旨

本条は、遺産分割の方法の指定及び遺産分割の禁止について定めるものである。令和 3 年改正により本条第 2 項から第 5 項までが新設されている。

2　遺言による遺産の分割の方法の指定又は遺産の分割の禁止等

本条第 1 項は、遺言により遺産分割の方法の指定又は遺産分割の禁止等をすることができると定めるが、同項の内容については、令和 3 年改正による変更はない。

78　第1部　民　法

3　契約による分割の禁止

⑴　改正の趣旨

令和3年改正前の民法の下においても、相続人間の合意により遺産分割の禁止期間を設定することもできるなどと解釈されていたが、明確な規定や判例はなかった。令和3年改正においては、具体的相続分による遺産分割を求めることができる期間の制限を設けた（第904条の3参照）が、そのことと併せて、合意（契約）による遺産分割の禁止について規定を整備している。

⑵　分割をしない旨の契約

共同相続人は、5年以内の期間を定めて、遺産の全部又は一部について、その分割をしない旨の契約をすることができる（本条第2項本文）。

当該契約は、共同相続人の全員で行う必要がある。また、当該契約においては遺産の分割が禁止される期間を定めなければならず、その期間は5年以内とされている。これは、令和3年改正前の解釈を踏まえたものである。

⑶　契約の更新

共同相続人は、遺産分割をしない旨の契約を、5年以内の期間を定めて更新することができる（本条第3項本文）。更新は、共同相続人全員の契約によってすることになる。

更新自体には、回数の制限はない。もっとも、後記のとおり、その終期が定まっているため、それを超えることはできない。

4　審判による分割の禁止

⑴　分割を禁ずる審判

共同相続人間に協議が調わないとき、又は協議をすることができない場合において特別の事由があるときは、家庭裁判所は、5年以内の期間を定めて、遺産の全部又は一部について、その分割を禁ずる旨の審判をすることができる（本条第4項本文及び家事法別表第2の13の項）。

その期間を5年以内としたほかは、令和3年改正前の第907条第3項

第 908 条〔遺産の分割の方法の指定及び遺産の分割の禁止〕　79

と同じ内容である。もっとも、同項の解釈においても、その期間は 5 年以内とされていた。

　⑵　**分割を禁ずる期間の更新**

　家庭裁判所は、5 年以内の期間を定めて審判（又は調停）による遺産分割の禁止期間を更新する旨の審判をすることができる（本条第 5 項本文及び家事法別表第 2 の 13 の項）。

　5　調停による分割の禁止

　家庭裁判所において、5 年以内の期間を定めて、遺産の全部又は一部について、その分割を禁ずる旨の調停をすることもできるし、審判（又は調停）による遺産分割の禁止期間を更新する旨の調停をすることもできる（家事法第 244 条及び別表第 2 の 13 の項参照）。

　6　遺産分割禁止期間の終期

　契約、審判又は調停による遺産分割禁止期間の終期は、相続開始時から 10 年の期間を超えることはできない（本条第 2 項から第 5 項まで）。そのため、相続開始時から 10 年を経過した後について遺産分割を禁止することはできない。

80 第1部 民 法

第909条の2（遺産の分割前における預貯金債権の行使）

【平成30年改正】

（遺産の分割前における預貯金債権の行使）
第909条の2 各共同相続人は、遺産に属する預貯金債権のうち相続開始の時の債権額の3分の1に第900条及び第901条の規定により算定した当該共同相続人の相続分を乗じた額（標準的な当面の必要生計費、平均的な葬式の費用の額その他の事情を勘案して預貯金債権の債務者ごとに法務省令で定める額を限度とする。）については、単独でその権利を行使することができる。この場合において、当該権利の行使をした預貯金債権については、当該共同相続人が遺産の一部の分割によりこれを取得したものとみなす。

解 説

1 本条の趣旨

本条は、遺産の中に預貯金債権がある場合に、各共同相続人に、相続開始時の預貯金額のうち法定の額の範囲内で単独での権利行使を認めることとし、相続債務の弁済や葬儀費用の支払等の資金需要に対応することができるようにしたものである。各共同相続人が権利行使可能な額は、原則として、相続開始時の預貯金額の3分の1に当該共同相続人の法定相続分を乗じた額となるが、法務省令で、預貯金債権の各債務者に対して行使可能な上限額（150万円）が定められており、一つの金融機関に対して、この額を超えて権利行使をすることはできない。

2 規定創設の趣旨

本条は、遺産分割における預貯金債権の取扱いについて判例変更（最大決平成28年12月19日・民集70巻8号2121頁）があったことに伴い、遺産分割が終了するまでの間、各共同相続人が単独で預貯金債権の払戻しをすることができなくなったことを受け、相続開始後の各共同相続人の資金需要に対応するため、法定の額の範囲内で、各共同相続人に預貯金債権の行使を認めることとしたものである。

第 909 条の 2（遺産の分割前における預貯金債権の行使）　81

　すなわち、この判例変更があるまでは、預貯金債権については相続の開始により各共同相続人の相続分に従って当然に分割され、これにより、各共同相続人は自己に帰属した債権を単独で行使することができたが（最判平成 16 年 4 月 20 日・集民 214 号 13 頁等）、上記判例は、これを変更して、預貯金債権も遺産分割の対象となる旨の判断を示した。この判例は、遺産分割がされるまでの間、預貯金債権が法律上どのような状態に置かれるのか明確に判示していないが、遺産分割がされるまでの間は、各共同相続人は単独で預貯金債権の払戻しをすることができないことを当然の前提としており、各共同相続人が準共有持分を有する状態にあるとの理解を前提にしているのではないかと思われる（第 898 条第 1 項）[1]。

　いずれにしても、この判例変更により、遺産分割がされるまでの間、各共同相続人が単独で預貯金債権の行使をすることはできなくなったが、これについては、相続開始後に葬儀費用の支出、相続債務の弁済といった資金需要に対応するのが困難になるほか、被相続人から扶養を受けていた共同相続人の当面の生活費についても預貯金債権からこれを支出できるようにする必要性が高いなど、これらの資金需要に迅速に対応することができる立法の必要性が指摘されていた。この点については、上記判例の共同補足意見において、家事法第 200 条第 2 項の仮分割の仮処分を活用することができるとの指摘もされていたが、この方法では、その前提として、家庭裁判所に対して遺産分割の審判の申立てをすることを要することになる上、同項では、共同相続人の「急迫の危険を防止するため必要があるとき」という要件を満たす必要があるなど、相続開始直後の資金需要に迅速に対応することが困難となるおそれがあることは否

1　上記判例の法廷意見では、各共同相続人が預貯金契約上の地位を準共有している旨の判示はあるものの、預貯金債権自体を準共有している旨の明言はしていない。もっとも、岡部喜代子裁判官及び鬼丸かおる裁判官の補足意見では、準共有の状態にあるとの理解が示されているほか、最高裁判所調査官の解説でも、各共同相続人は普通預貯金債権等の上に準共有持分を有しているとの理解が示されている（『最高裁判所判例解説民事篇　平成 28 年度』326 頁）。

82　第1部　民　法

定できなかった（なお、平成30年改正において、家事法第200条の規定も
改正がされ、預貯金債権の仮分割の仮処分についてはその要件が緩和された。
詳しくは家事法第200条の解説を参照）。

　そこで、本条では、遺産分割の対象となる預貯金債権についても、各
共同相続人は、遺産分割前に、法定の額の範囲内で権利行使をすること
ができることとし、これに基づき権利行使をした共同相続人については、
これによって取得した預貯金を遺産の一部分割で取得したものとみなす
こととしたものである。

3　遺産分割前に権利行使可能な範囲（前段）

(1)　原則的な算定方法

　各共同相続人は、原則として、相続開始時における預貯金債権額の3
分の1に当該共同相続人の法定相続分を乗じた額について、単独で権利
行使をすることができる（各金融機関に対する行使額の上限については(2)
参照）。

　本条前段により権利行使可能な額を算定するに当たっては、遺言によ
り相続分の指定がされていた場合であっても、その指定相続分（第902
条）ではなく、法定相続分（第900条及び第901条）を基準として算定す
ることとしている点に注意を要する。

　この点については、本来であれば、相続分の指定がされている場合に
は、これを基準として権利行使可能額の算定をするのが各共同相続人間
の公平に資するとも考えられる。しかし、本条は、相続開始後に各共同
相続人による迅速な権利行使を可能とする点にその存在意義があるとこ
ろ、相続分の指定がされている場合にはこれを基準として算定をすべき
こととすると、預貯金の払戻しをする金融機関において、遺言の有無や
その有効性について必要な調査等を行う必要が生じ得ることとなって[2]、
迅速な権利行使の障害となるおそれがある[3]。そこで、本条では、相続
分の指定がされた遺言がある場合でも、迅速な権利行使を可能とする観
点から、権利行使可能な額は法定相続分を基準として算定することとし

第 909 条の 2（遺産の分割前における預貯金債権の行使） 83

た上で、それにより一部の共同相続人が不利益を受ける事態が生ずることを可及的に防止する観点から、所要の手当て（後記5）をすることとしたものである。

また、本条前段により権利行使可能な額については、預貯金債権ごとに算定することとなる。したがって、例えば、被相続人の子であるA、Bが相続人である事案において、被相続人が、甲銀行に対して、普通預金として 300 万円を、満期が到来した定期預金として 600 万円をそれぞれ有していたとしても、普通預金からは 50 万円（300 万円×1／3×1／2）の払戻しを、定期預金からは 100 万円（600 万円×1／3×1／2）の払戻しをそれぞれ請求することができるにすぎず、その合計額である 150 万円を普通預金から払い戻すよう請求することはできない。

(2) **各金融機関に対する行使額の上限（前段括弧書）**

本条前段では、前記(1)の原則的な算定方法に加えて、各金融機関に対する行使額の上限を設けることとし、その具体的金額については法務省令に委任しているが、その趣旨は、次のとおりである。

すなわち、前記(1)の算定方法のみで預貯金債権の行使可能額を算定す

2　他方で、本条の対象となるのは「遺産に属する預貯金債権」であるから、預貯金債権が特定財産承継遺言の対象となった場合には、本条に基づく払戻請求を行うことはできない。その意味で、当該預貯金債権を対象とする特定財産承継遺言がある場合には、金融機関においてもその有効性を判断する必要が生ずることとなる。もっとも、特定財産承継遺言についても対抗要件主義を定める第 899 条の 2 により、金融機関としては、所定の債務者対抗要件が具備されるまでは、当該預貯金債権が遺産に属していることを前提に処理をすれば足りることとなる。

3　もちろん、遺言により相続分の指定がされた場合には、それに基づいて権利行使可能額を算出することとしたとしても、当該遺言が後に無効とされたときには、金融機関は準占有者（受領権者としての外観を有する者）に対する弁済（第 478 条）に当たるとの主張をすることが可能であるが、同条では、善意無過失が要件とされており、この点が争いになった場合には、金融機関に主張立証責任があることになるから、金融機関としてはこの点の調査を十分に行うことになるものと考えられ、そのような取扱いを否定することはできないものと考えられる。

84 第1部 民 法

ることとすると、被相続人が多額の預貯金債権を有している場合には、それに伴って遺産分割前に権利行使可能な額も多額なものになることがあり得るが、前記(1)で説明したとおり、本条では、迅速な権利行使の要請に鑑み、遺言の有無のほか、特別受益や寄与分の有無及び額を考慮することなく、各共同相続人に法定相続分を前提とした権利行使を認めることとしているため、遺言の内容や特別受益等の有無及び額によっては遺産分割で取得することができる金額を超えた払戻しを認めることがあり得ることとなる。しかし、その払戻しを受けた共同相続人に十分な資力がない場合等には他の共同相続人の利益を害することとなるため、そのリスクを軽減する趣旨で払戻しの上限を設けることとしたものである。

なお、このような趣旨を突き詰めると、被相続人が複数の金融機関に対して預貯金債権を有している場合でも、各共同相続人が行使可能な預貯金額の上限は変わらないようにすべきということになる。しかしながら、そのような制度を採用すると、この制度に基づき払戻しの請求を受けた金融機関は、他の金融機関における払戻しの有無及び額を確認する必要があることになり、結局、被相続人死亡直後の資金需要に迅速に対応するというそもそもの目的を達することができないこととなることから、そのような規律を設けることとはせず、各金融機関に対する行使額の上限を定めることとしたものである。

本条では、この上限額は、標準的な当面の必要生計費、平均的な葬式の費用の額その他の事情を勘案して預貯金債権の債務者ごとに法務省令で定める額とされているが、「民法第909条の2に規定する法務省令で定める額を定める省令」（平成30年法務省令第29号）により、この額は150万円とされている。

4 権利行使の方法

本条による権利行使は法定の額の範囲内でのみ認められるものであり、払戻しの請求を受けた金融機関はその範囲内にあることを確認した上で払戻しをすることが当然の前提とされているため、各共同相続人が本条

による権利行使をするには、金融機関に対し、本条による権利行使であることを明示して行う必要がある（金融機関がこの制度に基づく払戻請求であることを了知することができるようにする必要があり、かつ、それをもって足りるので、条文番号等を伝える必要まではない。）。

したがって、例えば、相続開始後に、共同相続人の一人が被相続人死亡の事実を金融機関に知らせることなく、ＡＴＭ等を利用して預金の払戻しをしたり、あるいは、金融機関の窓口において、自らが被相続人であると称して払戻しの請求をし、その支払を受けたりした場合には、本条に基づく権利行使には当たらないことになる。このため、これらの場合については、遺産分割の関係では、第906条の２の適用が問題となるにすぎない[4]。

また、本条は、共同相続人による払戻請求があった場合には、金融機関において、法定の額の範囲内の権利行使であるか否かを確認した上で、払戻しをすることが予定されているから、金融機関において本条の要件を満たすものであるかどうかを判断するために必要な資料は、払戻請求をする共同相続人がこれを用意した上で金融機関に示す必要がある。具体的には、被相続人が死亡した事実や、相続人の範囲（相続人及びその法定相続分が分かるもの）に関する資料として、被相続人の出生時から死亡時までの戸籍（除籍）謄本や法定相続情報一覧図（法務局における認証を受けたもの）等を示す必要があるものと考えられる。

なお、本条は、相続開始により、相続人には葬儀費用や相続債務の弁済等の被相続人に関わる費用負担が生ずるのが通常であること等を考慮し、遺産分割前にもこれらの資金需要に対応することができるようにす

4　第906条の２の規定は、相続開始後に遺産に属する財産が処分された場合一般に関する規定であるのに対し、本条の規定は、そのうち、遺産に属する財産が預貯金債権である場合にその特則を設けるものであるから、本条の規定が優先的に適用されることになる。もっとも、預貯金債権の行使に関するものであっても、本文の場合のように本条の適用がないものについては、本則である第906条の２の規定の適用が問題になる。

86 第1部 民 法

るため、法定の額の範囲内で遺産に属する預貯金債権の行使を認めることとしたものであって、その権利行使の主体は共同相続人に限られており、それ以外の者が本条に基づく権利行使をすることはできない。

5 権利行使の効果（後段）

本条により権利行使をした共同相続人は、その権利行使をした預貯金債権を遺産の一部分割により取得したものとみなされる[5]。第906条の2においては、共同相続人の一人が遺産に属する財産の全部又は一部を処分した場合でも、その処分がされた財産を当然に処分者に帰属させることとはしていないが、本条の場合には、どの共同相続人にも適法に権利行使することが認められており、権利行使がされた部分について他の共同相続人に帰属させることとすべき場合は想定し難いことから、法律上当然に権利行使をした者にこれを帰属させることとしたものである。

また、本条は、あくまでも、共有法理の例外として、準共有状態にある預貯金債権について共同相続人単独での権利行使を認め、共同相続人全員の同意を不要とした点にその意義があるものであり、それ以上の効

---

5 例えば、以下の事例においては、下記のような結論になるものと思われる。
【事例】
　相続人　A、B2名（法定相続分は各2分の1）
　積極財産　1000万円（預金）のみ
　Aに対する特別受益　1000万円（生前贈与）
　Aが、平成30年改正の規律により、上記預金から50万円の払戻しを受けたものとする。
【結論】
　遺産分割の対象財産　950万＋50万＝1000万円
　Aの具体的相続分　（1000万＋1000万）×1／2－1000万＝0
　Bの具体的相続分　（1000万＋1000万）×1／2＝1000万
　しかし、実際には残余の遺産は950万円しかないので、Bは、預金債権950万円とAに対する代償金請求権50万円を取得することになる。そうすると、遺産分割審判においては、下記のような主文になると思われる。
　「Bに、預金債権（950万円）を取得させる。
　　Aは、（代償金として）Bに対して50万円を支払え。」

果を認めるものではないから、金融機関において、共同相続人による払戻請求をそれ以外の理由で拒絶することができる場合には、本条による権利行使がされたときでも、その払戻しを拒絶することができる。例えば、契約の約定により金融機関側に期限の利益があるケースのように、共同相続人全員が払戻しの請求をしたとしても、金融機関がその払戻しを拒絶することができるものについては、本条の規定による払戻しの請求についても、金融機関はその払戻しを拒絶することができる。また、金融機関において、預貯金の払戻請求に対して相殺をすることができる場合には、本条による権利行使がされた場合にも、相殺をしてその権利の消滅を主張することができる[6](その場合には、権利行使をした共同相続人の権利行使可能額は相殺が認められる限度で減額されることになる。)。

---

6 そもそも、その前提として、金融機関が被相続人に対する金銭債権を自働債権として準共有状態となっている預貯金債権との相殺をすることができるかどうかが問題となり得るが、実体法上、同一当事者間で債権・債務の対向関係が生じている場合（同種の債権であるなど相殺が可能な場合に限る。）には、その弁済期の前後にかかわらず、相殺の担保的機能を尊重する規律が設けられており、これを第三者にも対抗することができることとされていること（第469条、第511条、破産法第67条以下、民事再生法第92条以下、会社更生法第48条以下等）からすれば、被相続人の地位を包括的に承継したにすぎない相続人に対しては、当然にこれを対抗することができるものと解すべきである。

88　第1部 民　　法

第4章　相続の承認及び放棄

第1節　総則

第918条（相続人による管理）　　　　　　　　　【令和3年改正】

（相続人による管理）
第918条　相続人は、その固有財産におけるのと同一の注意をもって、相続財産を管理しなければならない。ただし、相続の承認又は放棄をしたときは、この限りでない。

〔参考　令和3年改正前民法〕
（相続財産の管理）
第918条　（同上）
2　家庭裁判所は、利害関係人又は検察官の請求によって、いつでも、相続財産の保存に必要な処分を命ずることができる。
3　第27条から第29条までの規定は、前項の規定により家庭裁判所が相続財産の管理人を選任した場合について準用する。

解　　説

1　本条の趣旨

本条は、相続人による相続財産の管理について定めるものである。

2　相続人による管理

本条は、相続人による相続財産の管理を定めるが、その内容は、令和3年改正前の第918条第1項と同じである。

3　条見出しの変更並びに令和3年改正前の第918条第2項及び3項の削除

令和3年改正により、第897条の2の規定を新設し、この規定において改正前の本条第2項及び第3項の適用場面は全て包含されるため、同各項の規定を削除し、その条見出しも修正されている。

第 926 条（限定承認者による管理）　89

第 2 節　相続の承認

第 2 款　限定承認

第 926 条（限定承認者による管理）　　　　　【令和 3 年改正】

（限定承認者による管理）
第 926 条　限定承認者は、その固有財産におけるのと同一の注意をもって、相続財産の管理を継続しなければならない。
2　第 645 条、第 646 条並びに第 650 条第 1 項及び第 2 項の規定は、前項の場合について準用する。

〔参考　令和 3 年改正前民法〕
（限定承認者による管理）
第 926 条　（同上）
2　第 645 条、第 646 条、<u>第 650 条第 1 項及び第 2 項並びに第 918 条第 2 項及び第 3 項</u>の規定は、前項の場合について準用する。

解　説

1　本条の趣旨

　本条は、限定承認者による管理について定めるものである。令和 3 年改正前においては、本条第 2 項において第 918 条第 2 項及び第 3 項の規定を準用し、家庭裁判所が相続財産の保存のための処分を命ずることができるとされていたが、令和 3 年改正により、相続財産の保存のための相続財産管理制度（令和 3 年改正後の第 897 条の 2）を創設し、令和 3 年改正前の第 918 条第 2 項及び第 3 項の規定を削除したことに伴い、当該部分を削除している。その余の部分について、令和 3 年改正による変更はない。

2　清算権限と第 897 条の 2 の関係

　令和 3 年改正前の第 926 条第 2 項（第 936 条 3 項において準用する場合

90 第1部 民 法

を含む。）において準用する第 918 条第 2 項の規定により選任された相続財産管理人については、相続財産の管理のみならず、清算に係る権限まで認めるべきとの解釈上・立法上の指摘があった。しかし、令和 3 年改正後の第 897 条の 2 の規定の相続財産管理制度は、あくまでも過渡的な状態にある相続財産の適切な保存を実現しようとするものであり、同条の規定により選任された相続財産管理人については、限定承認がされた場面で選任される場合も含めて、清算権限を与えることはしていない。

第 936 条（相続人が数人ある場合の相続財産の清算人）　91

第 936 条（相続人が数人ある場合の相続財産の清算人）【令和 3 年改正】

（相続人が数人ある場合の相続財産の清算人）
第 936 条　相続人が数人ある場合には、家庭裁判所は、相続人の中から、相続財産の<u>清算人</u>を選任しなければならない。
2　前項の相続財産の<u>清算人</u>は、相続人のために、これに代わって、相続財産の管理及び債務の弁済に必要な一切の行為をする。
3　第 926 条から前条までの規定は、第 1 項の相続財産の<u>清算人</u>について準用する。この場合において、第 927 条第 1 項中「限定承認をした後 5 日以内」とあるのは、「その相続財産の<u>清算人</u>の選任があった後 10 日以内」と読み替えるものとする。

解　　説

1　本条の趣旨等

　本条は、相続人が数人ある場合の相続財産清算人について定めるものである。令和 3 年改正により本条の規定における家庭裁判所が選任する者の名称を「相続財産の管理人」から「相続財産の清算人」に変更するとともに、本条第 3 項において準用する令和 3 年改正前の第 926 条第 2 項の規定による相続財産管理人の選任等を廃止したほかは、令和 3 年改正による変更はない。

2　相続財産清算人

　令和 3 年改正による改正前の本条においては、相続人が数人ある場合には、家庭裁判所は、相続人の中から、相続財産管理人を選任しなければならないとされていた。もっとも、この相続財産管理人は、単に相続財産の維持等の管理を行うのではなく、相続債権者の存否や相続債権の額等を確定し、相続財産をもってその弁済に充てる等の清算を行うことを職務とするものである。

　そこで、令和 3 年改正により、その名称を「相続財産の清算人」としている。もっとも、その職務の内容については特段の変更はない。

92 第1部 民 法

第3節 相続の放棄

第940条（相続の放棄をした者による管理） 【令和3年改正】

（相続の放棄をした者による管理）
第940条 相続の放棄をした者は、その放棄の時に相続財産に属する財産を現に占有しているときは、相続人又は第952条第1項の相続財産の清算人に対して当該財産を引き渡すまでの間、自己の財産におけるのと同一の注意をもって、その財産を保存しなければならない。
2 第645条、第646条並びに第650条第1項及び第2項の規定は、前項の場合について準用する。

解 説

1 本条の趣旨

本条は、相続の放棄をした者による相続財産の管理に関して定めるものである。令和3年改正により改正がされている。

令和3年改正前民法においては、相続の放棄をした者は、その放棄によって相続人となった者が相続財産の管理を始めることができるまで、自己の財産におけるのと同一の注意をもって、その財産の管理を継続しなければならないとされていた。この管理継続義務は、次順位の相続人が相続財産の管理を始めることができるまでの管理についてのものである。そのため、法定相続人の全員が相続の放棄をし、次順位の相続人が存在しない場合に、誰が管理継続義務を負うかは、必ずしも明らかではなかった。また、相続の放棄をした者が相続財産を現に占有していない場合にまで管理継続義務を負うかどうかや、その内容及び終期も明らかではないため、相続の放棄をしたにもかかわらず、過剰な負担を強いられるケースがあるとの指摘があった。

以上を踏まえて、令和3年改正により、相続の放棄をした者が管理をする場合であっても、それは保存義務を負うにとどまることや、その義務を負う要件を定めることにしている。

2 要件及び保存の対象となる財産

相続の放棄をした者は、その放棄の時に相続財産に属する財産を現に占有しているときは、当該財産を保存しなければならない。相続財産に属する財産であっても相続の放棄をした者が相続の放棄の時に現に占有していないものは、本条の規定による保存の対象ではない。

「現」に占有しているときに限って義務を負うとしているのは、相続放棄をしようとする者が被相続人の占有を観念的にのみ承継している場合を除外する趣旨である。財産の占有態様が直接占有であるか間接占有であるかによって区別されることを想定したものではない。

3 保存義務

相続の放棄をした者は、本条の規定により保存義務を負うが、それを超える義務を負うものではない。保存義務は、相続放棄によって相続人となった者を含む他の相続人のために必要最小限の義務を負わせるものとする観点から、財産を滅失させ、又は損傷する行為をしてはならないことのみを意味する。

令和3年改正前の第940条第1項と同様に、保存義務の相手方は、相続人又は相続財産法人である。

4 保存の終期

相続の放棄をした者は、相続人又は相続財産清算人に対して当該財産を引き渡す義務を負う（本条第2項において準用する第646条）が、保存義務は、相続の放棄をした者が相続人又は相続財産清算人に対して当該財産を引き渡すことによって終了する。

また、保存義務は、相続人に代わって相続財産の引渡しを受ける権限を有する者（例えば、相続財産の保存のための相続財産管理人）に対して当該財産を引き渡すことによっても、終了する。

なお、相続財産の引渡しを受けるべき者がその受領を拒んだとき（例えば、相続人が受領を拒絶したケース）やこれを受領することができない

94　第1部　民　法

とき（例えば、相続人の全員が相続の放棄をしたが、相続財産清算人が選任
されていないケース）は、相続の放棄をした者は、その財産を供託する
こと（第494条第1項第1号及び第2号）によって、その管理義務を終了
させることができる。相続財産が土地などの金銭以外の財産であって供
託に適さない場合や供託が困難な事情がある場合には、相続の放棄をし
た者は、裁判所の許可を得て、これを競売に付し、その代金を供託する
こと（第497条）により、その管理義務を終了させることができる。

5　相続の放棄をした者の引渡義務

　相続の放棄をした者による保存については、第645条（受任者による
報告）、第646条（受任者による受取物の引渡し等）、第650条第1項及び
第2項（受任者による費用等の償還請求等）の各規定が準用されている。
基本的に、その内容は令和3年改正前と同じである。

第952条（相続財産の清算人の選任）　95

第6章　相続人の不存在

第952条（相続財産の清算人の選任）　　　　　【令和3年改正】

> （相続財産の<u>清算人</u>の選任）
> 第952条　前条の場合には、家庭裁判所は、利害関係人又は検察官の請求
> によって、相続財産の<u>清算人</u>を選任しなければならない。
> 2　前項の規定により相続財産の<u>清算人</u>を選任したときは、家庭裁判所は、
> 遅滞なく、<u>その旨及び相続人があるならば一定の期間内にその権利を主</u>
> <u>張すべき旨</u>を公告しなければならない。<u>この場合において、その期間は、</u>
> <u>6箇月を下ることができない。</u>

解　　説

1　本条の趣旨

本条は、相続財産清算人の選任及びその選任の際の公告について定めるものである。

2　相続財産清算人の選任（第1項）

本条第1項は、基本的に、令和3年改正前から変更はない。

ただし、令和3年改正により本条の規定により家庭裁判所が選任する者の名称を「相続財産の管理人」から「相続財産の清算人」に変更している。相続財産清算人の権限等に、基本的に、変更はない。

3　相続財産清算人選任等の公告（第2項）

(1)　改正の趣旨

令和3年改正前民法においては、相続人のあることが明らかでない場合における相続財産の清算手続において、①家庭裁判所による相続財産管理人の選任の公告を行い、2か月以内に相続人のあることが明らかにならなかったときは、②2か月以上の期間を定めて、相続債権者らに対しその期間内に請求の申出をすべき旨の公告を行い、その期間の満了後に、③6か月以上の期間を定めて、相続人があるならばその期間内にそ

96 第 1 部 民 法

の権利を主張すべき旨の相続人の捜索の公告を行うこととされ、その期間の満了によって権利関係が確定することとされていた。

しかし、これに対しては、公告手続を 3 回に分けて順次行わなくてはならないのみならず、権利関係の確定に合計 10 か月以上を要するため、必要以上に手続が重くなっているとの指摘があった。

そこで、令和 3 年改正においては、各公告を同時に行い、又は期間の終了前でもすることができることにするとともに、各期間を同時に進行することができるようにしている。

(2) 相続人捜索の公告

相続財産清算人を選任したときは、家庭裁判所は、遅滞なく、その旨及び相続人があるならば一定の期間内にその権利を主張すべき旨を公告しなければならない。この場合において、その期間は、6 か月を下ることができない。この相続人捜索の期間は、令和 3 年改正前の民法におけるその期間にならったものである。

第953条から第956条まで　　　　　　　　　　　　　　　　【令和3年改正】

　（不在者の財産の管理人に関する規定の準用）
第953条　第27条から第29条までの規定は、前条第1項の<u>相続財産の清算人</u>（以下この章において単に「<u>相続財産の清算人</u>」という。）について準用する。
　（相続財産の清算人の報告）
第954条　<u>相続財産の清算人</u>は、相続債権者又は受遺者の請求があるときは、その請求をした者に相続財産の状況を報告しなければならない。
　（相続財産法人の不成立）
第955条　相続人のあることが明らかになったときは、第951条の法人は、成立しなかったものとみなす。ただし、<u>相続財産の清算人</u>がその権限内でした行為の効力を妨げない。
　（<u>相続財産の清算人</u>の代理権の消滅）
第956条　<u>相続財産の清算人</u>の代理権は、相続人が相続の承認をした時に消滅する。
2　前項の場合には、<u>相続財産の清算人</u>は、遅滞なく相続人に対して<u>清算に係る計算</u>をしなければならない。

解　　説

　本各条は、相続財産清算人や相続財産法人について定めるものであるが、その内容は、令和3年改正前と同じである。ただし、令和3年改正により、第952条第1項の改正と同様の理由から、相続財産管理人の名称を「相続財産の清算人」と改め、令和3年改正前の第956条第2項の「管理の計算」の文言を「清算に係る計算」という文言へと改めている。

98   第1部 民   法

第 957 条（相続債権者及び受遺者に対する弁済）　　　【令和 3 年改正】

（相続債権者及び受遺者に対する弁済）
第 957 条　第 952 条第 2 項の公告があったときは、<u>相続財産の清算人は、</u><u>全て</u>の相続債権者及び受遺者に対し、<u>2 箇月以上の期間を定めて、その</u>期間内にその請求の申出をすべき旨を公告しなければならない。この場合において、その期間は、<u>同項の規定により相続人が権利を主張すべき</u><u>期間として家庭裁判所が公告した期間内に満了するものでなければなら</u><u>ない。</u>
2　第 927 条第 2 項から第 4 項まで及び第 928 条から第 935 条まで（第 932 条ただし書を除く。）の規定は、前項の場合について準用する。

解　　説

1　本条の趣旨

　本条は、相続債権者及び受遺者に対する弁済について定めるものである。本条第 1 項については、令和 3 年改正により改正がされている（その理由については、第 952 条の解説参照）が、本条第 2 項について変更はない。

2　相続債権者等による請求の申出期間

　民法第 952 条第 2 項の公告があったときは、相続財産清算人は、全ての相続債権者及び受遺者に対し、2 か月以上の期間を定めて、その期間内にその請求の申出をすべき旨を公告しなければならない。

　この請求の申出期間の始期は、第 952 条第 2 項の公告があった後に開始するものでなければならず、その終期は、同項の規定により相続人が権利を主張すべき期間（相続人捜索の期間）として家庭裁判所が公告した期間内に満了するものでなければならない。これは、相続人捜索の期間を経過する前に、相続債権者等による請求の申出期間を終えることにより、相続人捜索の期間を経過すれば、相続人がないことを前提に相続財産の清算を開始することができるようにするためである。

第 958 条（権利を主張する者がない場合）及び第 958 条の 2（特別縁故者に対する相続財産の分与）　　99

第 958 条（権利を主張する者がない場合）及び第 958 条の 2（特別縁故者に対する相続財産の分与）　　【令和 3 年改正】

（権利を主張する者がない場合）

第 958 条　第 952 条第 2 項の期間内に相続人としての権利を主張する者が
　ないときは、相続人並びに相続財産の清算人に知れなかった相続債権者
　及び受遺者は、その権利を行使することができない。

（特別縁故者に対する相続財産の分与）

第 958 条の 2　前条の場合において、相当と認めるときは、家庭裁判所は、
　被相続人と生計を同じくしていた者、被相続人の療養看護に努めた者そ
　の他被相続人と特別の縁故があった者の請求によって、これらの者に、
　清算後残存すべき相続財産の全部又は一部を与えることができる。

2　前項の請求は、第 952 条第 2 項の期間の満了後 3 箇月以内にしなけれ
　ばならない。

〔参考　令和 3 年改正前民法〕

（相続人の捜索の公告）

第 958 条　前条第 1 項の期間の満了後、なお相続人のあることが明らかで
　ないときは、家庭裁判所は、相続財産の管理人又は検察官の請求によっ
　て、相続人があるならば一定の期間内にその権利を主張すべき旨を公告
　しなければならない。この場合において、その期間は、6 箇月を下るこ
　とができない。

解　　説

1　令和 3 年改正前の第 958 条の削除

　第 952 条第 2 項の見直しにより、令和 3 年改正前の第 958 条の規定す
る内容は令和 3 年改正による改正後の第 952 条第 2 項に包含されること
になるため、令和 3 年改正により、その改正前の第 958 条は削除された。

2　令和 3 年改正後の第 958 条及び第 958 条の 2

　第 952 条第 2 項の期間（相続人捜索の期間）内に相続人としての権利
を主張する者がないときは、相続人並びに相続財産の清算人に知れなか
った相続債権者及び受遺者は、その権利を行使することができない。

100　第1部　民　　法

　また、特別縁故者に対する相続財産の分与の請求は、第952条第2項の期間（相続人捜索の期間）の満了後3か月以内にしなければならない。

　以上の内容は、令和3年改正前と基本的に同じであるが、その期間については相続人捜索の期間を基準としている。これは、相続人捜索の期間を経過する前に、相続債権者等による請求の申出期間を終えることにし、相続人捜索の期間を経過すれば、相続人がないことを前提に相続財産の清算を開始することができるようにしているためである。

第7章　遺言

第1節　総則

第964条（包括遺贈及び特定遺贈）　　　　　【平成30年改正】

> （包括遺贈及び特定遺贈）
> 第964条　遺言者は、包括又は特定の名義で、その財産の全部又は一部を処分することができる。
>
> 〔参考　平成30年改正前民法〕
> （包括遺贈及び特定遺贈）
> 第964条　遺言者は、包括又は特定の名義で、その財産の全部又は一部を処分することができる。ただし、遺留分に関する規定に違反することができない。

解　　説

1　本条の趣旨

本条は、遺言者が包括遺贈又は特定遺贈として、その財産の全部又は一部を処分することができる旨を定めるものであり、この部分の規定の表現については、平成30年改正の前後で変更はないが、同改正により同改正前の第964条ただし書が削除された。

2　平成30年改正前民法第964条ただし書の削除

平成30年改正前は、第964条ただし書において、「遺留分に関する規定に違反することができない。」と規定していた。

この規定を文言に忠実に解釈すると、被相続人が特定遺贈又は包括遺贈をする場合にも、相続人の遺留分を侵害するような遺贈はすることができず、これをした場合には遺留分を侵害する限度で当然に無効になるようにも読めるところであるが、他方で、平成30年改正前の遺留分に関する規定においても、遺贈が遺留分減殺請求の対象となることは当然

の前提とされており（平成30年改正前の第1031条、第1033条等参照）、平成30年改正前の第964条ただし書部分については、独自の意義を見出し難かったといえる。

　そして、平成30年改正において、遺留分に関する権利の行使によって発生する権利を金銭債権化したことに伴い、遺留分を侵害する遺贈は、遺留分権利者による権利行使後も無効にはならないこととなったことも踏まえ、平成30年改正前の第964条ただし書を削除することとしたものである。

第968条（自筆証書遺言）　103

第2節　遺言の方式

第1款　普通の方式

第968条（自筆証書遺言）　　　　　　　　　【平成30年改正】

（自筆証書遺言）
第968条　自筆証書によって遺言をするには、遺言者が、その全文、日付
　及び氏名を自書し、これに印を押さなければならない。
2　前項の規定にかかわらず、自筆証書にこれと一体のものとして相続財
　産（第997条第1項に規定する場合における同項に規定する権利を含
　む。）の全部又は一部の目録を添付する場合には、その目録については、
　自書することを要しない。この場合において、遺言者は、その目録の毎
　葉（自書によらない記載がその両面にある場合にあっては、その両面）
　に署名し、印を押さなければならない。
3　自筆証書（前項の目録を含む。）中の加除その他の変更は、遺言者が、
　その場所を指示し、これを変更した旨を付記して特にこれに署名し、か
　つ、その変更の場所に印を押さなければ、その効力を生じない。

解　　説

1　本条の趣旨

　本条は、自筆証書遺言の方式を定めた規定であるが、平成30年改正
において第2項が創設され、いわゆる自書要件を一部緩和し、自筆証書
に財産目録を添付する場合には、その部分については自書することを要
しないこととしつつ、自書しなかった場合には、その目録の各頁に署名
及び押印をしなければならないこととしたものである。

2　自筆証書遺言の原則的な方式（第1項）

　本条第1項は、自筆証書遺言の原則的な方式を定めるものであり、遺
言者は、その全文、日付及び氏名を自書し、これに押印しなければなら
ない旨を定めている。本条第1項の内容については、平成30年改正の
前後で変更がないが、同改正で第2項が創設されたことにより、第1項

104　第1部　民　　法

の原則的な方式に大きな変更が加えられた。

3　財産目録を添付する場合の特則（第2項）

　本条第2項では、自筆証書にこれと一体のものとして財産目録を添付する場合について、第1項の例外を定め、財産目録については自書を要しないこととした上で、自書以外の方法で財産目録を作成する場合には、その目録の毎葉に遺言者の署名及び押印を要することとしている。

(1)　自書要件を緩和した趣旨

　平成30年改正以前に、自筆証書遺言について全文自書が要件とされていたのは、同遺言は第三者の関与なく作成することができる点に大きなメリットがある反面で、相続人等の関係者がこれを利用して自己に都合の良い遺言書の原案を作成し、遺言者にその内容を十分に確認させることなく、これに署名及び押印をさせるといった不正な手段により遺言書が作成されるおそれがあること等を考慮し、これを可及的に防止して遺言書が遺言者の真意に基づくものであることを担保する趣旨である。

　もっとも、平成30年改正以前には、このような厳格な方式がとられていたことから、自筆証書遺言の作成に要する負担が大きく、特に遺産として多数の不動産があるような場合には、その特定に必要な記載をするだけでも相当な負担になるなど、自筆証書遺言の利用を妨げる大きな要因となっているとの指摘がされていたところである。

　また、財産目録については対象財産の内容を特定するための形式的な事項であり、それによって特定された財産を誰に取得させるかという点について自書を要求し、かつ、自書以外の方法で財産目録が作成された場合に偽造及び変造を防止するための措置を一定程度講ずれば、遺言者の真意性を確保することは可能であると考えられる。

　そこで、平成30年改正では、自書以外の方法で財産目録を作成する場合には、その目録の毎葉に遺言書の署名及び押印を要することとした上で、財産目録については自書を要求しないこととしたものである。

第 968 条（自筆証書遺言）　　105

(2)　各要件の意義等

ア　自筆証書と財産目録の一体性

　まず、自筆証書に自書以外の方法で財産目録を添付する場合には、自筆証書と財産目録とが一体のものと認められることが必要である。

　これは、財産目録が自書以外の方法で作成された場合に、外観上両書面の関係性が明らかになっていることを要求する趣旨であるから、一体性が認められるためには、当該財産目録が自筆証書の本文で引用されている財産目録であることが外観上明らかになっていることを要し、かつ、それで足りる。

　したがって、自筆証書と財産目録とが編綴されているなど、物理的な一体性がある場合はもとより、物理的な一体性は確保されていなくても、同一の場所に重ねて保管されており、他にこれに類する書面はないといった状況であれば、この要件を満たすことがあり得るものと考えられる（もっとも、両書面が単に同一の場所に重ねて保管されていたという事案では、当該事実の真否が争いになるおそれがあるから、本来は、自筆証書と財産目録とを編綴するなどして物理的な一体性を確保したり、同一の封筒に入れて封印したりするなど、一体性の要件に関する紛争が生じないような方法を用いることが望ましいといえる。）。

イ　財産の全部又は一部の目録

　遺贈や特定財産承継遺言の対象となる財産が複数ある場合に、自書以外の方法で財産目録を作成するときでも、その対象財産の全てについてこれを作成する必要はなく、その一部についてのみ財産目録を作成することも可能である。

　例えば、A、B及びCの3人が相続人である事案において、「預貯金債権は全てAに、別紙財産目録一及び二の土地をBに、同目録三の区分所有建物をCにそれぞれ相続させる」旨の自筆証書を作成し、不動産についてのみ自書以外の方法で財産目録を作成することも可能である。

　なお、財産目録に記載される財産は、基本的には、遺言による財産処分の対象となる相続財産であるが、遺贈の場合には相続財産に属しない

106 第1部 民 法

権利を目的とするもの（他人物遺贈）も認められていることから（第997条第1項）、他人物遺贈の目的となる財産についても自書によらない財産目録に記載することができることを明らかにする趣旨で、「相続財産（第997条第1項に規定する場合における同項に規定する権利を含む。）」と規定している。

ウ 目録の添付

自書以外の方法で財産目録を作成する場合には、自筆証書にこれを「添付」する形にしなければならない。ここで、「添付」とは、字義どおり、「書類などに、他のものを添え付けること」をいうものであり（新村出編『広辞苑〔第7版〕』（岩波書店、2018年）2035頁）、前記財産目録は、自筆証書とは別のものとして作成し、これに付加することを要する。

したがって、遺言の本文が記載された自筆証書と同一の用紙の一部に財産目録を印刷する方法で財産目録を作成することはできない。これは、このような形式のものを認める必要性に乏しいと考えられる一方で、このような形式を認めることとすると、全文自筆により完成した遺言書の余白部分に第三者が財産目録を印刷するなどして遺言書の変造を容易にするおそれがあることや、自筆証書の最終頁に財産目録が印刷され、署名及び押印がされている場合に、この署名及び押印により、本条第1項及び第2項の要件をいずれも満たしているものと解してよいかといった解釈問題が生ずるなど、許される方式とそうでない方式との区別が曖昧になるおそれがあること等を考慮したものである。

エ 署名及び押印

自書以外の方法で財産目録を作成する場合には、遺言者は、その目録の毎葉（自書によらない記載がその両面にある場合にあっては、その両面）に署名及び押印をしなければならない[1]（本条第2項後段）。

これは、自筆証書遺言が完成した後に、遺言者以外の者がその財産目録を差し替えたり、自己に対する遺贈等の目的物を遺言書の用紙の裏面に付加したりするなどして、遺言書の偽造又は変造をすることを可及的に防止する趣旨である。

第 968 条（自筆証書遺言）　107

「毎葉に」とは、字義どおり、「一枚ごとに」という意味である。

　もっとも、括弧書きにおいて、「自書によらない記載がその両面にある場合にあっては、その両面」と規定していることから、実質的には「各頁に」というのとほぼ同義であるが、以下の場合に違いが生ずる。すなわち、本条第2項の「毎葉に」という要件であれば、遺言者が一枚の書面の表面のみに財産目録を記載した場合には、当該表面に署名及び押印がなくても、その裏面に署名及び押印があれば、同項の要件を満たすことになるが、「各頁に」とした場合には、このような方法では方式違反になる点に違いが生ずる。

　このように、「各頁に」としなかったのは、例えば、財産目録として、不動産の登記事項証明書等のコピーを財産目録として添付する場合に、その記載面には余白がないことから、遺言者がその裏面に署名及び押印をしたときでも、これによって偽造又は変造のリスクが高まるとは考えられず、これを無効とすべき理由はないこと等を考慮したものである。

　また、「押印」については、特段それ以外の要件を付していないから、必ずしも実印であることを要せず、いわゆる認印で足り、また、遺言書において同一の印を用いる必要もない[2]。

1　なお、財産目録が無効であっても、遺言本文のみで遺贈等の対象を特定することができるときは、遺言自体は効力を失わないとされる（『新基本法コンメンタール相続法〔第2版〕』214頁〔床谷文雄執筆部分〕）。本条第2項の財産目録に関連して、「自筆証書遺言において、自筆証書に添付された財産目録の毎葉に署名押印がなく、当該目録自体は無効となる場合であっても、当該目録が付随的・付加的意味をもつにとどまり、その部分を除外しても遺言の趣旨が十分に理解され得るときには、当該自筆証書遺言の全体が無効となるものではないというべきである」と判示した裁判例として、札幌地判令和3年9月24日・判タ1490号210頁がある。

2　法制審議会民法（相続関係）部会では、本文が記載されている自筆証書に押印された印と同一のものを用いる必要があるとの案も検討されたが、これによる偽造又は変造の防止に一定の効果があるとしても、その効果は限定的であると考えられるのに対し、この点の方式違反により無効とされる遺言が増えるおそれがあることから、この案は採用されなかった。

108 第1部 民 法

以上のとおり、押印は、財産目録の各用紙にされれば足り、自筆証書と財産目録の間や、財産目録の各用紙の間に契印等をすることは、自筆証書遺言の有効要件ではないが、自筆証書と財産目録の一体性を確保し、また、偽造又は変造を防止する目的で契印等を行うことは差し支えない。

4 遺言書の内容を変更する場合の方式（第3項）

本条第3項は、自筆証書遺言の加除その他の変更をする場合の方式を定めるものであるが、その内容は、平成30年改正の前後で変わっておらず、同改正との関係では、同条第3項において「自筆証書（前項の目録を含む。）」と規定し、本条第2項の規定により作成された財産目録について加除その他の変更をする場合にも、同条第3項の方式による必要があることを明らかにした点に意義がある。

本条第2項の規定により作成された財産目録との関係では、従前の財産目録の全部又は一部を別のものに差し替えることも可能であると考えられるが、その場合には、削除する財産目録を斜線等で抹消した上で、その部分に印を押し、新たに付け加える財産目録にも印を押すことを要し、さらに、この財産目録に関する遺言書の本文が記載された用紙上に訂正文言（「財産目録○を削除し、これに代えて新たに財産目録△を追加した。」といった文言が考えられる。）を記載し、遺言者自らがこれに署名することが必要である。

なお、このような財産目録の差替えを本条第3項の変更として認めることにすると、その内容如何によっては、変更前の遺言書とは全く無関係にされた遺贈や特定財産承継遺言をこの方式により行うことを認めることにつながり、とりわけ、財産目録の全部の差替えを認めることとすると、実質的に新たに遺言書を作成するのと変わらない場合もあり得るものと考えられるから、本条第3項の変更として認められる範囲が問題となり得る（特に、本条第3項の変更の場合には、日付の記載を要しない点が問題となり得る）。

このような問題は、必ずしも平成30年改正によって新たに生じたも

のではなく、改正前にも同様の問題があったと考えられるが、この点に関する判例は見当たらない。

　したがって、改正後もこの点は解釈に委ねられることになるが、本条第3項の方式に従って行われたもののうち、有効なものと無効なものとを明確に切り分けることは困難であり、また、そのような解釈は遺言の効力に関する遺言者の予測可能性を害することになって相当でないと考えられるから、本条第3項の方式に従って行われた変更は、その内容如何に関わらず有効なものとして取り扱うのが相当であるように思われる。

110 第1部 民 法

第3節 遺言の効力

第998条（遺贈義務者の引渡義務） 【平成30年改正】

（遺贈義務者の引渡義務）
第998条 遺贈義務者は、遺贈の目的である物又は権利を、相続開始の時（その後に当該物又は権利について遺贈の目的として特定した場合にあっては、その特定した時）の状態で引き渡し、又は移転する義務を負う。ただし、遺言者がその遺言に別段の意思を表示したときは、その意思に従う。

解 説

1 本条の趣旨

本条は、遺贈がされた場合に、遺贈義務者が負う引渡義務の内容を定めるものであり、遺贈義務者は、原則として、相続開始時の状態で、遺贈の目的である物又は権利を引き渡し、又は移転する義務を負うこととしつつ、例外的に、遺言者がこれとは異なる意思表示をした場合には、その意思に従う旨を定めるものである。

平成29年に成立した民法の一部を改正する法律（平成29年法律第44号。債権法の内容を全面的に改正したもの。以下「債権法改正」という。）では、遺贈と同じく無償行為である贈与について本条に類似する規定が設けられたが（第551条）、遺贈については、既に法制審議会民法（相続関係）部会において相続法の見直しに向けた検討が進められていたことから、債権法改正における見直しの対象とはされず、平成30年改正により見直しがされたものである。このように、本条は、贈与者の引渡義務等を定める第551条とは改正の時期が異なるものの、その内容は、基本的に同条と同様の考え方を基礎とするものになっている。

2 遺贈義務者の引渡義務の原則的な内容（本文）

(1) 特定物の遺贈における引渡義務の内容

債権法改正では、特定物売買における売主の担保責任等に関するいわ

第 998 条（遺贈義務者の引渡義務）　111

ゆる法定責任説の考え方を否定し、特定物売買であるか不特定売買であるかを問わず、売主は、売買契約の内容に適合した目的物を引き渡す義務を負うこととされ（第562条第1項等）、贈与についても、贈与者は贈与契約の内容に適合した目的物を引き渡す義務を負うことを前提とした上で、その無償性に鑑み、贈与者の責任を軽減する観点から、贈与契約においては、贈与の目的として特定した時の状態で目的物を引き渡すことを合意していたものと推定することとされている（第551条第1項）。

　平成30年改正においても、基本的にはこれと同じ考え方を採用しているが、遺贈の場合には、遺贈を内容とする遺言がされてから相続の開始によりその効力が生ずるまでの間に相当の期間が経過することも少なくないところ、遺言者の通常の意思としては、その間に経年劣化等があったとしてもこれを遺言がされた当時の状態に戻した上で受遺者に引き渡す意思はないものと考えられることから、本条では、遺贈義務者は、原則として、相続開始時の状態で目的物である特定物を引き渡せば足りることとしている。

　なお、特定物遺贈の場合には、通常は相続財産に属する財産を対象とするものであると考えられるが、他人の物を対象としてこれを行うことも可能である（第996条ただし書）。この場合には、遺贈義務者は、当該他人からこれを譲り受けるなどして受遺者に当該物を引き渡すべき義務を負うことになるが、遺言者の通常の意思としては、遺贈の目的物が他人の物であり、遺贈義務者においてその物の管理をすることができない時点で生じた損傷等を原状に回復させる意思までは有していないものと考えられるから、この場合の引渡義務の内容については、本条括弧書きの類推適用により、原則として、当該他人から目的物の権利を取得した時点の状態で引き渡せば足りると解すべきである[1]。

　1　『新基本法コンメンタール相続法〔第2版〕』251頁〔金子敬明執筆部分〕も同旨。

112　第1部　民　　法

(2)　不特定物遺贈における引渡義務の内容

　不特定物の遺贈についても、相続開始前に特定がされている場合には（第401条第2項）、特定物の遺贈の場合と同様、遺贈義務者は、相続開始時の状態で引き渡すべきことになる。

　これに対し、相続開始時までに特定がされていない場合には、遺贈義務者において特定をした上で、これを受遺者に引き渡すべきことになるが、この場合には、特定した時の状態で引き渡すべきことになる（本条本文括弧書き）。相続開始時までに特定がされていない不特定物遺贈については、相続財産に属する不特定物から特定をすべき場合と他人物である不特定物から特定をすべき場合とがあり得るところ、そのいずれの趣旨であるかは遺言の解釈問題であると考えられるが、一般的には、当該不特定物が相続財産の中に含まれる場合には、前者の趣旨であると解すべきものと考えられる。

　なお、不特定物遺贈における前記引渡義務の内容は、不特定物売買における引渡義務の内容を軽減したものとはなっていないが、この点は不特定物贈与においても同様であり、遺言者がその目的物を種類のみで指定し、遺言者の意思等によってその品質を定めることができないときは、遺贈義務者は、中等の品質を有する物を引き渡すべき義務を負うことになるものと考えられる（第401条第1項）。

3　遺言者が別段の意思を表示した場合（ただし書）

　本条は、遺贈義務者が遺贈の目的物をいつの時点の状態で引き渡すべき義務を負うかを定めるものであるが、本条ただし書において、遺言者が遺言の中で本文の規律とは異なる意思を表示している場合には、その意思に従う旨を定めている。この点について、贈与者の引渡義務等を定めた第551条では、「…を約したものと推定する」と規定しているのに対し、本条ただし書では、「遺言者がその遺言に別段の意思を表示したときは、その意思に従う」と規定している。いずれも、これらの規定が任意規定であることを前提とするものであるが、遺言の場合には、その

効力が生じた時点では遺言者が死亡していることから、別段の意思表示の有無に関する紛争を可及的に生じさせないようにするため、別段の意思表示をする場合には、遺言によることを要求する趣旨であり、遺言によらずに別段の意思表示をしてもその効力は認められない点で贈与の場合とは異なる。

114　第1部　民　法

第4節　遺言の執行

第1007条（遺言執行者の任務の開始）　　　【平成30年改正】

> （遺言執行者の任務の開始）
> 第1007条　遺言執行者が就職を承諾したときは、直ちにその任務を行わなければならない。
> <u>2　遺言執行者は、その任務を開始したときは、遅滞なく、遺言の内容を相続人に通知しなければならない。</u>

解　　説

1　本条の趣旨

　本条は、遺言執行者の任務の開始に関する規律を定めるものであり、遺言により遺言執行者に指定された者（第1006条第1項及び第2項）がその就職を承諾したときは、直ちに遺言執行者としてその任務を行わなければならないことを定めるとともに（本条第1項）、その任務を開始したときは、遅滞なく、遺言の内容を相続人に通知しなければならない旨を定めるものである（本条第2項）。平成30年改正との関係でいえば、本条第1項は従前どおりの内容であり、特に見直しはされておらず、同改正において第2項が創設されたものである。

2　就職の承諾による任務の開始（第1項）

　遺言執行者は、①遺言者が遺言により直接指定する場合（第1006条第1項）、②遺言者が遺言により遺言執行者の指定を他の者に委託し、委託を受けた者がその指定をした場合（第1006条第2項）のほか、③家庭裁判所が選任する場合（第1010条）があり得るが、本条第1項は、そのいずれの場合においても、遺言執行者は、その就職後直ちに任務を開始すべき旨を定めているものと解される。

　他方で、本条第1項では、「就職を承諾したときは」と規定しているが、就職について遺言執行者の承諾を要するのは、①及び②の場合に限られ

るものと解される。すなわち、①及び②の場合には、私人が一方的に遺言執行者に指定したものであるから、指定された者は当然に遺言執行者となることを拒絶することができるものと考えられるため、遺言で遺言執行者の指定があった場合でも、その指定をされた者が遺言執行者の資格を取得するのはその者が遺言執行者となることを承諾した時であり、本条第1項で「就職を承諾したとき」と規定しているのはその趣旨を明らかにするものといえる。

　これに対し、③の場合については、家庭裁判所の審判で選任されるものであるから、選任された遺言執行者はこれを拒絶することはできないものと解される（このことは、遺言執行者に限らず、成年後見人など家庭裁判所が審判で選任をする場合一般に当てはまるものであり、本条第1項を根拠に遺言執行者の場合のみ選任を拒絶することができると解するのは相当でないものと考えられる。）。もっとも、家庭裁判所が審判で遺言執行者の選任をする場合には、その者の意見を聴取することが必要的なものとされており（家事法第210条第2項）、家庭裁判所がその者の意に反して遺言執行者に選任することは事実上ないものと思われる。

3　遺言執行者の相続人に対する通知義務（第2項）

　遺言執行者は、その任務を開始したときは、遅滞なく、遺言の内容を相続人に通知しなければならない（本条第2項）。

　遺言者の相続人は、自らが受益者となる場合はもとより、そうでない場合でも、例えば、遺言執行者がその権限内において遺言執行者であることを示してした行為は、相続人に対して直接にその効力を生ずることとされる（第1015条）など、遺言の内容について重大な利害関係を有することから、相続人に遺言の内容を知る機会を保障すべく、遺言執行者に相続人に対する通知義務を課すこととしたものである。

　「遅滞なく」とは、日常用語としては、遅れることなくという意味であり、即時性を意味するものであるが、即時性を表す法令用語[1]の中では、比較的緩やかに解してよいものとされており、通知が遅れた場合で

116　第1部　民　法

もそのことに正当な理由があるときは、合理的期間内に通知をすれば、
この要件を満たすことになるものと解されている。

　また、本条第2項は、前記のような趣旨に基づき創設されたものであ
るから、相続人全員が遺言の内容を既に知っている場合、例えば、自筆
証書遺言の検認手続において、相続人全員の立会いの下で遺言の開封が
され、これにより相続人全員がその内容を知った後に、遺言執行者の任
務が開始したような場合には、遺言執行者は、相続人に改めて遺言の内
容を通知する必要はないものと解される。

1　即時性を表す法令用語としては、「直ちに」、「速やかに」、「遅滞なく」の3つ
　があるものとされているが、一般には、時間的即時性がもっとも強く要求され
　るのが「直ちに」であり、最も緩やかに解してよいのが「遅滞なく」であると
　されている。したがって、本条第2項の通知については、本文記載のとおり合
　理的期間内に行えばよいと解してよいが、第1項については「直ちにその任務
　を行わなければならない。」と規定されており、就任承諾後の任務開始について
　即時性が強く要求されているものといえる。

第 1012 条（遺言執行者の権利義務） 117

第 1012 条（遺言執行者の権利義務）　　　　　【平成 30 年改正】

（遺言執行者の権利義務）
第 1012 条　遺言執行者は、遺言の内容を実現するため、相続財産の管理
　その他遺言の執行に必要な一切の行為をする権利義務を有する。
2　遺言執行者がある場合には、遺贈の履行は、遺言執行者のみが行うこ
　とができる。
3　第 644 条、第 645 条から第 647 条まで及び第 650 条の規定は、遺言執
　行者について準用する。

解　　説

1　本条の趣旨

　本条は、遺言執行者の職務に関する一般的な規律を設けるものであり、
遺言執行者は、遺言の内容を実現するため、遺言の執行に必要な一切の
行為をする権利義務を有すること（第 1 項）、遺言執行者がいる場合に
は、遺贈の履行は遺言執行者のみが行うことができ、相続人がこれを行
うことはできないこと（第 2 項）、委任契約に関する規定の一部を遺言
執行者に準用すること（第 3 項）を定めている。

2　遺言執行者の一般的な職務（第 1 項）

　本条第 1 項は、遺言執行者の一般的な職務内容を定めるものであり、
遺言の内容を実現するため、遺言の執行に必要な一切の行為をする権限
を有していることを定めている。基本的な規定の内容は平成 30 年改正
の前後で特に変わりはないが、同改正において、「遺言の内容を実現す
るため」との文言が付け加えられている。これは、遺言執行者の法的地
位をより明確にすることを意図したものである。

　すなわち、平成 30 年改正前においては、①遺言執行者はあくまでも
遺言者の意思を実現する職務を負うものであり、例えば、遺言の内容が
相続人（遺留分権利者）の遺留分を侵害する内容のものであったとして
も、遺言執行者としては遺言の内容を実現するために職務を遂行すれば
足りるのか、②遺言執行者は相続人に対して責任を負う立場にあり、遺

留分を含め、相続人の正当な利益にも配慮しながら遺言を執行すべき義務を負うのかといった点等について学説上争いがあった。

この点について、判例は、「遺言執行者の任務は、遺言者の真実の意思を実現するにあるから、民法1015条が、遺言執行者は相続人の代理人とみなす旨規定しているからといって、必ずしも相続人の利益のためにのみ行為すべき責務を負うものとは解されない。」と判示しており（最判昭和30年5月10日・民集9巻6号657頁）、①の立場に親和的であったと考えられる。

平成30年改正では、第1015条の文言を改めるとともに、本条第1項において、「遺言の内容を実現するため」という文言を加えることによって、上記の学説上の争いについて立法的な解決を図ることとし、①の立場を採ることを明らかにしたものである。

遺言執行者は、遺言の執行に必要な一切の行為をする権限を有する。この行為には、裁判外の行為はもちろん裁判上の行為も含まれる[1]。

例えば、相続財産に属する不動産が遺贈の目的となっているにもかかわらず、当該不動産が遺言者以外の名義となっている場合には、受遺者に対して所有権移転登記手続を行う前提として、当該登記名義人に対して所有権移転登記抹消登記請求などの訴訟を提起することができる。また、遺言者には遺言の当時遺言能力がなかったなどとして相続人が遺言の有効性を争い、共有持分権の確認請求訴訟を提起する場合には、遺言執行者を被告としなければならない（最判昭和31年9月18日・民集10巻9号1160頁）。

なお、本条第1項では、遺言の執行に必要な一切の行為の例示として、

1　なお、「遺言執行者は、遺言の内容を実現するため、相続財産の管理その他遺言の執行に必要な一切の行為をする権利義務を有し、遺言執行者がある場合には、遺贈の履行は遺言執行者のみが行うことができる（民法1012条1項、2項）ことから、遺言に係る財産の権利帰属その他遺言の執行の前提となる法律関係に関する訴訟については遺言執行者のみが当事者適格を有すると解される。」と判示した裁判例として、東京地判令和3年8月17日・判時2513号36頁がある。

第 1012 条（遺言執行者の権利義務）　119

相続財産の管理を挙げているが、相続財産全部について管理をする権限
を有するのは、相続財産の全部を遺贈や特定財産承継遺言の対象として
いる場合や、「遺産を全部売却して相続債務を弁済し、残った金銭をA
とBに2分の1ずつ与える。」などのように、いわゆる清算型の包括遺
贈がされている場合（大判昭和5年6月16日・大審院民事判例集9巻8号
550頁）等であり、相続財産のうち特定の財産に関する遺言のみがされ
ている場合には、当該財産についての管理権限のみを有することになる
（第1014条第1項）。

3　遺言執行者と遺贈義務者の関係（第2項）

　遺贈は、遺言という単独行為によって行われ、遺言者の意思表示に
よって財産権の移転等の法律効果が生ずるものであるが[2]、遺言者が死
亡した時にその効力が生ずることになるため、当該意思表示によって遺
言者が負担する財産権移転等の義務は、特段の規定がなければ相続人が
承継することとなり、現に遺言執行者がない場合には、相続人が遺贈義
務者となるものと解されている。

　これに対し、本条第2項は、遺言執行者がいる場合には、相続人は遺
贈の履行をすべき義務を免れ、遺言執行者のみがその義務を負うことと
する旨を定めたものである。この点については、平成30年改正以前の
判例においても、同様の判断が示されていたものであり（最判昭和43年
5月31日・民集22巻5号1137頁）、この判例を明文化したものといえる。

　2　このように、遺贈の場合には、遺言者の単独行為によって相続開始時に財産
　　権の移転等の法律効果が生ずるものであるが、受遺者がその後に遺贈の放棄を
　　した場合には、相続開始時に遡ってその効力が生ずる（第986条第2項）ので
　　あるから、実質的には当事者双方の意思の合致を要求しているものと解するこ
　　とも可能であり、その意味では、この場合には、第526条の例外として遺贈者
　　の死亡後も受遺者の善悪を問わずその意思表示の有効性を認め、受遺者による
　　遺贈の承認により、贈与契約と同様の状態が形成されるという理解も可能であ
　　り、このような理解を前提とすれば、贈与との違いも相対的なものにとどまる
　　ように思われる。

120　第1部 民　　法

　なお、この判例は特定遺贈の事案であるが、本条では、特定遺贈の場合に限らず、包括遺贈の場合にもこの規律を適用することとしているため、特定財産に関する遺贈の執行について規定する第1014条ではなく、遺言執行者の一般的な権利義務を定める本条の中に規定を設けることとしている。

　また、本条第2項は、前記のとおり、遺言者の遺贈の意思表示によって生じた義務の履行を行うのは誰かという点を定めるものにすぎないから、例えば、ある預貯金債権がAに遺贈された場合で遺言執行者がいるときは、Aが当該預貯金債権の取得を債務者である金融機関に対抗するために通知義務の履行を求めるには、遺言執行者に対してこれを行う必要があるが、これとは別に、金融機関は、自ら任意に遺贈による当該預貯金債権の取得を承諾することが認められているのであるから、その承諾の意思表示を受遺者に対して行うことは当然に可能であり、このことは本条第2項の規律とは無関係である。

4　委任契約に関する規定の準用（第3項）

　遺言の執行に関して遺言執行者と相続人との間には委任類似の関係が存在することから、本条第3項では、委任契約に関する規定の一部を遺言執行者に準用することとしている。具体的には、受任者が善管注意義務を負う旨を定める第644条、受任者による報告義務の内容を定める第645条、受任者が委任事務を処理する過程で受け取った物の引渡義務等を定める第646条、受任者が委任者に引き渡すべき金銭等を自己のために消費した場合の責任を定める第647条、受任者の委任者に対する費用償還請求権等を定める第650条の規定は、遺言執行者について準用される。この規定は、平成30年改正前からあったものであり、内容的に見直しをした部分はない。

第1013条（遺言の執行の妨害行為の禁止）　　【平成30年改正】

> （遺言の執行の妨害行為の禁止）
> 第1013条　遺言執行者がある場合には、相続人は、相続財産の処分その他遺言の執行を妨げるべき行為をすることができない。
> 2　前項の規定に違反してした行為は、無効とする。ただし、これをもって善意の第三者に対抗することができない。
> 3　前2項の規定は、相続人の債権者（相続債権者を含む。）が相続財産についてその権利を行使することを妨げない。

解　説

1　本条の趣旨

本条は、第1項において、遺言執行者がいる場合には、相続人は遺言の執行を妨げる行為をすることができない旨を定めた上で、第2項において、相続人がこれに違反してした行為は原則として無効となるが、善意者保護の観点から、その無効は善意の第三者には対抗することはできない旨を定め、さらに、第3項において、第1項及び第2項の規定はあくまでも相続人がした妨害行為の効力を定めるものであり、相続債権者を含む相続人の債権者が相続財産にした権利行使の効力に影響を及ぼすものではないことを確認的に規定したものである。

2　相続人による遺言の執行の妨害行為の禁止（第1項）

遺言執行者がいる場合には、遺言執行者は、遺言の執行に必要な一切の行為をする権限を有することとされているが（第1012条第1項）、本条第1項は、その裏返しとして、相続人は遺言の執行を妨げるべき行為をすることができない旨を定めるものである。

本条第1項の規定は、平成30年改正前の第1013条の内容と同じであり、同改正による文言の見直しはされていない。もっとも、同改正前は、この規定を根拠として、相続人が相続財産について遺言の執行を妨害する処分行為をした場合には、その行為は絶対的に無効であると解するのが判例（大判昭和5年6月16日・大審院民事判例集9巻8号550頁）で

122 第1部 民　法

あったが、同改正で本条第2項が創設されたことにより、実質的に規律の内容が変更されている。

　なお、遺言執行者がいる場合には、遺言の執行自体は遺言執行者が行うことになるが、これとは別に、受益相続人や受遺者が独自に権利行使をすることが認められる場合があり、このような場合に相続人がその権利を行使した結果遺言の執行に抵触することになったとしても、本条第1項の「遺言の執行を妨げるべき行為」には当たらない。

　例えば、遺贈がされた場合において、相続人や第三者名義の無効な登記がされているときは、遺言執行者は、遺言の執行に必要な行為として、その登記の抹消登記手続を請求することができるが、このような場合には、受遺者についても、所有権に基づく妨害排除請求として、その登記の抹消登記手続を請求することができるとされており（最判昭和30年5月10日・民集9巻6号657頁等）、受遺者である相続人が同請求をしたとしても「遺言の執行を妨げるべき行為」には当たらない。

　このように、「遺言の執行を妨げるべき行為」の該当性については個別具体的に検討するほかはなく、後記4のとおり、本条第3項に確認規定が置かれているからといって、当然にその反対解釈をすべきことにはならないと考えられる。

3　相続人が第1項の規定に違反してした行為の効力（第2項）

　本条では、第1項において、相続人に対し、遺言の執行を妨げる行為をすることを禁止した上で、第2項において、相続人が遺言の執行を妨げる行為をした場合の効果を定めている。

　まず、同項本文において、相続人が相続財産の処分その他遺言の執行を妨げるべき行為をした場合には、その行為は原則として無効であることを明示することとしている。これは前記2に掲げた判例の理解にも沿うものである。

　もっとも、前記判例のように、相続人が遺言の執行を妨げる行為をした場合にその行為が絶対的に無効になるとすると、遺言の存否及び内容

第 1013 条（遺言の執行の妨害行為の禁止）　123

を知り得ない第三者の取引の安全が害されるおそれがある[1]とともに、相続による権利の承継について対抗要件主義を採用することとした第899 条の 2 の趣旨が相当程度没却されることになる。

　そこで、平成 30 年改正では、本条第 2 項ただし書において、遺言執行者は、善意の第三者に対しては、相続人による妨害行為の無効を対抗することができない旨の規定を設けることとした。

　ここで、「善意」とは、相続人がした行為の相手方において、遺言執行者がおり[2]、相続人が当該行為をする権限を有しないことを知らなかったことを意味する。本条第 2 項において、善意の第三者であれば保護することとし、過失の有無を問わないこととしたのは、当該第三者に遺言の内容及び遺言執行者の有無を調査すべき義務を負わせるのは相当でないとの価値判断に基づくものである。

　また、相続人がした行為の相手方において、遺言の内容及び遺言執行者がいることを知っていたが、相続人には当該行為をする権限があるものと誤解していた場合には、いわゆる法律の錯誤の問題となる。法律の錯誤があった場合の取扱いについて、判例は、民事・刑事を問わず、その前提となる事実を認識していた以上、原則として「善意」の要件を満たさないとした上で、例外的に、そのような誤解をしたことについてやむを得ない事由がある場合に限り、「善意」の要件を満たすとの解釈を

1　平成 30 年改正前も、遺言執行者の存在及び遺言の有無については公示が必要とされず、遺言執行者が存在するのかどうか、相続人の処分権が制限されているのかなどは第三者には明らかでなく、遺言の執行についての期間制限もないのに、相続人の処分が絶対的に無効とされる点が「立法上の不備」であるなどと指摘されていた（『新版注釈民法(28)』355 頁〔泉久雄執筆部分〕）。

2　判例（最判昭和 62 年 4 月 23 日・民集 41 巻 3 号 474 頁）によれば、遺言により遺言執行者の指定がされていれば、その遺言執行者がこれを承諾していなくても、本条第 1 項の規定（平成 30 年改正前の第 1013 条）が適用されることとされている。この判例法理は平成 30 年改正後も変わらずに妥当するものと考えられるから、当該第三者が遺言の内容を全て把握している場合には、仮に、その時点では指定をされた遺言執行者がその就職を承諾していなかったとしても、「善意」の第三者には当たらないことになると考えられる。

採用しているものと考えられるから（最判平成19年7月13日・民集61巻5号1980頁等）、本条第2項ただし書の「善意」についても、相続人がした行為の相手方において、遺言の内容及び遺言執行者がいることを知っていた場合には、原則として、「善意」の要件を満たさないことになるものと考えられる。また、前記遺言の内容についても、その全部を知っている必要はなく、相続人がした行為が遺言の執行を妨げるものであることを基礎付ける部分のみを知っていれば足りるものと考えられる。例えば、遺言者が相続財産に属する甲土地をAに遺贈した場合において、単独で遺言者を相続したBが甲土地をCに売却したという事案を例にとると、Cにおいて、Aに甲土地を遺贈する旨の遺言がされていること及び遺言執行者がいることを知っていれば、遺言の内容のその余の部分を知らなかったとしても、原則として、Cは「善意」の第三者には当たらないことになるものと考えられる。

　なお、判例は、前記の「やむを得ない事由」の該当性についてはかなり厳格に解しており、容易にはその該当性を認めない傾向にあるものと考えられるから、実際には、本条第2項ただし書の適用が問題となる場面において、「やむを得ない事由」があると認められる場合は容易には想定し難いように思われる。

　次に、本条第2項ただし書の要件を満たす場合の効果であるが、この善意者保護規定によって治癒されるのは、あくまでも相続人に当該行為をする権限がなかったという点に限られる。したがって、同項ただし書が適用されると、その第三者との関係では、相続人の行為は有効なものとして取り扱われることになるが、その場合でも、当該第三者が相続人からの権利取得を受遺者等の第三者に対抗するためには、第三者対抗要件を受遺者等よりも先に備えることが必要となる。例えば、相続人がA、B2人の子で、被相続人Pがその所有する甲土地を第三者Cに遺贈し、Xを遺言執行者に指定していた場合に、Aが相続開始後に第三者Dに甲土地の2分の1の共有持分を譲渡したという事案を前提としてこれを説明すると次のようになる。この場合に、Dが本条第2項ただし書の善意

の第三者に当たるとすると、Dとの関係では、Aの無権限が治癒される結果、甲土地の2分の1の共有持分についてのAからDへの譲渡が物権的にも有効なものと法律上取り扱われることになるが、それによっても、あくまで、同共有持分について、「P→C」と「A（Pの相続人）→D」の二重譲渡類似の関係が作出されるにすぎないから、Dが同共有持分の取得を第三者であるCに対抗するためには、Cよりも先にその登記を備えることが必要となる（なお、その場合の適用条文は第899条の2ではなく、第177条となる。この点については、第899条の2の解説2(2)オ参照。）。

4　相続人の債権者（相続債権者を含む。）の権利行使との関係（第3項）

本条第1項及び第2項の規定は、相続人が「遺言の執行を妨げるべき行為」をした場合の効力を定めるものであるが、相続人の債権者（相続債権者を含む。以下同じ。）の相続財産に対する権利行使は、相続人の債権者が独自の法的利益に基づき行うものであり、「遺言の執行を妨げるべき行為」には当たらないものと考えられる。

本条第3項はその旨を確認的に規定するものであり、相続人の債権者の相続財産に対する権利行使は、同条第1項及び第2項の規定によって妨げられるものではない旨を定めている。

例えば、相続人がA、B2人の子である事案において、相続債権者が被相続人に対する債務名義を取得していたが、その所有する甲不動産についてはAに相続させる旨の遺言がされていたとしても、相続債権者は、債権者代位権を行使して、甲土地についてA及びBの法定相続分に従った相続登記（各2分の1の共有持分登記）をした上で、各共有持分について差押えをすれば、強制執行手続において、甲土地全体を売却し、その売得金から配当を受けることが可能となる。相続債権者のこのような権利行使は、同人の独自の利益に基づき認められるものであって、「遺言の執行を妨げるべき行為」には当たらないことになるが、本条第3項はこのことを確認的に規定したものにすぎない。

126　第1部　民　法

　この点について、法制審議会民法（相続関係）部会では、相続債権者と相続人の債権者とを区別し、相続債権者の権利行使については遺言の執行に優先させるが、相続人の債権者については、相続開始前には、被相続人との間に法律関係を有していたわけではないこと（いわゆる「棚ぼた」である）等を考慮し、遺言の執行を優先させることとすることも検討されたが、相続人の債権者の権利行使についても相続人の行為は含まれておらず、相続人の行為が遺言の執行を妨げるという関係にないことや、遺言執行者の有無という一般的に生じ得る場面で、相続債権者と相続人の債権者とを区別することとすると、民事執行等の場面で法律関係が過度に複雑になること等を考慮し、このような取扱いをすることとはしなかったものである。このため、本条第3項では、「相続人の債権者（相続債権者を含む。）」との文言を用いることとしている。

　このように、本条第3項はあくまでも確認規定であるから、当然にその反対解釈をするのは相当でなく、それ以外の行為が「遺言の執行を妨げるべき行為」に当たるか否かは解釈に委ねられることになる（前記2の解説参照）。

　この関係では、例えば、被相続人がその有する債権を目的として遺贈や特定財産承継遺言等の遺言をした場合に、その債権の債務者が法定相続分に従った債権の承継を承諾した上で弁済をする行為が「遺言の執行を妨げるべき行為」に当たるか否かが問題となる。

　平成30年改正では、相続による権利の承継に関する判例法理を立法的に見直し、これについても対抗要件主義を適用することとしているが（第899条の2）、この改正は、基本的に、被相続人の権利義務を包括的に承継するという相続の法的性質等に鑑み、相続債権者や被相続人に対して債務を負っていた者といった相続人以外の第三者との関係では、できる限りその法的地位に変動を生じさせないようにするのが相当であるとの価値判断に基づくものである（同条の解説参照）。

　そうであるとすれば、被相続人が有する債権の債務者が遺言の存否及びその有効性等に関する紛争に巻き込まれたくないなどとして、法定相

続分による債権の承継を承諾した場合には、当該債務者はこれに基づいて弁済をすれば当然に有効なものになるという意味で独自の法的利益を取得したものというべきである。

また、当該債務者が行う弁済行為そのものについては、相続人の受領行為が含まれているとしても、当該債務者による承諾自体には相続人の行為は含まれていない。

したがって、当該債務の弁済は、当該債務者が独自の法的利益に基づき行うものであって、「遺言の執行を妨げるべき行為」に当たらないと解するのが相当である（なお、相続人であっても、独自の法的利益に基づき行うものについては、「遺言の執行を妨げるべき行為」には当たらないと解されている点については、前記2参照）。

このため、例えば、相続人がA、B2人の子である場合に、遺言者が自己の有する貸金債権100万円を第三者Cに遺贈し、かつ、遺言執行者の指定をしていたときでも、Cが債務者対抗要件を取得する前に、当該貸金債権の債務者がA及びBによる債権の承継を承認した上で両名に50万円ずつ弁済すれば、Cの善意・悪意を問わず完全に有効な弁済となるものと考えられる。なお、この事案において、相続による債権の承継について、貸金債権の債務者が明示的に承諾をしていなかったとしても、A及びBに対して各自50万円を弁済した場合には、黙示の承諾をすると同時に弁済をしたものと法的に取り扱うのが相当であり、明示的な承諾の有無によって結論が変わることはないものと考えられる。

128　第1部　民　法

第1014条（特定財産に関する遺言の執行）　　　　　　【平成30年改正】

> （特定財産に関する遺言の執行）
> 第1014条　前3条の規定は、遺言が相続財産のうち特定の財産に関する
> 場合には、その財産についてのみ適用する。
> 　2　遺産の分割の方法の指定として遺産に属する特定の財産を共同相続人
> の一人又は数人に承継させる旨の遺言（以下「特定財産承継遺言」とい
> う。）があったときは、遺言執行者は、当該共同相続人が第899条の2
> 第1項に規定する対抗要件を備えるために必要な行為をすることができ
> る。
> 　3　前項の財産が預貯金債権である場合には、遺言執行者は、同項に規定
> する行為のほか、その預金又は貯金の払戻しの請求及びその預金又は貯
> 金に係る契約の解約の申入れをすることができる。ただし、解約の申入
> れについては、その預貯金債権の全部が特定財産承継遺言の目的である
> 場合に限る。
> 　4　前2項の規定にかかわらず、被相続人が遺言で別段の意思を表示した
> ときは、その意思に従う。

解　　説

1　本条の趣旨

　第1011条から第1013条までの規定は、遺言執行者の職務や権限に関
する規定であり、いずれも、遺言執行者が相続財産の全てを管理する権
限を有することを前提としたものであるが、本条は、相続財産のうち特
定の財産に関する遺言の執行について遺言執行者の職務や権限について
定めたものである。すなわち、本条第1項において、相続財産のうち特
定の財産に関してのみ遺言がされた場合には、第1011条から第1013条
までの規定は当該特定の財産についてのみ適用されることを明らかにし
た上で、本条第2項から第4項までの規定において、特定財産承継遺言
がされた場合の遺言執行者の権限について定めている。具体的には、本
条第2項において、遺言執行者は受益相続人が対抗要件を具備するのに
必要な行為をする権限を有する旨を、本条第3項において、預貯金債権
について特定財産承継遺言がされた場合には、遺言執行者は、対抗要件

第1014条（特定財産に関する遺言の執行）　129

の具備に必要な行為をする権限のほか、預貯金の払戻しの請求や解約の申入れ等をする権限を有する旨をそれぞれ定めた上で、本条第4項において、本条第2項及び第3項の規定は、被相続人が遺言で別段の意思を表示した場合には適用せずに、遺言者の意思に従う旨を定めている。

2　相続財産のうち特定の財産に関する遺言がされた場合の遺言執行者の権限等（第1項）

　本条第1項は、相続財産のうち特定の財産のみを対象とする遺言がされた場合には、第1011条から第1013条までの規定はその特定の財産についてのみ適用される旨を定めるものであるが、その規定の内容は、平成30年改正前の第1014条と同じであり、同改正による見直しはされていない。

3　特定財産承継遺言がされた場合の遺言執行者の権限（第2項）

　本条第2項は、特定財産承継遺言がされた場合には、遺言執行者は受益相続人が対抗要件を具備するのに必要な行為をすることができる旨を定めるものである。

　この点について、平成30年改正前の判例（不動産について相続させる旨の遺言がされた事案に関するもの）においては、「不動産取引における登記の重要性にかんがみると、相続させる遺言による権利移転についての対抗要件を必要とすると解すると否とを問わず、甲に当該不動産の所有権移転登記を取得させることは、民法1012条1項にいう『遺言の執行に必要な行為』に当たり、遺言執行者の職務権限に属するものと解するのが相当である。もっとも、登記実務上、相続させる遺言については不動産登記法27条（現63条2項）により甲が単独で登記申請をすることができるとされているから、当該不動産が被相続人名義である限りは、遺言執行者の職務は顕在化せず、遺言執行者は登記手続をすべき権利も義務も有しない。」とされていた。

　この判例は、民法の解釈としては、受益相続人に目的不動産の所有権

130　第1部 民　　法

移転登記を取得させることは「遺言の執行に必要な行為」に当たり、遺言執行者の本来的な職務権限に含まれるが、不動産登記法上、受益相続人単独での登記申請が可能であることから、当該不動産が被相続人名義である限り、遺言執行者の職務は顕在化しないとの判断を示したものとされており（『最高裁判所判例解説民事篇　平成11年度（下）』1009頁）、その意味では、本条第2項はこの判例を明文化したものということができる[1]。

　本条第2項では、「遺言執行者は、…対抗要件を備えるために必要な行為をすることができる」と規定されているが、遺言執行者は、遺言の執行に必要な一切の行為をする権利義務を有しており（第1012条第1項）、その職務の遂行について善管注意義務を負うのであるから（同条第2項、第644条）、遺言執行者が対抗要件の具備を怠っていたと認められる場合には、受益相続人から責任追及をされることがあり得るものと考えられる。もっとも、特定財産承継遺言[2]の場合には、受益相続人は、

1　なお、最判令和5年5月19日・民集77巻4号1007頁は、「改正法の施行日前に開始した相続に係る相続財産である不動産につき、遺言により相続分の指定を受けた共同相続人に対してその指定相続分に応じた持分の移転登記を取得させることは、遺言の執行に必要な行為とはいえず、遺言執行者の職務権限に属しないものと解される。したがって、共同相続人の相続分を指定する旨の遺言がされた場合に、上記不動産につき上記遺言の内容に反する所有権移転登記がされたとしても、上記登記の抹消登記手続を求めることは遺言執行者の職務権限に属するものではないというべきである。そうすると、遺言執行者は、上記遺言を根拠として、上記不動産についてされた所有権移転登記の抹消登記手続を求める訴えの原告適格を有するものではないと解するのが相当である…相続財産の全部又は一部を包括遺贈する旨の遺言がされた場合において、遺言執行者は、上記の包括遺贈が効力を生じてからその執行がされるまでの間に包括受遺者以外の者に対する所有権移転登記がされた不動産について、上記登記のうち上記不動産が相続財産であるとすれば包括受遺者が受けるべき持分に関する部分の抹消登記手続又は一部抹消（更正）登記手続を求める訴えの原告適格を有すると解するのが相当である。」と判示している。
2　令和3年改正により、特定遺贈についても、その相手方が相続人であるものについては、受益相続人が自ら単独で対抗要件を具備することができることとなった（不動産登記法第63条第3項）。

第 1014 条（特定財産に関する遺言の執行）　131

自ら単独で対抗要件を具備することが可能であり（第 899 条の 2 第 2 項、不動産登記法第 63 条第 2 項等）、また、所有権に基づく返還請求権など、独自の権利行使をすることも可能であるから、これらの点は、遺言執行者の責任の有無及びその範囲（損害額の算定等）を判断するに当たって考慮されることになるものと考えられる。

　なお、この判例は、被相続人所有の不動産について相続させる旨の遺言がされた場合に関するものであるが、本条第 2 項では、目的物が不動産である場合に限らず、遺言執行者は、目的財産について対抗要件を具備するために必要な行為をする権限があることを明確にしている。

　また、相続させる旨の遺言については、平成 30 年改正以前は、民法上の位置付けが必ずしも明確でなく、学説上は、これを遺贈と解すべきであるとする見解も有力であったが、判例上は、遺言書の記載から、その趣旨が遺贈であることが明らかであるか、又は遺贈と解すべき特段の事情がない限り、遺産分割方法の指定としての意義を有するものとされてきたところである（最判平成 3 年 4 月 19 日・民集 45 巻 4 号 477 頁）。本条第 2 項は、この判例の趣旨を明確にするとともに、これに「特定財産承継遺言」という名称を付すこととしたものであり、これにより、前記の学説上の争いについても立法的な解決が図られたことになるものと考えられる。

　なお、本条第 2 項では、「遺産の分割の方法の指定として遺産に属する特定の財産を共同相続人の一人又は数人に承継させる旨の遺言」を特定財産承継遺言と呼称することとしており、特定財産承継遺言が遺産分割方法の指定であることは明確であるが、平成 30 年改正によって、いわゆる相続させる旨の遺言がすべからく特定財産承継遺言であると整理されたわけではない。すなわち、上記判例も指摘しているとおり、遺言に「…に相続させる。」と記載されているとしても、その前後の文脈から遺贈であることが明らかである場合や、遺贈と解すべき特段の事情がある場合には、特定財産承継遺言ではなく、遺贈であると扱うことになる点に注意を要する。例えば、平成 30 年改正によって創設された配偶

132　第1部　民　法

者居住権は、遺贈によって取得させることはできるが、特定財産承継遺言によっては取得させることができないことに照らせば（第1028条第1項参照）、「妻に配偶者居住権を相続させる。」という遺言があった場合でも、遺贈と扱うべきことになろう。

4　預貯金債権について特定財産承継遺言がされた場合の遺言執行者の権限（第3項）

本条第3項は、預貯金債権について特定財産承継遺言がされた場合には、遺言執行者は、受益相続人が対抗要件を具備するために必要な行為をすることができるほか、預貯金の払戻し請求や預貯金契約の解約の申入れをすることができる旨を定めるものである[3]。

被相続人が預貯金債権について特定財産承継遺言をした場合には、被相続人の意思としては、当該預貯金債権そのものを受益相続人に帰属させることを意図しているというよりは、預貯金債権の金銭的価値を受益相続人に取得させることを意図しているものと考えられる。そうであるとすると、受益相続人にその金銭的価値を取得させる方法としては、当該預貯金債権の名義人を受益相続人に変更することのほか、預貯金全額の払戻しをしてこれを受益相続人に取得させ、又は預貯金の全額を受益相続人名義の口座に振り込むなど、様々な方法が考えられるところであるが、被相続人の意思としては、その方法を特に指定していない限り、これらの方法のどれを選択するかは遺言執行者に委ねる趣旨である場合が多いものと考えられる。

そこで、平成30年改正においては、遺言執行者がこれらの方法を自由に選択することができるようにするため、遺言執行者は、預貯金債権

3　預貯金債権以外の金融商品に係る権利が特定財産承継遺言の対象とされた場合に、遺言執行者に解約権限があるかどうかについては、平成30年改正以降も解釈に委ねられているが、『Before/After相続法改正』63頁〔安部将規執筆部分〕は、預貯金債権と類似の関係が認められる権利については、解約権限が認められやすいとする。

第 1014 条（特定財産に関する遺言の執行）　133

を目的とする特定財産承継遺言の執行のために、当該預貯金の払戻しの請求や預貯金契約の解約の申入れをすることができる旨を明確化することとしたものである。

　もっとも、預貯金債権の一部について特定財産承継遺言がされた場合に、遺言執行者が預貯金契約の解約をして、預貯金全額の返還を受けることができることとすると、遺言執行者[4]は、遺言の執行とは無関係な金銭についてまでこれを保管することができることになり、受益相続人以外の相続人の利益を害するおそれがあるため、本条第 3 項ただし書において、解約の申入れについては、その預貯金債権の全部が特定財産承継遺言の目的である場合に限り行うことができる旨を明らかにしている。このような本条第 3 項ただし書の趣旨に照らすと、例えば、相続財産に属する預貯金債権が 1000 万円存在し、このうち 800 万円を相続人 A に、200 万円を相続人 B にそれぞれ相続させる旨の遺言がされ、この部分の遺言の執行について遺言執行者が選任されている場合のように、預貯金債権の全部について複数の相続人に特定財産承継遺言がされている場合には、受益相続人以外の相続人に前記のような不利益が生ずるおそれはないから、「預貯金債権の全部が特定財産承継遺言の目的である場合」と解して、遺言執行者は当該預貯金契約の解約をすることができると扱ってよいものと考えられる。

　また、このような本条第 3 項ただし書の趣旨に照らすと、同項に基づき行うことができる「払戻しの請求」も、預貯金債権の一部について特定財産承継遺言がされた場合には、受益相続人に帰属すべき預貯金の額（利息等を含む。）の範囲内でのみ行うことができるものと解される[5]。

　なお、本条第 3 項において、「払戻しの請求」、「解約の申入れ」という文言を用いており、より直截に「払戻しをすることができる」、「解約

────────

　4　なお、平成 30 年改正に至る過程では、相続人であることを遺言執行者の欠格事由として定めることも検討されたが、見送られた経緯がある。

　5　『Before/After 相続法改正』61 頁〔安部将規執筆部分〕も同旨。

134　第1部　民　　法

をすることができる」という文言を用いていないのは、預貯金債権について特定財産承継遺言がされた場合であっても、預貯金契約等において、金融機関が預貯金の払戻しや預貯金契約の解約を拒むことができることとされている場合には、金融機関は、当然に遺言執行者の請求や申入れについてもこれを拒むことができる旨を明らかにする趣旨である。

5　被相続人が別段の意思を表示した場合（第4項）

　民法上、遺言において遺言執行者を指定するか否か、あるいは指定した遺言執行者にどのような任務を行わせるかについては、基本的に遺言者の意思に委ねられており、本条第2項及び第3項の規定は、遺言執行者の職務権限に関する紛争をできる限り生じさせないようにする観点から、従来の判例を明文化し、又は被相続人の通常の意思を推定するなどして、被相続人の意思が明らかでない場合の規律を定めたものにすぎず、任意規定である。

　そこで、本条第4項において、被相続人が遺言の中で同条第2項及び第3項の規定とは異なる意思を表示している場合には、その意思に従う旨を定め、その点を明らかにしている。

　なお、同項において「遺言で別段の意思を表示したとき」と規定することにより意思表示の方式を限定しているのは、遺言の場合には、その効力が生じたときには遺言者が死亡していることから、別段の意思表示の有無に関する紛争をできる限り生じさせないようにするためである。

第 1015 条（遺言執行者の行為の効果） 135

第 1015 条（遺言執行者の行為の効果） 【平成 30 年改正】

（遺言執行者の行為の効果）
第 1015 条　遺言執行者がその権限内において遺言執行者であることを示してした行為は、相続人に対して直接にその効力を生ずる。

〔参考　平成 30 年改正前民法〕
（遺言執行者の地位）
第 1015 条　遺言執行者は、相続人の代理人とみなす。

解　説

1　本条の趣旨

　本条は、遺言執行者がした法律行為の効果を定めるものであり、遺言執行者が遺言の執行をする際に遺言執行者であることを示してした法律行為は相続人に対して直接にその効力を生ずる旨を定めるものである。

2　改正の趣旨及びその内容

　平成 30 年改正前の第 1015 条では、「遺言執行者は、相続人の代理人とみなす。」と規定されていたことから、遺言の執行をすることが相続人の意思や利益に反するような場合に、この規定を根拠に相続人が遺言執行者の責任を追及しようとすることもあるなど、遺言執行者と相続人との間でトラブルが生ずることがあったとの指摘がされていた。

　もっとも、この点について、判例は、「遺言執行者の任務は、遺言者の真実の意思を実現するにあるから、民法 1015 条が、遺言執行者は相続人の代理人とみなす旨規定しているからといって、必ずしも相続人の利益のためにのみ行為すべき義務を負うものとは解されない。」と判示しており（最判昭和 30 年 5 月 10 日・民集 9 巻 6 号 657 頁）、一般的にも、同条は、遺言執行者がした行為の効果が相続人に帰属する旨を規定するにすぎないと解されていた[1]。

　そこで、平成 30 年改正では、遺言執行者と相続人との間で無用の紛争が生ずるのを防止する観点から、「相続人の代理人とみなす」という

136 　第 1 部　民　　法

文言を改め、前記の実質を正面から規定することとしたものである。

　また、本条では、「遺言執行者であることを示して」と規定しているが、これは代理行為において顕名を要求するのと同趣旨であり、遺言執行者が法律行為をする際に、その相手方に対し、遺言執行者の職務として行うものであることを示すことにより、当該行為の効果は遺言執行者ではなく、相続人に帰属するものであることを明らかにする趣旨である。

　もっとも、遺言執行者は、通常は、遺贈や特定財産承継遺言のように、遺言によって既に法的効果が生じているものの履行をすることを職務とする場合が多く、遺言執行者において新たに法律行為をする場面というのはそれほど多くはないものと考えられる。

　本条が適用される場面としては、例えば、相続財産に属しない不特定物を目的とする遺贈がされ（第 996 条ただし書）、遺言執行者が第三者からその不特定物を取得するために売買契約を締結した場合や、「相続財産を全部売却して相続債務を弁済し、残った金銭をＡとＢに 2 分の 1 ずつ与える。」などのように、いわゆる清算型の包括遺贈がされ（大判昭和 5 年 6 月 16 日・大審院民事判例集 9 巻 8 号 550 頁）、遺言執行者がこれに基づいて相続財産に属する財産について売買契約を締結した場合等が考えられる。前者の事例のように、遺言執行者が不特定物遺贈の目的物を第三者から買い受けた場合には、遺言執行者は、相続財産の中から当該売買代金の支払をすることができることになるが（第 1012 条、第 1021 条本文）、例えば、当該売買代金の支払債務が未履行の状態で、遺言執行者の死亡、解任又は辞任等の事由により遺言執行者の任務が終了した場合には、売買契約の効果自体は本条により相続人に帰属している

　1　『新版注釈民法⒇』361 頁〔泉久雄執筆部分〕では、「本条の主たる意味は、遺言執行者の行為の効果が相続人に帰属することを明らかにしたものと考えるべきことになる」としつつ、「立法論的には、遺言執行者の地位に独自の意義を認め、法の規定によって遺言の実現に必要な権限（管理処分権）を与えるとともに、法の規定によってその効果を個々の財産帰属者が受けるとするのが、もっとも素直であろう」との指摘がされていた。

第 1015 条（遺言執行者の行為の効果）　137

ので、売主は、相続人に対して売買代金の支払を求めることができることになる。

138   第1部 民　法

第1016条（遺言執行者の復任権）　　　　　　【平成30年改正】

（遺言執行者の復任権）
第1016条　遺言執行者は、自己の責任で第三者にその任務を行わせることができる。ただし、遺言者がその遺言に別段の意思を表示したときは、その意思に従う。
2　前項本文の場合において、第三者に任務を行わせることについてやむを得ない事由があるときは、遺言執行者は、相続人に対してその選任及び監督についての責任のみを負う。

解　　説

1　本条の趣旨

本条は、遺言執行者がその任務を第三者に行わせる場合の要件及びその場合に生ずる責任の内容を定めるものである。具体的には、遺言執行者は、遺言者が遺言で別段の意思を表示した場合を除き、自己の責任で第三者にその任務を行わせることができること（第1項）、自己の責任で第三者に任務を行わせることについてやむを得ない事由がある場合には、遺言執行者は、相続人に対してその選任及び監督についての責任のみを負うこと（第2項）を定めている。

2　遺言執行者の復任権（第1項）

遺言執行者は、自己の責任で第三者にその任務を行わせることができ、その権限（復任権）を行使するのに、正当事由の存在等の要件は設けられていない。

この点について、平成30年改正前は、遺言執行者は、「やむを得ない事由」がある場合でなければ、第三者にその任務を行わせることはできないとされていたが、同改正により、通常の法定代理人の場合（第105条）と同様、遺言執行者の責任で自由に第三者にその任務を行わせることができることとしたものである。

平成30年改正前に「やむを得ない事由」がある場合でなければ、第三者にその任務を行わせることはできないとされていたのは、遺言執行

者の場合には、他の法定代理人とは異なり、遺言者との信頼関係に基づいて選任される場合が多く任意代理人に近い関係があることを考慮したものであるといわれていた。

　もっとも、一般の任意代理人の場合には、本人の意思に従って事務を処理すべき必要性が高く、復代理の必要がある場合には、基本的には本人の同意を得た上で復代理人を選任すれば足りると考えられることから、「本人の許諾を得たとき、又はやむを得ない事由があるとき」に限り、復代理人の選任を認めることとし（第104条）、本人の許諾がないにもかかわらず復代理人を選任することができる場合を限定しているものと考えられる。

　これに対し、遺言執行者の場合には、家庭裁判所により選任されることもあることから、必ずしも委任者との信頼関係に基づいて選任されるとは限らず、また、遺言者が遺言執行者の指定をした場合でも、遺言執行者がその任務を行う際には、既に遺言者は死亡しており、相続人との間にも遺言者と同様の信頼関係があるとはいえないばかりか、遺言の内容によってはむしろ利害が対立することになるものと考えられる。

　そのため、遺言執行者が相続人全員から許諾を得ようとしても、これを得ることが困難な場合も多いものと考えられ、その意味では、通常の任意代理人よりも広い範囲で復任権を認める必要性があるものと考えられる。

　他方で、法定代理人は、一般に、自己の責任で復代理人を選任することができるとされているが（第105条）、これは、法定代理人の職務は広範に及ぶため単独では処理し得ない場合も多く、また、法定代理人の場合には任意代理人とは異なり本人との信頼関係に基づいて選任されたものではないため、本人の許諾を得ることが困難な場合があり得る一方で、本人の許諾が得られないからいって自由に辞任することもできないなど、復代理人の選任を自由に認める必要性が一般的に高いことを考慮したものであるといわれている。

　遺言執行者についても、遺言の内容によっては、その職務が非常に広

140 第1部 民 法

範に及ぶこともあり得る一方で、前記のとおり、遺言執行者が第三者に
その任務を行わせようとする場合に相続人全員の同意を得ることは困難
な場合も多いこと等を考慮すると、一般には、任意代理人の場合よりも
法定代理人の場合と状況が類似しているものと考えられる。

　このため、平成30年改正では、遺言執行者についても、一般の法定
代理人と同様、その責任で自由に復任権の行使を認めることとしたもの
である。

　他方で、遺言執行者を指定するか否か、指定する場合に誰を遺言執行
者にするかについては遺言者の判断に委ねていることからすれば、復任
権の行使を認めるか、また、どのような場合にこれを認めるかについて
も、基本的には遺言者の意思を尊重することで足りるものと考えられる。

　そこで、本条第1項ただし書では、遺言者がその遺言に別段の意思を
表示したときはその意思に従うこととしている。別段の意思の内容とし
ては、①遺言執行者に復任権を認めないというもの、②一定の事務に限
り、復任権を認めるというものが考えられる。

　なお、別段の意思表示をする場合に遺言によることを要求しているの
は、遺言の場合には、その効力が生じたときには遺言者が死亡している
ことから、別段の意思表示の有無に関する紛争をできる限り生じさせな
いようにする趣旨である。

3　遺言執行者が相続人に対して負う責任の範囲（第2項）

　遺言執行者は、遺言者の意思を実現することを職務とする者であるが、
その職務を行う際には、遺言者は死亡していることから、その相続人と
の間に委任契約類似の関係が生ずることとなり、その職務の執行につき
相続人に対して善管注意義務等を負うことになる（第1012条第3項）。

　前記1のとおり、平成30年改正において、遺言執行者は、自己の責
任で第三者にその職務を行わせることができることとしたところである
が、「自己の責任で」とあることから明らかなとおり、遺言執行者が第
三者にその職務を行わせることとした場合には、当該第三者がした行為

第 1016 条（遺言執行者の復任権）　141

については、原則として遺言執行者がその責任を負うことになる。

　これに対し、本条第 2 項は、遺言執行者が第三者にその職務を行わせることについてやむを得ない事由がある場合にまで、当該第三者の行為について遺言執行者に全て責任を負わせるのは酷な面があることから、その責任の範囲を限定し、相続人に対してその選任及び監督についての責任のみを負うこととしたものである。

142   第1部 民　　法

第8章　配偶者の居住の権利

第1節　配偶者居住権

第1028条（配偶者居住権）　　　　　　　　　【平成30年改正】

（配偶者居住権）
第1028条　被相続人の配偶者（以下この章において単に「配偶者」という。）は、被相続人の財産に属した建物に相続開始の時に居住していた場合において、次の各号のいずれかに該当するときは、その居住していた建物（以下この節において「居住建物」という。）の全部について無償で使用及び収益をする権利（以下この章において「配偶者居住権」という。）を取得する。ただし、被相続人が相続開始の時に居住建物を配偶者以外の者と共有していた場合にあっては、この限りでない。
　一　遺産の分割によって配偶者居住権を取得するものとされたとき。
　二　配偶者居住権が遺贈の目的とされたとき。
2　居住建物が配偶者の財産に属することとなった場合であっても、他の者がその共有持分を有するときは、配偶者居住権は、消滅しない。
3　第903条第4項の規定は、配偶者居住権の遺贈について準用する。

解　　説

1　本条の趣旨

　本条は、第1項において配偶者居住権の発生要件及びその基本的な権利の内容を定めた上で、第2項に混同の例外を定める規律を設け、さらに、第3項において配偶者居住権の遺贈がされた場合について持戻し免除の意思表示の推定規定（第903条第4項）を準用する旨を定めている。

2　配偶者居住権の意義及び制度創設の趣旨

　配偶者居住権は、配偶者[1]のみが権利の帰属主体となることができる帰属上の一身専属権であり、遺産分割、遺贈又は死因贈与により発生することとされている。配偶者居住権を取得した配偶者は、相続開始時に居住していた建物（以下、この節において「居住建物」という。）について、

第 1028 条（配偶者居住権）　143

基本的にはこれを使用する権原のみを有し（収益権原については後記4(2)参照）、売却等の処分をすることはできない。

　配偶者居住権の制度は、被相続人の死亡後にも残された配偶者がそれまでの住居に引き続き安心して居住することができるように、居住建物の所有権よりも権原の内容に制約のある権利を創設し、これにより居住建物の所有権を取得するよりも低廉な価額で居住権を確保することを可能とするものであり、配偶者死亡後の生存配偶者の居住の権利を保護し、遺産分割や遺言による財産の分配における選択肢を増やすこと等を目的として創設されたものである。

3　配偶者居住権の発生要件（第1項）

　配偶者居住権の発生要件は、①配偶者が被相続人の財産に属した建物に相続開始の時に居住していたこと、②遺産分割、遺贈又は死因贈与により配偶者に配偶者居住権を取得させることが定められたことである。

(1)　配偶者が被相続人の財産に属した建物に相続開始の時に居住していたこと

　前記2のとおり、配偶者居住権の制度趣旨は、被相続人の死亡後にも残された配偶者がそれまでの住居に引き続き安心して居住することができるように遺産分割等における選択肢を増やすことにあるが、このような制度趣旨に鑑み、被相続人の死亡時にその所有する建物に居住していたこと（以下「居住要件」という。）を一種の保護要件としている[2]。

　被相続人が配偶者の居住建物について共有持分を有していた場合も

　1　ここでいう「配偶者」は、被相続人と法律上婚姻をしていた配偶者に限られる。他方で、上記の配偶者である限り、相続放棄をしたとしても、遺贈・死因贈与により配偶者居住権を取得することが可能である（潮見佳男『詳解相続法〔第2版〕』（弘文堂、2022年）421頁）。

　2　このような要件を設けた理由としては、このほかにも、配偶者居住権は譲渡が禁止されており（第1032条第2項）、執行不能財産となるため、執行妨害等の濫用的な利用を防止するために、対象不動産を限定する必要があること等が挙げられる。

144　第1部　民　　法

「被相続人の財産に属した」という要件に該当することになるが、第1
項ただし書において、「被相続人が相続開始の時に居住建物を配偶者以
外の者と共有していた場合にあっては、この限りでない。」とされてい
ることから、被相続人が配偶者の居住建物について共有持分を有してい
た場合に配偶者居住権が発生し得るのは、当該建物の共有者が被相続人
と配偶者である場合に限られることになる。

　これは、被相続人が配偶者の居住建物について配偶者以外の者と共有
している場合についてまで、配偶者居住権の成立を認める必要性に乏し
く、かつ、これを認めると他の共有者の利益を害するおそれがあること
等を考慮したものである。すなわち、配偶者居住権は、使用借権等とは
異なり、無償でありながら排他的な使用権が認められるところにその存
在意義があるが、当該建物が共有である場合には、被相続人はその持分
に応じた使用をすることができるだけであり、少なくとも共有持分を有
する第三者との関係では排他的な使用権を有していなかったのであるか
ら、このような場合にまで配偶者居住権の成立を認めて、相続開始前の
状態よりも配偶者の保護を強化するまでの必要はないと考えられる[3]。
また、配偶者居住権の存在意義が上記の点にあるとすると、このような
場合にも配偶者居住権の成立を認めることとする場合には、第三者の持
分に応じた使用権を否定することにしないと意味がないことになるが、
遺言によって第三者の使用権を消滅させることができないことはもとよ
り、当該第三者を遺産分割の協議に参加させて、その同意の下で配偶者
居住権の成立を認めることとするのも、被相続人の財産を相続人間で分
割するという遺産分割の守備範囲を超えるものであり、第三者に対する
不当な干渉となるおそれもあって相当でないと考えられる。

　これに対し、上記のとおり、配偶者の居住建物の共有者が被相続人と

3　仮に、相続開始前に、当該第三者との間で、配偶者が無償で使用することに
　ついて合意が成立していたとしても、その第三者が持分を譲渡した場合には、
　配偶者は、その譲受人には無償での使用権を対抗することはできなかったので
　あり、相続開始前よりもその保護を強化する必要はないものと考えられる。

第 1028 条（配偶者居住権）　　145

配偶者である場合には、配偶者居住権の成立を認めることとしている（第 1 項ただし書）。この点については、第 1 項ただし書において、「被相続人が相続開始の時に居住建物を配偶者以外の者と共有していた場合にあっては、この限りでない。」と規定することによって、それ以外の場合、すなわち、相続開始前から配偶者が居住建物について共有持分を有していた場合や、配偶者が相続により居住建物の遺産共有持分を取得した場合については、混同の例外として、配偶者居住権の成立が認められることを明らかにしたものである。夫婦が居住する自宅建物については、夫婦の共有にしている事例も多く見られるため、配偶者居住権の成立を認める必要性があり、かつ、第三者との共有の場合とは異なり、この場合に配偶者に排他的な使用権を認めたとしても、これにより制約を受ける共有持分は配偶者が有するものであり、他の共有者の権利を制約するといった事態は生じないこと等を考慮したものである。

　次に、配偶者が「相続開始の時にその建物に居住していた」ことを要件としている。ここで「建物に居住していた」とは、配偶者が当該建物を生活の本拠（生活の中心となっている場所）にしていたことを意味するものである[4]。例えば、配偶者が相続開始の時に一時的に入院をしていたような場合でも、退院後にその建物で生活をすることが予定されており、生活の本拠はなお当該建物であったと認められる場合にはこの要件を満たすことになるのに対し、従前は当該建物で生活をしていたため、配偶者の家財道具や衣服等が残されている場合であっても、既に長期間老人介護施設等での生活を継続しており、生活の本拠が当該施設に移っていたものと認められる場合には、この要件を満たさないことになる。

　4　したがって、当該建物の所在地が法令用語としての「住所」に当たる場合には、この要件を満たすことになるが、「居所」にすぎないと認められる場合には、この要件を満たさないことになる。なお、一般に、どの場所が生活の本拠といえるかは客観的に判断されるべきであり、そこを本拠とする意思（定住の意思）があることは必要条件ではなく、生活の本拠であるか否かを判断する際の一資料となるにすぎないと解されている。

146　第1部 民　　法

　生活の本拠は通常1か所であることが多いと思われるが、例えば、被相続人がそれぞれ別の場所に2つの建物を所有しており、半年ごとに生活の拠点を移していたという事情が認められる場合など、本活の本拠が複数認められる場合もあり得るものと考えられる。また、生活の本拠は1か所であるとしても、例えば、母屋と離れのように主物と従物の関係にある複数の建物を共に居住の用に供していた場合については、複数の建物について配偶者居住権が成立することがあり得るものと考えられる。

　また、この要件は、前記のとおり、一種の保護要件として設けられたものであるが、配偶者が目的となる建物の一部を居住の用に供していたにすぎない場合にも配偶者の居住権を保護すべき必要性が認められることから、建物の一部を居住の用に供していれば居住要件を満たすこととしている。本条において、配偶者居住権が成立した場合にその効力が及ぶ範囲については、「建物…の全部について」と規定しているのに対し（後記4(1)参照）、居住要件については、建物の全部という限定を設けていないのはその趣旨である。

　なお、後記の配偶者短期居住権については、「無償で」居住していたことが要件とされているのに対し、配偶者居住権では無償性は要件とされていない。配偶者が被相続人から居住建物を賃借していたという事態はあまり想定し難いが、配偶者居住権は、配偶者短期居住権のように一定の事実関係があることによって当然に発生するものではなく、遺産分割や遺贈等によって発生するものであるから（後記(2)参照）、仮に配偶者が有償で居住をしていたとしても、その有償性故に配偶者居住権の発生を否定するまでの必要はないと考えられるためである。

(2)　配偶者居住権の発生原因として定められた法律行為がされたこと

　配偶者居住権は、配偶者の居住権を保護するために認められた法定の権利であるため、その発生原因となる法律行為についても法定することとし、これを遺産分割、遺贈及び死因贈与の3つに限定している。

第 1028 条（配偶者居住権）　　147

　　ア　遺産分割による場合

　遺産分割による場合としては、遺産分割の協議、調停及び審判があり得るが、協議又は調停による場合と審判による場合とで、その要件が異なる。

　遺産分割の協議又は調停による場合には、共同相続人全員が配偶者居住権の設定に合意していることから、遺産分割の審判の場合とは異なり、その成立場面を限定する必要はなく、また、必ずしも配偶者居住権の評価額を厳密に算定する必要もない。もっとも、法制審議会民法（相続関係）部会では、共同相続人間で合意を成立させる前提として、専門家による鑑定等を経ることなく比較的に簡易にその評価額を求めることができるようにする必要性が高いとの指摘がされ、このような観点から、簡易な評価方法について検討が行われたが[5]、相続税を算定する際に用いられる配偶者居住権の評価方法においても、ほぼこれと同様の考え方が採用された[6]。

　このため、遺産分割の協議等を行う場合には、この評価方法によって

────────────

5　法制審議会民法（相続関係）部会第19回会議（平成29年3月28日開催）部会資料 19 － 2「長期居住権の簡易な評価方法について」

6　相続税、贈与税に関して配偶者居住権の評価を行う場合の評価方法については、以下のとおりとされている（国税庁ホームページ https://www.nta.go.jp/taxes/shiraberu/taxanswer/hyoka/ 4666 .htm）。
　①　配偶者居住権（建物部分）の価額
　　＝（居住建物の相続税評価額）－（居住建物の相続税評価額）
　　$\times \dfrac{\text{耐用年数}-\text{経過年数}-\text{存続年数}}{\text{耐用年数}-\text{経過年数}} \times$（存続年数に応じた法定利率による複利現価率）
　②　敷地利用権の価額
　　＝（敷地の相続税評価額）－（敷地の相続税評価額）×（存続年数に応じた法定利率による複利現価率）
　③　居住建物の価額（配偶者居住権負担付のもの）
　　居住建物の相続税評価額－①の価額
　上記①と②の合計額が、配偶者が配偶者居住権の取得により得た経済的利益の総額というになる。
　具体例等についても、国税庁の上記ホームページで紹介されているので、そちらを参照されたい。

148　第1部 民　　法

算定された評価額を参考にしながら、協議を進めていくことがあり得る
ものと考えられる[7,8]。

　これに対し、遺産分割の審判により配偶者に配偶者居住権を取得させ
る場合については、その要件をさらに限定しているが、この点について
は、次条の解説参照。

　　イ　遺贈による場合

　遺言によって配偶者に配偶者居住権を取得させるためには、遺贈によ
ることを要することとし、特定財産承継遺言（第1014条第2項参照）に
より配偶者居住権を取得させることはできないこととしている。これは、
特定財産承継遺言による配偶者居住権の取得を認めることとすると、配
偶者が配偶者居住権の取得を希望しない場合にも、遺贈の放棄のように
配偶者居住権の取得のみを放棄することができないこととなる結果[9]、
相続放棄をするか、他の相続財産を取得するために配偶者居住権の取得
を受け入れるかの選択を迫られることになり、かえって配偶者の保護に
欠けることになるおそれがあること等を考慮したものである。

　もっとも、法律の専門家ではない一般の人が「配偶者に配偶者居住権

7　この点は、遺産分割における不動産等の遺産の評価額について、共同相続人
　の全員が固定資産税評価額等の税制上の評価額を用いることに合意している場
　合には、不動産鑑定士等の専門家による鑑定評価等をせずに、当該合意に基づ
　く評価額を基準として遺産分割がされることがあるのと同様である。
8　これに対し、遺産分割の審判において、配偶者居住権等の評価額を厳密に算
　定する必要がある場合には、不動産鑑定士の鑑定等に基づきこれを行うことが
　考えられる。この点に関しては、日本不動産鑑定士協会連合会では、「配偶者居
　住権等の鑑定評価に関する研究報告」（令和元年12月）を公表している
　（https://www.fudousan-kanteishi.or.jp/wp/wp-content/uploads/2020/07/
　kyojyuken_houkoku.pdf 参照）。
9　受益相続人において特定財産承継遺言による権利の承継のみを放棄すること
　ができるか否かについては学説上争いがあり、否定説、肯定説のほか、共同相
　続人全員の合意がある場合に限りこれを肯定する見解（限定的肯定説）がある
　といわれている。本文の考え方は、否定説又は限定的肯定説の見解に立つもの
　である。この点に関する裁判例としては、東京高決平成21年12月18日・判タ
　1330号203頁がある。

第 1028 条（配偶者居住権） 149

を相続させる」との遺言をしたような場合には、上記のような法的知識を有していなかったにすぎず、遺言者の意思としては遺贈の趣旨であったと解釈することができる場合がほとんどであると考えられ、特定財産承継遺言によって配偶者居住権の設定がされたことを理由として、その部分の遺言が無効とされる事態は考えにくいように思われる。

なお、以上のとおり、遺贈により配偶者居住権の設定がされた場合には、配偶者は、遺贈の放棄をすることができるが、一般に、特定遺贈の内容が可分であるときはその一部の放棄をすることも認められると解されている。このような解釈を前提とすれば、例えば、遺贈により終身の配偶者居住権が設定された場合であっても、配偶者は、存続期間が 10 年を超える部分について遺贈の放棄することにより、存続期間を 10 年間とする配偶者居住権を取得することができるものと解される。

ウ　死因贈与による場合

被相続人は、その生前に、その配偶者との間で、配偶者居住権を目的とする死因贈与契約を締結することによって、配偶者に配偶者居住権を取得させることもできる。本条第 1 項各号では、遺産分割と遺贈のみが配偶者居住権の取得原因として掲げられており、死因贈与は掲げられていないが、死因贈与についてはその性質に反しない限り遺贈に関する規定を準用するとの規定が存することから（第 554 条）、本条各号に列挙しなかったにすぎない。したがって、死因贈与については、第 554 条による本条第 1 項第 2 号の準用がその根拠規定ということになる。

死因贈与の場合には、契約による拘束力が生ずると解されることから[10]、不動産登記法第 105 条第 2 号により、配偶者居住権の設定に関する請求権を保全するために仮登記をすることが可能であると考えられる。

10　もっとも、判例は、死因贈与については、遺言の撤回に関する第 1022 条の規定が方式に関する部分を除き準用され（第 554 条）、原則として撤回が可能であるとしている（最判昭和 47 年 5 月 25 日・民集 26 巻 4 号 805 頁、最判昭和 58 年 1 月 24 日・民集 37 巻 1 号 21 頁）。

150 第1部 民 法

4 配偶者居住権の基本的な内容（第1項）

本条第1項では、配偶者居住権の基本的な内容として、配偶者は、その居住建物の全部について無償で使用及び収益をする権利を有する旨を明らかにしている[11]。

(1) 配偶者居住権の効力が及ぶ範囲

配偶者居住権が設定された場合には、配偶者居住権の効力は、居住建物の全部に及ぶことになり、居住建物の一部について配偶者居住権を設定することは認められない。これは、仮に建物の一部について配偶者居住権を設定することを認めるとすると、それ以外の部分について有効利用をすることが事実上困難となる場合が生じ得るが、そのような場合に現にその部分の使用者がいないこととなると、配偶者は建物の全部について配偶者居住権を取得したのとほぼ同様の利益を得るにもかかわらず、その評価額を低く抑えることが可能となって、遺留分侵害の潜脱等に利用されるおそれがあることや、建物の一部について登記をすることを認めることが技術的に困難であること等を考慮したものである。

他方で、このような規律にしたことにより、例えば、一棟の建物に独立して住居の用に供することが可能な居室が複数設けられているにもかかわらず、各居室が区分所有権の目的とされていない場合には、配偶者がそのうちの1つに居住していたとしても、一棟の建物全体について配偶者居住権を設定しない限り、配偶者居住権を取得することはできないこととなる。

もっとも、例えば、被相続人が遺言で配偶者が現に居住している居室に配偶者居住権を設定する旨の意思を表示したような場合には、被相続人の合理的意思としては、その居室を区分所有権の目的にするとともに、そこに配偶者居住権を設定する意思であったと解すべき場合が多いよう

11　配偶者居住権は、賃借権類似の法定の債権であり、「経済的には、遺産分割時等に対価を支払ったのと同じであり、存続期間分の賃料を前払いした賃借権に似ている」などと評価されている（『Before/After 相続法改正』79 頁〔中込一洋執筆部分〕）。

第 1028 条（配偶者居住権）　151

に思われる。したがって、そのような意思解釈が可能である場合には、配偶者は、区分所有権の目的とされた居室について配偶者居住権を取得することができるものと考えられる。もっとも、配偶者がこれを第三者に対抗するためには、被相続人の死後、当該居室の所有権を取得した者が区分所有権の登記をした上で、配偶者が配偶者居住権の登記をすることが必要となる[12]。

(2)　無償で使用及び収益をする権利

配偶者居住権を有する配偶者は、その目的とされた建物について無償で使用及び収益をする権利を有する。もっとも、配偶者は、居住建物の所有者の承諾を得なければ、第三者に居住建物の使用又は収益をさせることはできないこととしているところ（第 1032 条第 3 項）、建物の場合には、第三者に居住建物の使用又は収益をさせる以外の方法で利益を上げることは事実上困難であるから[13]、結局のところ、配偶者の意思のみで収益をすることができる場合はほとんど想定することができない。したがって、配偶者が自らの意思のみで行使することができるのは、事実上、居住建物を無償で使用することができる権利に限られることになる。

また、配偶者は、配偶者居住権に基づき建物の使用等をする場合には、

12　一棟の建物の一部について区分所有権が成立するためには、当該部分が構造上区分されており、独立して住居、店舗等建物としての用途に供することができるものであることに加えて、所有者が当該部分を区分して所有する意思を有していることが必要であり、更にこれを第三者に対抗するためにはその旨の登記が必要である（稲本洋之助・鎌野邦樹『コンメンタールマンション区分所有法〔第 3 版〕』（日本評論社、2015 年）14 頁）。

13　土地の場合には、第三者に使用又は収益をさせる以外の方法でも、例えば、自らその土地において農業を営み、そこで収穫された農作物を売却するなどして利益を上げることが可能であるが、建物の場合には、例えば、その建物において飲食店を経営して利益を上げる場合でも、一般に、その代金は飲食物及びサービス提供の対価であって、建物使用の対価とは認められないものと考えられるため、建物自体の収益には当たらないことになる（もっとも、その代金の一部に建物使用の対価が含まれていると認められるような場合には、収益に当たり得るものと考えられる。）。

152　第1部　民　法

それに必要な限度でその敷地を利用することができる。したがって、居住建物とその敷地の所有者が異なる場合でも、居住建物の所有者が第三者に対抗することができる敷地利用権を有するときには、配偶者居住権を有する配偶者は、その後に敷地の所有権を取得した第三者に対しても、その敷地利用権を援用することができることになる。これに対し、居住建物の所有者が第三者に対抗することができる敷地利用権を有していない場合には、第三者からの土地明渡請求を拒むことができない場合が生じ得ることになる。このため、法制審議会民法（相続関係）部会では、居住建物の敷地利用権についても独自に第三者対抗力を付与する方策が検討されたが、建物賃借権（借家権）についてもそこまでの権利は認められていないことから、配偶者居住権にそのような権利を認める必要性があるか疑問があるなどとして、上記方策の採用は見送られた[14]。

5　混同の例外を定める規律（第2項）

　本条第2項は、配偶者居住権を有する配偶者が居住建物の所有権を取得することとなった場合であっても、その所有権が共有持分である場合には、配偶者居住権は消滅しないことを定めるものである。

　前記3(2)のとおり、配偶者居住権は、配偶者が居住建物の使用等をすることができる権利であり、かつ、これについて登記を具備すれば排他性も取得することとなるため、物権的効力を取得することとなる。他方、所有権は、目的物の使用、収益及び処分をすることができる権利であるから（第206条）、配偶者居住権は、居住建物の所有権者が有する権利を一部制限したものということができる。このため、配偶者居住権を有

14　配偶者居住権を有する配偶者が敷地の所有者に対して、敷地利用権を対抗することができない場合としては、例えば、居住建物及びその敷地を所有する者が居住建物のための敷地利用権を設定することなく、その敷地を第三者に売却した事案等が想定されるが、そのような事案において、敷地の譲受人が配偶者に対して建物退去土地明渡請求をした場合には、権利濫用に当たるとされることもあり得ると考えられる。

する配偶者が居住建物の所有権を取得し、これについて登記を具備した場合には、原則として配偶者居住権を存続させる意義がなくなり、混同により消滅するものと考えられる。

　もっとも、配偶者が居住建物の共有持分を取得したにとどまる場合には、配偶者は、当該共有持分に基づき排他的に居住建物を使用することはできない。すなわち、この場合には、配偶者は、その持分に応じて居住建物を使用することができるだけであり、これを排他的に使用した場合には不当利得が存することになるから、他の共有持分者に対してこれを返還する義務を負うこととなる。

　このように、配偶者が居住建物の共有持分を取得したにとどまる場合には、なお配偶者居住権を存続させる意義が認められるから、第2項に混同の例外規定を設け、配偶者居住権は消滅しない旨を明らかにしたものである[15]。

6　持戻し免除の意思表示の推定規定（第903条第4項）の準用（第3項）

　本条第3項では、配偶者居住権の遺贈がされた場合について、第903条第4項の持戻し免除の推定規定を準用する旨を定めている。これは、婚姻期間が20年以上になっている夫婦の一方が他方に対して配偶者居住権の遺贈をした場合についても、同項の趣旨がそのまま当てはまることを考慮したものである。

　これにより、被相続人がその配偶者に対して配偶者居住権の遺贈をした場合において、その時点でその夫婦の婚姻期間が20年以上になっていたときは、被相続人による反対の意思表示がない限り、配偶者居住権の遺贈は、第903条第1項の特別受益とは扱われないことになる。

　15　類似の規定としては、借地借家法第15条第2項がある。

154　第1部 民　　法

第 1029 条（審判による配偶者居住権の取得）　　【平成 30 年改正】

（審判による配偶者居住権の取得）
第 1029 条　遺産の分割の請求を受けた家庭裁判所は、次に掲げる場合に限り、配偶者が配偶者居住権を取得する旨を定めることができる。
　　一　共同相続人間に配偶者が配偶者居住権を取得することについて合意が成立しているとき。
　　二　配偶者が家庭裁判所に対して配偶者居住権の取得を希望する旨を申し出た場合において、居住建物の所有者の受ける不利益の程度を考慮してもなお配偶者の生活を維持するために特に必要があると認めるとき（前号に掲げる場合を除く。）。

解　　説

1　本条の趣旨

　本条は、遺産分割の審判によって配偶者に配偶者居住権を取得させることができる場合の要件を定めるものである。配偶者居住権の発生原因となる法律行為については、遺産分割、遺贈及び死因贈与の 3 つに限定されており、遺産分割には遺産分割の審判も含まれるが、共同相続人（とりわけ居住建物の所有者となる相続人）の中に配偶者居住権を設定することについて反対している者がいる場合には、仮に配偶者が配偶者居住権を取得しても、配偶者と居住建物の所有者等との間で、居住建物の使用方法や消滅請求の可否等をめぐって紛争が継続するおそれがある。

　そこで、本条は、遺産分割の審判により配偶者居住権を取得させることができる場合を本条各号に掲げる場合に限定したものである。

2　遺産分割の審判により配偶者居住権を取得させることができる場合

　本条では、家庭裁判所が遺産分割の審判において配偶者居住権を設定することができる場合を、①共同相続人間に配偶者が配偶者居住権を取得することについて合意が成立しているとき（本条第 1 号）、②配偶者が配偶者居住権の取得を希望している場合において、居住建物の所有者の

受ける不利益の程度を考慮してもなお配偶者の生活を維持するために特に必要があると認めるとき（本条第2号）に限定している[1]。

⑴　共同相続人間に配偶者が配偶者居住権を取得することについて合意が成立しているとき（本条第1号）

前記1のとおり、本条は、共同相続人間の紛争が遺産分割終了後も継続することを避けるために設けられたものであるが、本条第1号に掲げる場合には、共同相続人間で配偶者居住権を設定することには異論がなく、遺産分割について争いがあるのはそれ以外の部分であるから、配偶者居住権を設定するための要件を加重する必要はない。このため、本条第1号については、遺産分割の協議や調停が成立している場合と同様、配偶者居住権の設定について要件を加重することとはしていない。

⑵　配偶者が配偶者居住権の取得を希望している場合において、居住建物の所有者の受ける不利益の程度を考慮してもなお配偶者の生活を維持するために特に必要があると認めるとき（本条第2号）

前記1のとおり、本条第2号に該当する場合については、遺産分割に関する紛争が解決した後にも共同相続人間で紛争が継続するおそれがあることから、特に配偶者に配偶者居住権を取得させる必要性が高いと認められる場合に限り、配偶者居住権を取得させる旨の審判をすることができることとしている。そして、この必要性については、配偶者に配偶者居住権を取得させる必要性の程度と配偶者居住権を設定することにより居住建物の所有者が受ける不利益の程度との相関関係において判断されるべきものと考えられる[2]。

1　片岡武ほか編著『家庭裁判所における遺産分割・遺留分の実務〔第4版〕』（日本加除出版、2021年）380頁では、「家庭裁判所は、他の相続人に対し、配偶者居住権の負担付所有権（土地・建物）の取得を希望する者がいるかを確認し、仮に取得希望者がいない場合でも、現物分割の原則に従い、取得させるのが相当な当事者がいないかを検討し、そのような当事者がいない場合には、配偶者居住権の負担付きの不動産として任意売却するか競売に付すことになる。見通しとして、任意売却・競売によっても売却・競売できる可能性が低い場合には、共有分割による合意を目指すことにならざるを得ない。」とされている。

156　第1部　民　法

　このうち、遺産分割の審判において居住建物の所有権を取得させることとなる共同相続人が配偶者居住権の設定に反対している場合については、正に遺産分割後にも両者の間の紛争が遺産分割後にも持ち越されるおそれが高いのであるから、家庭裁判所は、配偶者と当該共同相続人との利益衡量を厳密に行った上で上記要件の該当性について判断をする必要があることになる。

　これに対し、遺産分割の審判において居住建物の所有権を取得させることとなる共同相続人が配偶者居住権の設定に同意している場合には、居住建物の所有者が自らその受ける不利益を甘受しているといい得るから、配偶者に配偶者居住権を取得させる必要性の程度は、居住建物の所有者が配偶者居住権の設定に反対している場合と比較すると相当程度低いもので足りると考えられる。

2　『新基本法コンメンタール相続法〔第2版〕』292頁〔西希代子執筆部分〕では、配偶者の年齢や健康状態等から、配偶者が転居して生活することに著しい困難が伴うような事情の有無、配偶者の年齢等から予想される配偶者居住権の存続期間等が考慮要素になるといわれているとされる。

第 1030 条（配偶者居住権の存続期間）　157

第 1030 条（配偶者居住権の存続期間）　【平成 30 年改正】

> （配偶者居住権の存続期間）
> 第 1030 条　配偶者居住権の存続期間は、配偶者の終身の間とする。ただ
> し、遺産の分割の協議若しくは遺言に別段の定めがあるとき、又は家庭
> 裁判所が遺産の分割の審判において別段の定めをしたときは、その定め
> るところによる。

解　説

1　本条の趣旨

　本条は、配偶者居住権の存続期間について定めるものであり、原則的
な存続期間を配偶者の終身の間とした上で、遺産分割の協議、審判や遺
言において別段の定めをすることができる旨を明らかにするものである。

2　原則的な存続期間（本条本文）

　配偶者居住権は配偶者に無償で居住建物の排他的使用を認める権利で
あり、居住建物の所有者は、その存続期間中自らこれを使用することが
できず、かつ、居住建物から賃料等の収益を上げることもできないこと
になるから、その存続期間を明確にする必要性が高い。

　他方で、配偶者居住権は遺言によっても設定することが可能であるが、
遺言において存続期間の定めがない場合に権利の内容が確定しないとし
てその部分を無効として取り扱うというのも、遺言者の意思の実現とい
う遺言の趣旨に照らし相当でないと考えられる。また、遺産分割により
配偶者居住権が設定される場合についても、調停や審判による場合に存
続期間が明らかにされないという事態は通常想定し難いように思われる
が、共同相続人間の協議による場合にはそのような事態が生じ得るもの
と考えられる。

　そこで、本条では、配偶者居住権の存続期間について明示的な定めが
ないことにより配偶者居住権の設定が無効になるといった事態が生じな
いようにするため、配偶者居住権における原則的な存続期間を定めるこ

158 第1部 民 法

ととしている。

そして、原則的な存続期間については、遺言等において配偶者居住権を設定しながら存続期間を明らかにしない場合には、配偶者が終身居住建物で生活をすることができるようにする趣旨である場合が多いと考えられることや、配偶者居住権が配偶者保護のための制度であること等を考慮して、配偶者の終身の間とすることにしたものである。

3 存続期間に関する別段の定め（本条ただし書）

前記2のとおり、配偶者居住権の原則的な存続期間は配偶者の終身の間であるが、本条ただし書において、別途遺言や共同相続人間の協議等によりそれ以外の存続期間を定めることができる[1]旨を明らかにしている。

この点について、遺言書や遺産分割協議書の記載内容から存続期間の定めが明らかである場合には特段の問題は生じないものと考えられるが、明示的な記載等がない場合には、黙示的に別段の定めを認めることができるか否かが問題となる。

まず、遺言書に存続期間に関する記載がない場合については、ここでも、遺言の解釈に関する一般的な考え方に沿って解釈をすべきものと考えられる。この点について、判例は、「遺言の解釈にあたっては、遺言書の文言を形式的に判断するだけではなく、遺言者の真意を探究すべきものであり、遺言書が多数の条項からなる場合にそのうちの特定の条項を解釈するにあたっても、単に遺言書の中から当該条項のみを他から切り離して抽出しその文言を形式的に解釈するだけでは十分ではなく、遺言書の全記載との関連、遺言書作成当時の事情及び遺言者の置かれていた状況などを考慮して遺言者の真意を探究し当該条項の趣旨を確定すべ

---

1 ただし、「当分の間」や「別途改めて協議する」など、一義的でない存続期間を定めることはできない（『新基本法コンメンタール相続法〔第2版〕』292頁〔西希代子執筆部分〕）。

きである」と判示している（最判昭和58年3月18日・集民138号277頁）。

　この判例の考え方に従えば、遺言書に存続期間に関する記載がないだけで直ちに本条ただし書の適用が否定され、本条本文が適用されることにはならないものと考えられるが、他方で、配偶者居住権の存続期間について、遺言書の他の記載内容やそれ以外の事情等を考慮して遺言者の黙示的意思を推認するのは困難であると考えられる。したがって、遺言書に存続期間に関する明示的な記載がないにもかかわらず、存続期間の定めがあるとされるのは極めて例外的な場合に限られると考えられる。

　これに対し、遺産分割の協議の場合には、分割協議書等に配偶者居住権の存続期間について明示的に記載がないときでも、例えば、配偶者居住権について一定の存続期間を前提として財産評価がされているなどの事情があり、共同相続人間に存続期間に関する黙示的な合意が存在すると認められることはあり得るものと考えられる。もっとも、上記のような事情が認められる場合でも、共同相続人の全員がそのような認識の下で合意したものと認められない限り、別段の定めがあるとはいえないことになり、その点が曖昧である場合には、上記合意の存否をめぐって紛争が生ずるおそれがある。したがって、遺産分割後に配偶者居住権の存続期間に関する紛争が生じないようにするためには、その存続期間が配偶者の終身の間である場合を含め、これを明示しておくことが望ましいものと考えられる。

　もっとも、配偶者居住権の存続期間について別段の定めがされた場合でも、その延長や更新をすることはできないこととしている（配偶者居住権については、第619条や借地借家法第26条のような更新の規定は設けていない。）。配偶者居住権は、無償で居住建物の使用等をすることができる権利であり、配偶者は、遺産分割においては自己の具体的相続分によりこれを取得することになるが、存続期間の延長を認めるとその財産評価が困難となること、配偶者居住権は配偶者死亡後の他方配偶者の居住の権利を保護するために特別に認められた法定の権利であり、差押えの対象にもならないこと（第1032条第2項の解説参照）等を考慮して、存

160   第1部 民   法

続期間の満了により配偶者居住権は当然に消滅することとしたものである[2]。

　なお、配偶者が遺贈により配偶者居住権を取得する場合に、その一部を放棄することにより、本条本文又は被相続人の別段の定めにより定められた存続期間よりも短い期間の配偶者居住権の取得が認められるか否かについては、第1028条の解説3(2)イ参照。

2　他方で、配偶者居住権の存続期間が満了したとしても、配偶者と居住建物の所有者の合意により、賃貸借契約や使用貸借契約を締結することは、当然に可能である。

第 1031 条（配偶者居住権の登記等）　　161

第 1031 条（配偶者居住権の登記等）　　【平成 30 年改正】

（配偶者居住権の登記等）

第 1031 条　居住建物の所有者は、配偶者（配偶者居住権を取得した配偶者に限る。以下この節において同じ。）に対し、配偶者居住権の設定の登記を備えさせる義務を負う。

2　第 605 条の規定は配偶者居住権について、第 605 条の 4 の規定は配偶者居住権の設定の登記を備えた場合について準用する。

解　　説

1　本条の趣旨

本条は、居住建物の所有者に配偶者居住権の設定登記を備えさせる義務を負わせることとした上で（第 1 項）、配偶者が配偶者居住権の登記を備えた場合には、配偶者居住権を第三者に対抗することができることとし（第 2 項において準用する第 605 条）、居住建物の占有が第三者によって妨げられているときには、当該第三者に対し、配偶者居住権に基づき、妨害の停止や居住建物の返還を求めることができる旨を定めている（第 2 項において準用する第 605 条の 4）。

2　登記を備えさせる義務（第 1 項）

配偶者居住権は、配偶者が無償で居住建物の使用等をすることができる権利でありながら、これを登記すれば第三者対抗力を取得する点で、使用借権とも賃借権とも異なる独自の性質を有しており、そこに存在意義が存する。しかしながら、居住建物の所有者に登記具備義務を課さなければ、居住建物の所有者の協力が得られない場合に第三者対抗力を得る手段が存しないことになり、上記のような特徴を活かすことができなくなるため、配偶者居住権という新たな権利を設けた意義が相当程度没却されることになる。

そこで、本条第 1 項では、配偶者居住権が設定された場合には、居住建物の所有者に、配偶者に対して配偶者居住権の登記を備えさせる義務を負わせることとしたものである。配偶者居住権の設定登記は、配偶者

162　第1部　民　法

と居住建物の所有者が共同で申請する必要があるが、これにより、配偶者は、居住建物の所有者が配偶者居住権の設定登記に協力をしない場合でも、同人に対して登記請求訴訟を提起し、その債務名義を得ることにより、配偶者居住権の登記を具備することができることになる（不動産登記法第63条第1項）。

　もっとも、配偶者居住権が設定された後、その登記がされないうちに、居住建物の所有権が移転した場合には、配偶者は、居住建物の譲受人に対しては、原則として配偶者居住権の登記請求をすることはできない。配偶者居住権は、登記をしなければ第三者に対抗することができないが（本条第2項、第605条）、居住建物の譲受人は原則として「第三者」に該当するため、配偶者は、当該譲受人に対しては、登記請求権の前提となる配偶者居住権の存在を主張することができないこととなるからである。

　これに対し、居住建物の譲受人がいわゆる背信的悪意者に該当する場合には、配偶者は、当該譲受人に対し、登記なくして配偶者居住権を主張することができるため、配偶者居住権に基づき登記請求をすることができることになる。

3　配偶者居住権の対抗力等（第2項）

(1)　配偶者居住権の対抗力

　配偶者居住権について登記がされた場合には、不動産賃貸借の対抗力について定めた第605条の規定が準用され、配偶者は、居住建物について物権を取得した者その他の第三者に配偶者居住権を対抗することができる[1]。この「第三者」には、居住建物について所有権や抵当権等の物

　1　配偶者居住権については、建物の賃貸借とは異なり、居住建物の引渡しによる対抗要件の具備は認められていない。これは、配偶者居住権については第三者に権利の内容を適切に公示するべき必要性が高いが、居住建物の引渡しを対抗要件とすると、建物の外観上の変化はなく、公示手段として極めて不十分なものとなることを考慮したものである。

権を取得した者のほか、居住建物の賃借人や使用貸借の借主等も含まれるものと解される。

また、配偶者居住権は、居住建物の所有者の承諾を得なければ、第三者に居住建物の使用又は収益をさせることはできないこととされているが（第1032条第3項）、この承諾を得ていることも登記事項とされている（不動産登記法第81条の2第2号）。

したがって、配偶者が居住建物の所有者から上記承諾を得ていた場合でもその旨の登記がされていなければ、配偶者や配偶者から居住建物の使用権原等を付与された者は、居住建物の譲受人に対し、上記承諾の事実を主張することができない。

例えば、被相続人Aから遺贈により配偶者居住権を取得したBが、居住建物の所有権を相続したCの承諾を得て、居住建物を第三者Dに賃貸をしていた場合でも、配偶者居住権の登記はされていたが上記承諾についての登記がされていなかったときは、B及びDは、その後にCから居住建物の所有権を譲り受けたEに対しては、上記承諾の事実を主張することができず、Dは、Eからの建物明渡請求を拒むことができないことになる。

(2) 配偶者居住権に基づく居住建物の返還請求等

配偶者居住権は、その旨の登記をすれば第三者対抗力を取得し、排他的に居住建物を使用することができる。このように、対抗要件を具備した配偶者居住権は物権的な効力を有することになるため、配偶者の使用を妨害する者がいる場合には、これを排除することができることになり、この点を明らかにするため、本条では、対抗要件を具備した配偶者居住権について第605条の4の規定を準用することとしている。

第605条の4では、第1号で妨害停止請求権を、第2号で返還請求権を認めている。第1号と第2号の切り分けは、通常の物権的請求権と同様であると考えられ、第三者が居住建物を占有することによって配偶者の使用等を妨害している場合には返還請求権が認められ（第2号）、それ以外の方法で配偶者の使用等を妨害している場合に妨害停止請求権

164 第1部 民 法

（妨害排除請求権）を認めるものであり（第1号）、妨害予防請求権については認められていない（賃借権についてこれを認めた判例もなく、債権法改正で設けられた第605条の4においても、妨害予防請求権の規定は設けられていない。）。

第 1032 条（配偶者による使用及び収益）　　165

第 1032 条（配偶者による使用及び収益）　　【平成 30 年改正】

（配偶者による使用及び収益）
第 1032 条　配偶者は、従前の用法に従い、善良な管理者の注意をもって、
　　居住建物の使用及び収益をしなければならない。ただし、従前居住の用
　　に供していなかった部分について、これを居住の用に供することを妨げ
　　ない。
2　　配偶者居住権は、譲渡することができない。
3　　配偶者は、居住建物の所有者の承諾を得なければ、居住建物の改築若
　　しくは増築をし、又は第三者に居住建物の使用若しくは収益をさせるこ
　　とができない。
4　　配偶者が第 1 項又は前項の規定に違反した場合において、居住建物の
　　所有者が相当の期間を定めてその是正の催告をし、その期間内に是正が
　　されないときは、居住建物の所有者は、当該配偶者に対する意思表示に
　　よって配偶者居住権を消滅させることができる。

解　　説

1　本条の趣旨

　本条は、配偶者居住権を有する配偶者が居住建物の使用及び収益をす
る際に遵守すべき事項や配偶者居住権の譲渡禁止の効力等を定めるとと
もに、配偶者がこれらの事項に違反した場合に、居住建物の所有者は配
偶者居住権の消滅請求をすることができる旨を定めている。

2　配偶者の用法遵守義務及び善管注意義務（第 1 項）

　配偶者居住権を取得した配偶者は、従前の用法に従い、善良な管理者
の注意をもって居住建物の使用及び収益をすべき義務を負う。ここで
「従前の用法」とは、相続開始前に配偶者が現に行っていた使用及び収
益の方法をいう。配偶者居住権は、配偶者が相続開始の時点で被相続人
所有の建物（居住建物）に居住していた場合にのみ成立させることがで
きるが（第 1028 条第 1 項）、本条第 1 項は、配偶者居住権を取得した配
偶者に対し、相続開始前に被相続人から認められていた用法で居住建物
の使用及び収益をすべき義務を負わせるものであり、その際に必要な注

意義務の程度として善良な管理者の注意義務（善管注意義務）を要求するものである。

　もっとも、配偶者の居住の権利を保護するという制度趣旨等に照らし、従前居住の用に供していなかった部分について、これを居住の用に供することは妨げないこととしている（本条第1項ただし書）。配偶者のみの意思により従前の用法とは異なる使用等をすることが認められるのはこの場合だけであるが、居住建物の所有者の同意を得れば、従前の用法とは異なる使用等も認められるものと考えられる（なお、居住建物の所有者の同意を得て、第三者に居住建物の使用等をさせることができることについては本条第3項に明文の規定がある。）。

　「従前居住の用に供していなかった部分…を居住の用に供する」場合としては、配偶者が相続開始前は居住の用以外の方法でその部分の使用等をしていたが、配偶者居住権を取得した後にこれを居住の用に供する場合と、配偶者は相続開始前にはその部分の使用等をしていなかったが、配偶者居住権が居住建物の全部に効力が及ぶことから、その部分についても使用等の権原を取得し、これを居住の用に供する場合とがあることになる。

3　配偶者居住権の譲渡禁止（第2項）

　配偶者居住権は、他人に譲渡することはできない。配偶者居住権は、配偶者の居住の権利を保護するために設けられたものであり、その譲渡を認めることは制度趣旨と整合しないからである。このように、配偶者居住権は、その譲渡性が否定されており、配偶者の死亡によって当然に終了することとしていることから（第1036条、第597条第3項）、帰属上の一身専属権といえる。

　そして、配偶者居住権が帰属上の一身専属権としてその譲渡性が否定されていることからすれば、相続債権者や配偶者の債権者が配偶者居住権を差し押さえることはできないものと考えられる。一般に、法令上差押えが禁止されていない財産権であっても、譲渡可能性がないものにつ

第1032条（配偶者による使用及び収益）　167

いては、これを換価して配当等に充てることができないことから、これ
を差し押えることはできないと解されているためである。

　したがって、相続債権者としては、配偶者居住権の登記がされる前に、
居住建物に対する差押えをしない限り、配偶者居住権の設定により、差
押えの対象となる相続財産の総額が減少することになる。

　このため、遺贈や遺産分割協議等による配偶者居住権の設定行為が詐
害行為となる場合もあり得るものと考えられる。その場合には、相続債
権者は、詐害行為取消権に基づき配偶者居住権の設定行為を取り消した
上で、居住建物の差押えをすることになるものと考えられる。

4　増改築及び第三者の使用収益の禁止等（第3項）

　配偶者は、居住建物の所有者の承諾がなければ、居住建物の増改築を
し、又は第三者に居住建物の使用収益をさせることができない。

　この点は、基本的には、使用貸借契約又は賃貸借契約と同様の規律で
あるが、建物を目的とする使用貸借契約や賃貸借契約が締結された場合
に、借主が建物の増改築をすることができない点については明文の規定
はないのに対し、本条第3項では、その点についても明文の規定を置い
ている。

　建物の使用貸借又は賃貸借においても、借主が貸主に無断で建物を増
改築することは基本的には禁止されているが（用法遵守義務違反又は善管
注意義務違反を問われることになる）、配偶者居住権については、本条第
1項において、配偶者が相続開始前に居住の用に供していなかった部分
についても、配偶者居住権取得後にこれを居住の用に供することが認め
られているところ、この規定により、当該居住の用に供していなかった
部分を増改築をすることによって居住の用に供することが許容されると
いう誤った解釈を生まないように、本条第3項は、居住建物の無断増改
築が禁止されることを確認的に規定したものである。

　また、建物所有者の承諾を得なければ第三者に居住建物の使用又は収
益をさせることができないとする点は、使用貸借契約に関する第594条

168　第1部 民　　法

第2項と同趣旨である。ここで、第三者に居住建物の使用又は収益をさせたといえるためには、配偶者の意思に基づき第三者が現実に居住建物の使用又は収益を開始したことが必要である。また、第三者が居住建物の使用又は収益を開始した場合でも、当該第三者が配偶者の占有補助者に当たる場合には本条第3項の「使用又は収益」をさせたことにはならないと解すべきである。したがって、配偶者の親族等が相続開始後に居住建物の使用を開始したとしても、配偶者と生活を共にしているような場合については、本条第3項に違反したことにはならないものと考えられる。

5　居住建物の所有者による配偶者居住権消滅請求（第4項）

　本条第4項は、配偶者が本条第1項又は第3項の規定に違反した場合に、居住建物の所有者が是正の催告をしてその機会を与えたにもかかわらず、相当の期間内にこれが是正されない場合には、居住建物の所有者がその意思表示によって配偶者居住権を消滅させることができる旨を定めるものである。「意思表示によって…消滅させることができる」としていることから明らかなとおり、この消滅請求権は実体法上の形成権であり、消滅事由がある場合に消滅の意思表示をすれば、それだけで消滅の効果が生じる。

　なお、上述のとおり、本条第4項では、配偶者が本条第1項又は第3項の規定に違反した場合にも、無条件に配偶者居住権の消滅請求を認めることとはせずに、居住建物の所有者が相当の期間を定めて是正の催告をしたが、その期間内に是正がされなかったことを要件としている。この点では、使用貸借契約における第594条第2項違反による契約解除（同条第3項）や賃貸借契約における第612条第1項違反による契約解除（同条第2項）よりも要件を厳格化している。

　これは、例えば、配偶者が自己の具体的相続分で配偶者居住権を取得した場合には、将来の使用及び収益に係る部分を含め、その存続期間中の対価を既に出捐していることになるため、配偶者居住権の消滅によっ

第 1032 条（配偶者による使用及び収益）　　169

て受ける財産的な損失は、通常、使用貸借契約や賃貸借契約における借主よりも大きいものと考えられ、無催告での権利消滅を認めると配偶者に酷な場合があること、他方で、居住建物の所有者にとっても、通常は、相当期間内に是正がされればそれほど大きな損害は生じないと考えられること等を考慮したものである。

　もっとも、本条第 1 項又は第 3 項の規定に違反する程度が甚だしく、相当期間内に是正がされたとしても、配偶者居住権の存続を認めることが相当でないと認められるような特段の事情がある場合には、解釈上無催告での消滅請求が認められることがあり得るものと考えられる。

170　第1部　民　法

第1033条（居住建物の修繕等）　　　　　　　【平成30年改正】

（居住建物の修繕等）
第1033条　配偶者は、居住建物の使用及び収益に必要な修繕をすることができる。
2　居住建物の修繕が必要である場合において、配偶者が相当の期間内に必要な修繕をしないときは、居住建物の所有者は、その修繕をすることができる。
3　居住建物が修繕を要するとき（第1項の規定により配偶者が自らその修繕をするときを除く。）、又は居住建物について権利を主張する者があるときは、配偶者は、居住建物の所有者に対し、遅滞なくその旨を通知しなければならない。ただし、居住建物の所有者が既にこれを知っているときは、この限りでない。

解　　説

1　本条の趣旨

　本条は、居住建物が修繕を要する状態になった場合における修繕権の所在等に関する規律を定めている。修繕権については、まず第一次的には配偶者にこれを認め（第1項）、次いで配偶者が相当の期間内に修繕をしない場合に居住建物の所有者にこれを認めている（第2項）。本条では、このほか、居住建物が修繕を要する状態になった場合や居住建物に権利主張をする者がある場合に、配偶者に対し、居住建物の所有者への通知義務を課すこととしている（第3項）。

2　配偶者の修繕権（第1項）

　本条第1項は、配偶者が居住建物の使用等をする上で修繕を要する状態になった場合には、第一次的には、配偶者において必要な修繕をすることができる旨を定めるものである。配偶者居住権については、賃貸借契約の場合とは異なり、居住建物の所有者に、配偶者が居住建物の使用等をするのに適した状態にすべき義務（修繕義務等）は課しておらず、配偶者が居住建物の使用等をすることを受忍すれば足りることとしてい

るため、居住建物が修繕を要する状態になった場合に配偶者に修繕権を認めないと、配偶者は、居住建物を居住の用に供するという配偶者居住権の目的を達することが困難になる。このため、第一次的には、居住建物の使用権等を有する配偶者に修繕権を認めることとしたものである。

なお、居住建物の所有者は居住建物の修繕義務を負っていないため、配偶者が本条第1項に基づき居住建物の修繕をしたとしても、通常の必要費に含まれるものである限り、その費用は配偶者の負担となり（第1034条第1項）、居住建物の所有者に求償することはできない。

3　居住建物の所有者の修繕権（第2項）

居住建物が修繕を要する状態になった場合には、居住建物の所有者は、配偶者が本条第1項に基づく修繕権を相当の期間内に行使しないときに限り、居住建物の修繕をすることができる。居住建物の所有者は、配偶者居住権の存続期間中は居住建物の使用をすることはできないが、居住建物が修繕を要する状態になっているにもかかわらず、修繕をせずにこれを放置すると、居住建物の価値を毀損又は低減させるおそれがあるため、配偶者が相当の期間内に修繕しないことを条件として、居住建物の所有者にも修繕権を認めることとしたものである。

なお、配偶者に居住建物の修繕義務はないが、居住建物の通常の必要費は配偶者の負担とされているので（第1034条第1項）、居住建物の所有者が居住建物の修繕をした場合にも、それが通常の必要費に含まれるものであれば、居住建物の所有者は、配偶者に対し、その費用の償還を求めることができる。

4　配偶者の通知義務（第3項）

配偶者居住権の存続期間中、居住建物の所有者は、居住建物の使用をすることができないため、居住建物が修繕を要する状態にあるのにこれが放置され、又は、居住建物について権利主張をする者がいるのに、これを認識することができずに適切な対処をとることができないおそれが

ある。

　そこで、本条第3項では、居住建物が修繕を要する状態にあるのに配偶者が本条第1項に基づく修繕権を行使しない場合や、居住建物について権利主張をする者がいる場合には、居住建物の所有者が自ら本条第2項に基づく修繕権を行使する機会や、居住建物について権利主張をする者に対して適切に法的な対応等をとる機会を保障するために、居住建物の所有者がこれらの事実を既に認識している場合を除き、配偶者に居住建物の所有者に対する通知義務を課すこととしたものである。

　賃貸借契約における賃借人の義務（第615条）と同様の義務を課すものである。

第 1034 条（居住建物の費用の負担）　173

第 1034 条（居住建物の費用の負担）　【平成 30 年改正】

（居住建物の費用の負担）
第 1034 条　配偶者は、居住建物の通常の必要費を負担する。
2　第 583 条第 2 項の規定は、前項の通常の必要費以外の費用について準用する。

解　　説

1　本条の趣旨

本条は、居住建物の費用負担に関する規律を定めており、居住建物の通常の必要費は配偶者の負担とし（本条第 1 項）、それ以外の費用については、居住建物の所有者が第 196 条の規定（占有者による費用の償還請求）に従って償還をすべき旨を定めているほか、有益費については、裁判所は、居住建物の所有者の請求により、その償還について相当の期限を許与することができる旨を定めている（本条第 2 項）。

本条の規律は、使用貸借契約における費用負担に関する規律（第 595条）と同様である。

2　通常の必要費の負担（第 1 項）

本条第 1 項では、通常の必要費、すなわち、居住建物の使用及び収益をする上で通常必要となる費用は、配偶者の負担としている。これは、居住建物の通常の必要費についても居住建物の所有者の負担とすると、その分配偶者居住権の評価額が上がることとなって、配偶者居住権のメリット（居住建物の所有権を取得するよりも低額で居住の権利を確保することが可能であること）が減殺されることになること等を考慮したものである。

例えば、居住建物の経年劣化等に伴って必要となる現状保存的な修繕費等は通常の必要費に当たるため、配偶者がこれを支出したとしても、居住建物の所有者に償還請求をすることはできないことになる。これに対し、台風や水害等の自然災害によって建物が破損した場合の修繕費用

174　第1部　民　　法

等は非常の必要費（特別の必要費）に当たり、本条第1項ではなく、第2項が適用されることになるものと考えられる。

　また、居住建物の敷地や建物自体に課される固定資産税等の公租公課も、配偶者が居住建物を使用する上で通常必要となる費用というべきであり、通常の必要費に当たるものと考えられる。

　したがって、居住建物やその敷地の所有者が納税義務者としてこれらの費用を支出したとしても、配偶者に対し、償還を求めることができることになる。

3　通常の必要費以外の費用の負担（第2項）

　通常の必要費以外の費用、すなわち、非常の必要費（特別の必要費）及び有益費については、第583条第2項の規定が準用され、居住建物の所有者は、占有者による費用の償還請求について定める第196条の規定に従って償還義務を負うことになる。

　まず、非常の必要費、すなわち、自然災害によって建物が破損した場合の修繕費用等については、第196条第1項の規定に従い、配偶者が居住建物の所有者に対して居住建物を返還する際に、この費用の償還を求めることができると考えられる[1]。一般に、第196条第1項の規定に基づき必要費の償還請求をする場合には、請求者は、占有物について留置権を行使することができると解されていることから、配偶者居住権の場合についても、配偶者は、居住建物の所有者が必要費の償還義務について弁済の提供をするまでの間は、留置権を行使して居住建物の返還を拒むことができると考えられる。

　次に、有益費については、配偶者居住権の存続期間が満了した時点で、その価格の増加が現存する場合に限り、居住建物の所有者は、その選択

1　したがって、配偶者居住権の期間が終身とされて、配偶者の死亡によって配偶者居住権が消滅した場合には、配偶者の相続人が償還請求をすることになると考えられる。

第1034条（居住建物の費用の負担）　175

に従い、その支出した金額又は増価額のいずれかについて償還義務を負うことになる。有益費についても、配偶者は、その償還を受けるまでの間は、居住建物について留置権を主張することができると考えられる。もっとも、居住建物の所有者は、裁判所に対し、有益費の償還について相当の期限の許与を請求することができるため（本条第2項）、この請求が認められた場合には、配偶者は、居住建物について留置権を行使することはできなくなる（第295条第1項ただし書）。

　なお、第583条第2項の期限の許与については、第196条第2項とは異なり、配偶者の善意・悪意は問わないこととされている。

176　第1部　民　　法

第1035条（居住建物の返還等）　　　　　　　　【平成30年改正】

> （居住建物の返還等）
> 第1035条　配偶者は、配偶者居住権が消滅したときは、居住建物の返還
> をしなければならない。ただし、配偶者が居住建物について共有持分を
> 有する場合は、居住建物の所有者は、配偶者居住権が消滅したことを理
> 由としては、居住建物の返還を求めることができない。
> 2　　第599条第1項及び第2項並びに第621条の規定は、前項本文の規定
> により配偶者が相続の開始後に附属させた物がある居住建物又は相続の
> 開始後に生じた損傷がある居住建物の返還をする場合について準用する。

解　　　説

1　本条の趣旨

　本条は、配偶者居住権が消滅した場合に居住建物に関して配偶者に生
ずる義務や権利の内容等について規定している。すなわち、本条では、
第1項において、配偶者居住権が消滅した場合には、配偶者は原則とし
て居住建物の返還義務を負うことを規定し、第2項において、第1項本
文の規定により配偶者が居住建物の返還義務を負う場合には、配偶者は
相続開始後に居住建物に附属させた物の収去義務を負い、又は収去権を
有すること、さらには相続開始後に生じた損傷について原状回復義務を
負う場合があること等を規定している。

2　配偶者居住権消滅後の返還義務（第1項）

⑴　本条第1項本文

　本条第1項本文では、配偶者居住権が期間満了や消滅請求等により消
滅した場合には、配偶者は、原則として居住建物の所有者に対してその
返還義務を負う旨を規定している。

　配偶者居住権を有する配偶者は、居住建物の使用及び収益をする権原
を有するものであるが、配偶者居住権が消滅した場合には、これらの権
原も居住建物の所有者に復帰することになるため（第206条）、この点
は当然のことを定めたものにすぎない。

第 1035 条（居住建物の返還等）　177

(2)　本条第 1 項ただし書

　配偶者居住権は、配偶者が居住建物について共有持分を有している場合にも設定することができることとされている（第 1028 条第 1 項ただし書参照）が、配偶者が居住建物の共有持分を有する場合には、配偶者は、配偶者居住権が消滅したとしても、居住建物の共有持分に基づき占有することが引き続き可能な場合があり得ることから、本条第 1 項ただし書において、居住建物の所有者は、配偶者居住権の消滅を理由として居住建物の返還を求めることはできない旨を規定している。

　もっとも、例えば、居住建物が A（配偶者）、B、C の共有に属する場合に、これらの共有者間で、配偶者居住権が消滅したときは B が建物を使用する旨の合意がされていれば、配偶者である A は、当然のことながら、配偶者居住権の消滅後には当該合意に基づき B に居住建物を引き渡す義務を負うことになるのであって、本条第 1 項ただし書は、あくまでも配偶者が居住建物の共有持分を有する場合に、「配偶者居住権が消滅したことを理由としては」居住建物の返還義務を負わない旨を定めているにすぎない。

　このように、配偶者が居住建物の共有持分を有する場合における配偶者居住権消滅後の権利関係については、一般の共有法理に委ねられることになる。

3　配偶者が相続開始後に居住建物に附属させた物の収去義務及び収去権（第 2 項）

　配偶者が本条第 1 項の規定により居住建物を返還する場合には、相続開始後に居住建物に附属させた物の取扱いについては、使用貸借契約における借主の収去義務及び収去権を定めた第 599 条第 1 項及び第 2 項を準用している。

　したがって、配偶者は、配偶者居住権が消滅した場合には、相続開始後に居住建物に附属させた物について収去義務を負うことになる（本条第 2 項、第 599 条第 1 項本文）。これは、第 621 条の準用部分とともに、

178　第1部　民　法

配偶者の原状回復義務の一内容を構成するものである。

　もっとも、居住建物から分離することができない物又は分離するのに過分の費用を要する物については、収去義務を負わない（本条第2項、第599条第1項ただし書）。この場合には、配偶者と居住建物の所有者の利益調整は、第248条の償金請求等によって図られることになる。

　また、配偶者は、相続開始後に居住建物に附属させた物を収去することができる（本条第2項、第599条第2項）。したがって、配偶者居住権の消滅後に、居住建物の所有者が当該物を附属させたまま居住建物を返還するように求めてきた場合でも、配偶者は、この収去権に基づき、当該物を収去することができる。前記のとおり、居住建物に附属させた物を分離するために過分の費用を要する場合には、配偶者は当該物の収去義務は負わないが、自らが望む場合にはこれを収去することができるものと考えられる（この点については学説上争いがある。これに対し、居住建物から分離することができない物については、収去権の行使がそもそも不能であるから、配偶者は当該物を収去することはできない。）。

　もっとも、配偶者の収去権は、配偶者に居住建物に投下した費用の回収を認める趣旨で認められるもので、居住建物の所有者がこれに対応する義務を負うわけではないので、配偶者が収去権に基づいて当該物を分離した場合についても、その費用は配偶者の負担となる。

4　相続開始後に生じた損傷についての原状回復義務（本条第2項）

　配偶者が本条第1項の規定により居住建物の返還義務を負う場合に、居住建物に相続開始後に生じた損傷があるときは、配偶者は、通常損耗や経年変化によるものを除き、これらの損傷を原状に復する義務を負う。

　配偶者居住権消滅後の原状回復義務については、前記2の収去義務や収去権とは異なり、使用貸借契約に関する第599条第3項ではなく、賃貸借契約に関する第621条を準用していて、配偶者は、相続開始後に生じた損傷でも、通常損耗や経年変化によるものについては原状回復義務を負わないとされていることが重要である。使用貸借契約と賃貸借契約

第 1035 条（居住建物の返還等）　　179

における原状回復義務の内容の差異は、契約の有償性の有無から来ているものであるが、配偶者居住権については、その存続期間中にその使用の対価を支払う必要はないものの、例えば、遺産分割により配偶者居住権を取得する場合には、配偶者は自らの具体的相続分においてこれを取得することになり、遺贈等によりこれを取得する場合にもそのような財産的価値のあるものを取得したものとみることが可能であることから、賃貸借契約に関する第 621 条を準用することとしたものである。

　また、相続開始後に生じた損傷が通常損耗や経年変化によるものとはいえない場合であっても、その損傷について配偶者に帰責性がない場合には、配偶者は原状回復義務を負わない（本条第 2 項、第 621 条ただし書）。なお、帰責性がない場合に原状回復義務を負わないという点は、使用貸借契約においても同様である（第 599 条第 3 項ただし書）。

180　第1部　民　法

第1036条（使用貸借及び賃貸借の規定の準用）　【平成30年改正】

（使用貸借及び賃貸借の規定の準用）
第1036条　第597条第1項及び第3項、第600条、第613条並びに第616条の2の規定は、配偶者居住権について準用する。

解　　説

1　本条の趣旨

　本条は、配偶者居住権の消滅事由のほか、居住建物の使用等によって生じた損害賠償請求や費用償還請求についての期間制限や、配偶者が居住建物所有者の承諾を得て居住建物の賃貸をした場合の効果について、使用貸借及び賃貸借の規定を準用する旨を定めている。

2　配偶者居住権の消滅事由

(1)　存続期間の満了（第597条第1項の準用）

　配偶者居住権の存続期間は、原則として配偶者の終身の間とされているが（第1030条本文）、これとは異なる定めを置くことも可能とされ（第1030条ただし書）、その場合には当該期間の満了により終了する（本条による第597条第1項の準用）。

　配偶者の死亡による配偶者居住権の消滅については、本条による第597条第3項の準用がその根拠規定となるため、本条による第597条第1項の準用がその根拠規定となるのは、第1030条ただし書の規定により存続期間について別段の定めがされた場合において、その存続期間が満了したときということになる。配偶者居住権については、賃貸借契約における契約の更新のような制度は設けられておらず、存続期間の満了により配偶者居住権は消滅することとされている（第1030条の解説3参照）。

　したがって、配偶者と居住建物の所有者との間で配偶者居住権の存続期間の延長について合意が成立したとしても、配偶者居住権は、当初の存続期間の満了により当然に消滅し（再度の設定も認められない。）、別途

当事者の意思解釈による使用貸借契約等の成否が問題となるにすぎない。

(2) 配偶者の死亡 （第597条第3項の準用）

配偶者居住権の存続期間について別段の定めがされていない場合はもとより、第1030条ただし書の規定により別段の定めがされた場合であっても、配偶者が死亡したときには、存続期間の満了前であったとしても、配偶者居住権は消滅する（本条による第597条第3項の準用）。

配偶者居住権は、配偶者の居住の権利を保護するために特に認められた権利であり、配偶者の死亡後にもこれを存続させることはその制度趣旨と整合しないことから、配偶者の死亡によって当然に消滅することとしたものである。配偶者居住権は、これを譲渡することができず（第1032条第2項）、配偶者の死亡によって当然に消滅するものであるから、帰属上の一身専属権といえる。

以上のように、配偶者居住権は配偶者の死亡によって消滅するものであり、登記上も存続期間欄の記載においてその旨が明らかになるようにしていることから（不動産登記法第81条の2第1号）[1]、配偶者居住権が配偶者の死亡によって消滅した場合には、居住建物の所有者は、単独で配偶者居住権の登記の抹消を申請することができる（不動産登記法第69条、令和2年3月30日法務省民二第324号民事局長通達参照）。

(3) 居住建物の全部滅失等 （第616条の2の準用）

配偶者居住権は、権利の客体である居住建物の全部滅失等によっても消滅する（本条による第616条の2の準用）。配偶者居住権は居住建物の

---

1 配偶者居住権の存続期間については、不動産登記上は次のような記載がされることになる。すなわち、配偶者居住権の存続期間の定めがない場合については「存続期間 配偶者居住権者の死亡時まで（又は○年○月○日から配偶者居住権者の死亡時まで）」との記載がされ、配偶者居住権の存続期間の定めがある場合については「存続期間 ○年○月○日から何年（又は○年○月○日から○年○月○日まで）又は配偶者居住権者の死亡時までのうち、いずれか短い期間」との記載がされる。したがって、いずれの場合であっても、不動産登記法第69条の「権利が人の死亡…によって消滅する旨が登記されている場合」に該当することとなり、居住建物の所有者による単独申請が認められることになる。

182　第1部　民　　法

使用等をすることができる権利であり、この点では賃借権等と類似の性質を有することから、配偶者居住権についても、居住建物の全部が滅失するなど配偶者がその使用等をすることができなくなった場合には権利が消滅することとしたものである。

　したがって、例えば、居住建物が滅失した後、従前の配偶者居住権の存続期間中に、居住建物の所有者であった者が同じ場所に別の建物を新築した場合であっても、配偶者は、新築された建物の所有者に対し、配偶者居住権の設定を求めることはできない。

　なお、第616条の2の「使用及び収益をすることができなくなった場合」に該当するためには、継続的に居住建物の使用等ができない状態となり、配偶者の権利行使が法的に不能になったと評価される場合であることが必要であり、一時的に使用及び収益をすることができない状態になったとしても、修繕等をすることによりこれを回復させることが可能である場合には上記要件には該当しないと解すべきである。

　また、居住建物の全部滅失等について居住建物の所有者に帰責事由がある場合でも、配偶者居住権自体は消滅し、これによって配偶者に生じた損害については、債務不履行又は不法行為に基づく損害賠償請求等をすることによって解決を図るほかはない。

3　居住建物の使用等によって生じた損害賠償請求や費用償還請求についての期間制限（第600条の準用）

　配偶者が用法遵守義務や善管注意義務（第1032条第1項本文）などの義務に違反して居住建物の使用等をした場合には、居住建物の所有者は配偶者に対してこれによって生じた損害について賠償請求をすることができ、また、配偶者が居住建物に関して支出した非常の必要費や有益費については居住建物所有者に対して償還請求をし得るが、これらの請求は、いずれも居住建物の所有者が居住建物の返還を受けた時から1年以内にしなければならない（本条による第600条の準用）。

　これらの債権債務については、居住建物の返還後早期に処理されるこ

とが望ましいとの政策的配慮に基づくものであり、これと同様の規律は、使用貸借及び賃貸借のほか（第600条、第623条）、寄託においても採用されている（第664条の2）。

このうち費用償還請求については、居住建物の返還時に生ずる配偶者の費用償還請求については本条の適用があるが、居住建物の所有者が通常の必要費を支出したことによって生ずる費用償還請求はその支出をした時から請求可能であり、居住建物の返還との関連が薄いことから、本条の適用はない。

他方、配偶者が用法遵守義務や善管注意義務などの義務に違反して居住建物の使用等をしたことにより生じた損害の賠償請求権については、必ずしも居住建物の返還時に生ずるものではないが、配偶者居住権の存続期間中は配偶者が排他的に居住建物の使用等をする権利を有しており、居住建物の所有者はその返還を受けるまではこれらの義務違反等の事実を認識することが困難な場合が類型的に多いと考えられることから、配偶者の義務違反に基づく損害賠償請求権も、本条の適用対象に含めている。

したがって、配偶者の前記義務違反による損害賠償請求権は、居住建物の所有者が居住建物の返還を受けた時から1年以内に請求しなければならず、また、この1年が経過するまでの間は、時効は完成しない。

4　配偶者が居住建物所有者の承諾を得て居住建物の賃貸をした場合の効果（第613条の準用）

配偶者が居住建物の所有者の承諾を得て居住建物の賃貸をした場合については、適法な転貸借がされた場合の効果を定める第613条が準用される。

配偶者居住権は、その存続期間中無償で居住建物の使用等をすることができる権利であり、この点では賃借権と異なるため、居住建物の所有者が賃借人に対して直接賃料請求することは想定されていない。したがって、第613条第1項後段は配偶者居住権には準用されない。

184　第1部　民　法

　本条が第613条第1項を準用する意義は、配偶者が居住建物の所有者
に対して負う用法遵守義務、善管注意義務、配偶者居住権消滅後の返還
義務等の法律上の義務を直接賃借人にも負わせる点にある。もっとも、
この場合に賃借人が居住建物の所有者に対して直接義務を負うからと
いって、これにより配偶者の義務が消滅するわけではなく、居住建物の
所有者は、配偶者に対してもこれらの義務の履行を求めることができる
（本条による第613条第2項の準用）。

　したがって、配偶者居住権が消滅した場合には、居住建物の所有者は、
配偶者及び賃借人のいずれに対しても居住建物の返還を請求し得ること
となる[2]。また、賃借人が用法遵守義務や善管注意義務等の義務に違反
した場合には、居住建物の所有者は、配偶者だけでなく賃借人に対して
も債務不履行に基づく損害賠償を請求することができる。

　さらに、居住建物の所有者が配偶者に対して居住建物の賃貸を承諾し
た場合には、配偶者と居住建物の所有者が配偶者居住権を消滅させるこ
とに合意したとしても、これをもって賃借人に対抗するとことはできな
い（本条による第613条第3項の準用）。

　もっとも、この合意の時点で、居住建物の所有者が配偶者に対して配
偶者居住権の消滅を請求することができたとき、すなわち、第1032条
第4項の要件（同項の意思表示がされたことを除く。）を満たしていたと
きは、居住建物の所有者は、賃借人に対し、配偶者居住権の消滅を対抗
することができ、居住建物の返還を求めることができる（本条による第
613条第3項ただし書の準用）。

　2　賃借人は、居住建物の所有者が承諾した範囲内で、同人に対して賃借権に基
　づく占有権原を主張することができるにすぎないから（第1032条第3項）、居
　住建物の所有者が配偶者居住権の存続期間の範囲内で賃貸借の承諾をした場合
　には、仮に配偶者との間でその存続期間を超える賃貸借契約を締結したとして
　も、賃借人は、配偶者居住権の存続期間満了後は、居住建物の所有者に対し、
　賃貸借契約に基づく占有権原を主張することができないことになる。

第 2 節　配偶者短期居住権

第 1037 条（配偶者短期居住権）　　　　　　　【平成 30 年改正】

> （配偶者短期居住権）
>
> 第 1037 条　配偶者は、被相続人の財産に属した建物に相続開始の時に無償で居住していた場合には、次の各号に掲げる区分に応じてそれぞれ当該各号に定める日までの間、その居住していた建物（以下この節において「居住建物」という。）の所有権を相続又は遺贈により取得した者（以下この節において「居住建物取得者」という。）に対し、居住建物について無償で使用する権利（居住建物の一部のみを無償で使用していた場合にあっては、その部分について無償で使用する権利。以下この節において「配偶者短期居住権」という。）を有する。ただし、配偶者が、相続開始の時において居住建物に係る配偶者居住権を取得したとき、又は第 891 条の規定に該当し若しくは廃除によってその相続権を失ったときは、この限りでない。
>
> 一　居住建物について配偶者を含む共同相続人間で遺産の分割をすべき場合　遺産の分割により居住建物の帰属が確定した日又は相続開始の時から 6 箇月を経過する日のいずれか遅い日
>
> 二　前号に掲げる場合以外の場合　第 3 項の申入れの日から 6 箇月を経過する日
>
> 2　前項本文の場合においては、居住建物取得者は、第三者に対する居住建物の譲渡その他の方法により配偶者の居住建物の使用を妨げてはならない。
>
> 3　居住建物取得者は、第 1 項第 1 号に掲げる場合を除くほか、いつでも配偶者短期居住権の消滅の申入れをすることができる。

解　　説

1　本条の趣旨

本条は、第 1 項において配偶者短期居住権の発生要件、その基本的な権利の内容及び存続期間を、第 2 項において配偶者短期居住権の目的となる建物（居住建物）の所有権を相続又は遺贈により取得した者（居住建物取得者）が配偶者に対して負うべき義務の内容を定めた上で、第 3

186　第1部　民　　法

項では、居住建物取得者が配偶者短期居住権の消滅の申入れをすること
ができる場合について定めている。

2　配偶者短期居住権の意義及び制度創設の趣旨

　配偶者短期居住権は、配偶者居住権と同様、配偶者[1]のみが権利の帰
属主体となることができる帰属上の一身専属権であるが、配偶者居住権
とは異なり、配偶者が相続開始時に被相続人所有の建物に無償で居住し
ていた場合には法定の除外要件を満たす場合を除き当然に発生し、配偶
者又は被相続人の意思表示が発生要件になっていない点に特徴がある。
また、その存続期間も法定されているが、いずれもその期間は比較的短
期間に限られている。

　配偶者短期居住権者は、配偶者が相続開始時に無償で居住していた建
物（居住建物）を無償で使用する権利のみを有し、居住建物の賃貸や処
分等をする権原は有していない。

　このように、配偶者短期居住権の制度は、居住建物について使用権原
のみを有する権利を法定し、これにより配偶者死亡後の生存配偶者の居
住の権利を短期的に保護することを目的として創設されたものである。

3　配偶者短期居住権の発生要件（第1項）

　配偶者短期居住権は、配偶者が相続開始時に被相続人の財産に属した
建物に無償で居住していたという事実が認められれば、原則として当然
に発生し、例外的に、配偶者が相続開始時に配偶者居住権を取得したと
き、又は配偶者が相続人の欠格事由に該当し、あるいは廃除によってそ
の相続権を失ったときは、発生しないこととしている。

　1　ここでいう「配偶者」は、被相続人と法律上婚姻をしていた配偶者に限られ、
　　いわゆる内縁の配偶者に類推適用することはできない（『Before/After 相続法改
　　正』171 頁〔水野紀子執筆部分〕も同旨）。

第 1037 条（配偶者短期居住権）　187

⑴　相続開始時に被相続人の財産に属した建物に無償で居住していたこと

　配偶者が相続開始前に被相続人所有の建物に無償で居住していた場合には、通常は被相続人の占有補助者としてその建物を使用していたことになるものと考えられるが、相続が開始されると、配偶者は被相続人の占有補助者としての地位を失うことになる[2]。配偶者短期居住権の制度趣旨は、相続人である配偶者が相続開始により突然それまでのように無償で居住建物に住むことができなくなるといった急激な変化が生ずることを回避し、これにより配偶者の短期的な居住の利益を保護することに

2　この点について、判例（最判平成 8 年 12 月 17 日・民集 50 巻 10 号 2778 頁）は、共同相続人の 1 人が被相続人の許諾を得て被相続人所有の建物に同居していた場合には、特段の事情がない限り、被相続人とその相続人との間で、相続開始時を始期とし、遺産分割時を終期とする使用貸借契約が成立していたものと推認されるとの判示をしている。このため、相続人である配偶者は、この要件に該当する場合には、相続開始により新たな占有権原を取得することになる。もっとも、この判例は、当事者の意思の合理的解釈に基づくものであるため、被相続人が第三者に居住建物の遺贈をした場合など、被相続人が明確にこれとは異なる意思を有していたと認められるときには、使用貸借契約の成立は認められないことになる。配偶者短期居住権は、このような場合を含め、被相続人の意思にかかわらず、配偶者の短期的な居住の権利を保護することとした点にその存在意義があるものといえる。

　なお、配偶者短期居住権の制度が設けられたことにより、これとは別に使用貸借契約の成立まで認める必要性は乏しくなったものと考えられ、被相続人や配偶者の意思としても、配偶者が配偶者短期居住権を取得する場合に使用貸借契約を成立させる意思までは有していないのが通常であると考えられる。このように、配偶者短期居住権の制度の創設は、被相続人や配偶者の意思解釈にも影響を及ぼすものと考えられ、これにより、上記判例のうち、被相続人の許諾を得てその所有する建物に居住している者が配偶者である場合については、使用貸借契約の成立の推認は働かなくなるものと考えられる。

　他方で、上記判例は、「共同相続人の 1 人」を対象とするものであり、対象が（共同相続人である）配偶者に限定されていない。そのため、配偶者以外の共同相続人との関係においては、平成 30 年改正以降においても、上記判例による使用貸借契約の推認が働くものと考えられる（『Before/After 相続法改正』173 頁〔水野紀子執筆部分〕も同旨）。

188　第1部　民　法

ある。このため、配偶者短期居住権の発生要件として、被相続人所有の建物に無償で居住していたことという保護要件を設けている。これにより、現実問題としてはあまり想定し難いが、配偶者が相続開始前に被相続人から賃借をしていた（有償で居住していた）場合には、配偶者短期居住権は発生しないことになる。これは、このような場合には、配偶者は相続開始後も引き続き賃借人として居住建物での生活を維持することができることになるから、相続開始の前後でその居住環境に特段の変化はなく、配偶者短期居住権を認めて配偶者を保護すべき必要性が低いとの考慮に基づくものである。

　また、配偶者短期居住権については、配偶者居住権に関する第1028条第1項ただし書のような除外事由（被相続人が相続開始時に居住建物を配偶者以外の者と共有していた場合を除外事由とするもの）が設けられていない。したがって、居住建物が被相続人と配偶者の共有に属する場合はもとより、被相続人と第三者との共有であった場合であっても、配偶者短期居住権は発生し得ることとなる。

　配偶者短期居住権は、相続開始後の一定期間に限り、配偶者に無償での居住の権利を認める点にその存在意義があるところ[3]、被相続人が居住建物の共有持分を有していたにすぎない場合であっても、配偶者は被相続人が有していた共有持分の限度では無償で建物を使用することができ、他の共同相続人に対して求償義務を負わないことになる点で、配偶者短期居住権の発生を認める意義があり、かつ、配偶者短期居住権の効力をその限度にとどめる限り、相続人以外の第三者が共有持分を有して

3　配偶者は、本条第1項第1号に該当する場合には、相続開始により居住建物について共有持分を取得することになり、その共有持分に応じて居住建物を使用することができるから、配偶者短期居住権の発生を認めなくても、直ちに居住建物からの明渡しを求められることにはならないが、配偶者短期居住権が発生しないとすると、他の共同相続人に対し、各自の共有持分に応じた求償義務を負うことになる。他方、同項第2号に該当する場合には、配偶者短期居住権が発生しないとすると、直ちに居住建物の明渡しに応じざるを得ないことになり得る。

いたとしてもその第三者の権利を不当に制限することにはならないことを考慮したものである。

　また、相続開始時に「建物に…居住していた」といえるためには、配偶者が当該建物を生活の本拠にしていたことを要する点は配偶者居住権の場合と同様である（この点については第1028条の解説参照）。また、本条第1項の括弧書において、「居住建物の一部のみを無償で使用していた場合にあっては」と規定されていることからも明らかなとおり、この要件を満たすためには、居住建物の全部を居住の用に供していたことを要するものではなく、居住建物の一部を居住の用に供していれば足りる。

　(2)　**本条第1項ただし書の除外事由に該当しないこと**

　以上のとおり、配偶者が相続開始時に被相続人の財産に属した建物に居住していた場合には、原則として配偶者短期居住権が発生するが、例外的に、本条第1項ただし書の除外事由に該当する場合には、配偶者短期居住権は発生しない。

　本条第1項ただし書では、2つの除外事由が定められているが、配偶者短期居住権の発生を否定する理由は全く異なるものである。

　まず、配偶者が相続開始時に配偶者居住権を取得したときには、重ねて配偶者短期居住権は発生しない。これは、配偶者居住権は居住建物の全部の使用等をすることができる権利であり、対抗要件である登記を備えれば第三者にもその権利を対抗することができるなど、配偶者短期居住権よりも強い効力を有していることから、配偶者居住権とは別に配偶者短期居住権を発生させる意義に乏しいことを考慮したものである。

　本条第1項ただし書の「相続開始の時において…配偶者居住権を取得したとき」には、相続開始時に現に配偶者居住権取得の効果が発生する場合、すなわち配偶者が遺贈や死因贈与によって配偶者居住権を取得する場合が該当し、遺産分割によって配偶者居住権を取得した場合のように、遺産分割の遡及効によって相続開始時に配偶者居住権を取得したものとみなされる場合はこれに該当しない。後者の場合についても、遺産分割による遡及効を徹底して、配偶者短期居住権は当初より発生しな

190　第1部　民　法

かったものとして取り扱うことも考えられたが、そのような処理をすると法律関係が複雑になるおそれがあることから、そのような取扱いはせずに、遺産分割成立時までの間も配偶者短期居住権が存続することを前提とした上で、遺産分割による配偶者居住権の取得を配偶者短期居住権の消滅事由として規定することとしている（第1039条）。

　次に、配偶者が相続人の欠格事由に該当し、又は廃除によって相続権を失った場合にも、配偶者短期居住権は発生しない。これらの場合には、居住建物取得者の負担において配偶者を特別に保護することを正当化するのが困難であること等を考慮したものである。

　このように、配偶者が相続人の欠格事由に該当し、あるいは廃除によって相続人でなくなった場合には、配偶者短期居住権は発生しないが、配偶者短期居住権の発生要件として相続人であることが求められているわけではなく、配偶者が相続放棄をしたことによって相続人でなくなった場合であっても、配偶者短期居住権は発生し得る。配偶者が相続放棄をした場合であっても、配偶者の短期的な居住の権利を保護すべき必要性に変わりはなく、他方で、この場合については、相続人の欠格事由等に該当する場合とは異なり、配偶者に特別の保護を付与することに特段の問題はないと考えられるためである。

4　配偶者短期居住権の内容及び存続期間（第1項）

⑴　権利の内容

　配偶者短期居住権は、居住建物取得者を債務者とする法定の債権であるが、配偶者居住権とは異なり対抗要件制度は設けられていないため、居住建物取得者が居住建物の所有権を第三者に譲渡した場合には、配偶者は、配偶者短期居住権を当該第三者に対抗することはできない（この場合には、配偶者は、居住建物取得者に対して債務不履行責任等を追及するほかはないことになる。）。

　配偶者短期居住権を有する配偶者は、居住建物の所有権を相続又は遺贈により取得した者（居住建物取得者）に対し、無償で居住建物を使用

する権利のみを有する。配偶者居住権とは異なり、収益権原はそもそも付与されていない。なお、配偶者短期居住権の債務者は、居住建物の所有権を「相続又は遺贈により取得した者」とされているが、死因贈与については、その性質に反しない限り、遺贈に関する規定が準用される結果、居住建物の所有権を死因贈与により取得した者もこれに含まれる。実質的にも、配偶者短期居住権は、被相続人の死亡を契機に無償で居住建物を取得した者との関係では、このような権利を認めたとしても、その者に対して過度の負担を課すものとはいえないという考え方に基づくものであるから、遺贈と死因贈与とでこの点を区別する必要性も合理性もないものと考えられる（逆に、居住建物を目的とする死因贈与契約が成立していた場合に配偶者短期居住権の発生を否定するとすれば、被相続人の意思にかかわらず、一定期間は配偶者の居住の権利を確保しようとした制度趣旨が没却されることになる。）。

　配偶者短期居住権の債務者は居住建物取得者であるが、配偶者が居住建物の共有持分を有する場合には、配偶者もその共有持分の限度で債務者となる。したがって、例えば、居住建物の所有権を有していた被相続人が死亡し、その後配偶者が非常の必要費を支出した場合には、配偶者もその共有持分の限度で償還義務を負うことになるため、配偶者以外の共同相続人に対しては、自己が償還義務を負う額を控除した残額について償還請求をすることになる。

　なお、配偶者短期居住権については、借地借家法第15条のような混同の例外規定を明示的には設けていないが、これは、配偶者が遺産分割の当事者となっている場合にも配偶者短期居住権が成立することが規定上当然の前提とされていること（本条第1項第1号参照）や、配偶者短期居住権の債務者は「居住建物の所有権を相続又は遺贈により取得した者」とされ、債務者から配偶者が除外されていないことから、借地借家法第15条のような規定を設けるまでもなく、混同による消滅を想定していないことは規定上明らかであると考えられたためである。

　配偶者が配偶者短期居住権に基づき使用権原を有する範囲は、相続開

192 第1部 民 法

始時に居住建物を無償で使用していた部分に限られる。このため、相続開始時点では、居住建物の一部のみを無償で使用していた場合にあっては、その部分についてのみ使用権原を有する（本条第1項括弧書）。

もっとも、配偶者短期居住権の発生要件を満たす以上、居住建物を無償で使用していた部分については、当該部分を居住の用に供していなくても使用権原が及ぶ。例えば、配偶者が相続開始時に居住建物の一部（「A部分」という。）を居住の用に供し、それ以外の部分のうちの更に一部分（「B部分」という。）を居住の用以外の用途で使用していた場合には、配偶者短期居住権に基づく使用権原は、A部分だけでなく、B部分にも及ぶことになる。

また、配偶者は、配偶者短期居住権に基づいて建物の使用をするのに必要な限度でその敷地を利用することができる。したがって、居住建物とその敷地の所有者が異なる場合でも、居住建物取得者が第三者に対抗することができる敷地利用権を有するときには、配偶者短期居住権を有する配偶者は、その後に敷地の所有権を取得した第三者に対しても、その敷地利用権を援用することができることになる。

これに対し、居住建物取得者が第三者に対抗することができる敷地利用権を有していない場合には、原則として第三者からの土地明渡請求を拒むことができないことになる。

(2) **存続期間**

配偶者短期居住権の存続期間は、居住建物を対象とする遺産分割の当事者に配偶者が含まれるかどうかによって大きく異なる。

ア 居住建物について配偶者を含む共同相続人間で遺産分割をすべき場合

本条第1項第1号に掲げる場合、すなわち、居住建物について配偶者を含む共同相続人間で遺産分割をすべき場合には、相続開始時が始期となり、終期は遺産分割により居住建物の帰属が確定した日又は相続開始時から6か月を経過する日のいずれか遅い日となる。同号に掲げる場合に該当するためには、居住建物が共同相続人間の遺産共有状態になって

おり、かつ、配偶者が居住建物について共有持分を有していることを要する。

したがって、配偶者が遺産分割の当事者となっている場合であっても、居住建物を目的とする特定財産承継遺言がされるなどして、配偶者が居住建物について遺産共有持分を有していない場合には同号には該当せず、同項第2号に掲げる場合に該当することになる。

本条第1項第1号に掲げる場合の原則的な存続期間は、相続開始時から遺産分割により居住建物の帰属が確定した日までであるが、これによると、居住建物についての遺産分割が相続開始時から6か月を経過する前に確定した場合には、その存続期間が同項第2号の場合よりも短くなり、配偶者短期居住権の制度趣旨が全うされないことになること等を考慮し、配偶者短期居住権の存続期間として最低限6か月は確保するために、「…又は相続開始の日から6箇月を経過する日のいずれか遅い日」という文言を付け加えることにしたものである。

また、「居住建物の帰属が確定した日」となっていることから明らかなとおり、遺産分割の協議や調停により居住建物の帰属が定められた場合には、その協議や調停が成立した日が終期となるが、遺産分割の審判により居住建物の帰属が定められた場合には、その審判が確定した日が終期となる。なお、遺産分割の協議等において、居住建物に関する遺産分割が確定した後一定期間は居住建物の使用を認める旨の合意等がされることはあり得ると思われるが、そのような合意がされたとしても、配偶者短期居住権自体は居住建物に関する遺産分割が確定した日（法定の日）に消滅し、任意にその存続期間を延長することはできない。したがって、上記のような合意が成立した場合でも、配偶者は当該合意に基づく別個の占有権原（使用借権等）を取得するにすぎない。

  イ　居住建物を対象とする遺産分割の当事者に配偶者が含まれない場
　　合

本条第1項第2号に掲げる場合、すなわち、居住建物を対象とする遺産分割の当事者に配偶者が含まれない場合には、居住建物取得者が配偶

194 第1部 民 法

者短期居住権の消滅の申入れをした日から6か月を経過する日が存続期間の終期となる。

被相続人が居住建物の全部について配偶者以外の者（複数の者の場合を含む。）に遺贈、特定財産承継遺言又は死因贈与をした場合や配偶者が相続放棄をした場合がこれに該当する。

5 居住建物取得者の義務（第2項）

居住建物取得者は、配偶者短期居住権を有する配偶者の使用を妨げる行為をしてはならず、配偶者による使用を受忍すべき消極的な義務を負うにとどまり（本条第2項）、修繕義務など居住建物をその使用に適した状態にすべき積極的な義務まで負うものではない。

配偶者短期居住権は、居住建物取得者の負担において配偶者の短期的な居住の権利を特別に保護するものであり、居住建物取得者に修繕義務等の積極的な義務まで負わせるのは相当でないとの考慮に基づくものである。

配偶者短期居住権は、配偶者居住権とは異なり、第三者対抗力を有していないため、居住建物取得者が居住建物を第三者に譲渡し、当該第三者から明渡しを求められた場合には、配偶者は、当該第三者に占有権原を主張することができず、これに応じざるを得ない。

このように、第三者に居住建物を譲渡することが配偶者の使用を妨げる典型例となることから、本条第2項でも、居住建物取得者による同項の義務違反の例示として、「第三者に対する居住建物の譲渡」が挙げられている。

6 居住建物取得者による消滅の申入れ（第3項）

本条第1項で説明したとおり、配偶者短期居住権は、配偶者が居住建物についての遺産分割の当事者とならない場合には、居住建物取得者から消滅の申入れがあった日から6か月を経過した日に消滅することとしているが（本条第1項第2号）、本条第3項は、これを受けて、居住建物

取得者は、本条第1項第2号に掲げる場合には、いつでも配偶者短期居住権の消滅の申入れをすることができる旨を定めている[4,5]。

　ここで、消滅の申入れをすることができる居住建物取得者は、本条第1項に定義しているとおり、居住建物の所有権を相続又は遺贈（死因贈与の受贈者もこれに含まれる点については、前記4(1)参照）により取得した者であるが、居住建物の共有持分を取得した者もこれに該当する。

　本条第3項は、居住建物の共有持分を取得した者も、各自単独で消滅の申入れをすることを認める趣旨である。居住建物の共有持分を取得した者にとって、配偶者短期居住権が発生する場合における消滅の申入れは、自らの使用権原を回復するために必要な行為であり、ある種保存行為的な側面を有することや、共有持分権者の全員又は過半数の同意を得なければ消滅の申入れをすることができないとすると、過半数に満たない共有持分しか有していない者は、他の共有持分権者の同意が得られない限り、いつまでもその使用権原を回復することができないこととなって、その負担が過大となるおそれがあること等を考慮したものである。

　なお、本条第1項で解説したとおり、配偶者短期居住権は、居住建物の共有持分にも成立し得ることから、その存続期間が共有持分ごとに異なることもあり得る。例えば、被相続人が居住建物の3分の1の共有持分を第三者に遺贈し、その余の共有持分を、配偶者を含む共同相続人間で共有している場合には、当該第三者は、居住建物の3分の1の共有持分について消滅の申入れをすることができ、この部分については、申入れの日から6か月を経過する日に配偶者短期居住権は消滅するが、その時点で3分の2の共有持分について遺産分割が終了していないときには、

4　『Before/After 相続法改正』145頁〔木村真理子執筆部分〕では、配偶者短期居住権の消滅の申入れは、単なる居住建物の明渡請求では足りず、配偶者短期居住権の発生の要件事実が揃っていることを知った上でされた申入れに限られるとされている。

5　なお、配偶者が居住建物につき配偶者短期居住権を有することの確認を認めた裁判例として、大阪地判令和5年5月11日・判例秘書登載がある。

この部分について配偶者短期居住権が存続することになる。このような場合には、当該第三者は、直ちに居住建物の使用をすることができることにはならないものと考えられるが、居住建物の3分の1の共有持分について配偶者短期居住権が消滅した後は、居住建物を単独で使用する配偶者に対し、その共有持分に応じた求償請求をすることができることになる。

第 1038 条（配偶者による使用）　　197

第 1038 条（配偶者による使用）　　　　　　　【平成 30 年改正】

> （配偶者による使用）
> 第 1038 条　配偶者（配偶者短期居住権を有する配偶者に限る。以下この節において同じ。）は、従前の用法に従い、善良な管理者の注意をもって、居住建物の使用をしなければならない。
> 2　配偶者は、居住建物取得者の承諾を得なければ、第三者に居住建物の使用をさせることができない。
> 3　配偶者が前 2 項の規定に違反したときは、居住建物取得者は、当該配偶者に対する意思表示によって配偶者短期居住権を消滅させることができる。

解　　説

1　本条の趣旨

本条は、配偶者短期居住権を有する配偶者が居住建物の使用をする際に遵守すべき事項を定めるとともに、配偶者がこれらの事項に違反した場合に、居住建物取得者は配偶者短期居住権の消滅請求をすることができる旨を定めている。

2　配偶者の用法遵守義務及び善管注意義務（第 1 項）

配偶者短期居住権を有する配偶者は、従前の用法に従い、善良な管理者の注意をもって、居住建物の使用をすべき義務を負う。ここで「従前の用法」とは、相続開始前に配偶者が現にしていた使用方法をいう。

配偶者短期居住権は、配偶者が相続開始時に被相続人の財産に属した建物に無償で居住していた場合に発生するものであるが（第 1037 条第 1 項）、本条第 1 項は、配偶者短期居住権を有する配偶者に対し、相続開始前に被相続人から認められていた用法で居住建物の使用をすべき義務を負わせるものであり、その際に必要な注意義務の程度として善良な管理者の注意義務（善管注意義務）を要求するものである。

また、配偶者短期居住権については、配偶者居住権のように、「従前居住の用に供していなかった部分について、これを居住の用に供するこ

198　第1部　民　　法

とを妨げない。」という趣旨の規定（配偶者居住権に関する第1032条第1
項ただし書参照）は設けられていない。このため、居住の用に供してい
なかった部分についても相続開始前と同様の使用方法しか認められない
ことになる。配偶者短期居住権は、相続の開始により直ちに配偶者の居
住に関する権利関係に大きな変動が生ずることを防止し、これにより配
偶者の短期的な居住の利益を保護することにその趣旨があり、一定の事
実が存在すれば法律上当然に認められる権利であること等に照らすと、
配偶者を相続開始前の状態よりも有利に取り扱うまでの必要性は認め難
いためである。

　もっとも、配偶者短期居住権においても、居住建物取得者の同意を得
れば、従前の用法と異なる使用も認められるものと考えられる（なお、
居住建物取得者の同意を得て、第三者に居住建物の使用をさせることができ
ることについては本条第2項に明文の規定がある。）。

3　第三者の使用の禁止（第2項）

　配偶者は、居住建物取得者の承諾を得なければ、第三者に居住建物を
使用させることができない。本条第2項では、使用のみについて規定し
ているが、これは、配偶者短期居住権を有する配偶者は居住建物の使用
権原しか有していないことから、居住建物取得者の同意を得ずに第三者
に居住建物の収益をさせることができないことは明文の規定を設けるま
でもなく当然であるためであり、基本的には、配偶者居住権に関する第
1032条第3項の後半部分や使用貸借契約に関する第594条第2項と同
趣旨の規定である。ここで、第三者に居住建物の使用をさせたといえる
ためには、配偶者の意思に基づき第三者が現実に居住建物の使用を開始
したことが必要である。

　また、第三者が居住建物の使用を開始した場合でも、当該第三者が配
偶者の占有補助者に当たる場合には本条第2項の「使用」をさせたこと
にはならないと解すべきである。

　したがって、配偶者の親族等が相続開始後に居住建物の使用を開始し

第 1038 条（配偶者による使用）　199

たとしても、配偶者と生活を共にしているような場合については、本条第2項に違反したことにはならないものと考えられる。

4　居住建物取得者による配偶者短期居住権消滅請求（第3項）

　本条第3項は、配偶者が本条第1項又は第2項の規定に違反した場合に、居住建物取得者がその意思表示により配偶者短期居住権を消滅させることができる旨を定めるものである。「意思表示によって…消滅させることができる」としていることから明らかなとおり、この消滅請求権は実体法上の形成権であり、消滅事由がある場合に消滅の意思表示をすれば、それだけで消滅の効果が生じることとしている。

　また、配偶者短期居住権の消滅請求については、配偶者居住権の消滅請求の場合とは異なり、配偶者に対し義務違反について是正の機会を与える必要はなく、違反の事実があれば直ちに消滅請求をすることができることとしている。前記のとおり、配偶者短期居住権は、一定の事実が存在すれば法律上当然に認められる権利であって、配偶者がこの権利を取得するのに経済的出捐はしていないこと等に照らすと、配偶者に義務違反があった場合に是正の機会を与えて、配偶者を保護するまでの必要性に乏しいと考えられるためである。この点は、使用貸借契約の借主に用法遵守義務違反等があった場合に貸主からの無催告解除を認める第594条第3項等と同趣旨である。

200 第1部 民 法

第 1039 条（配偶者居住権の取得による配偶者短期居住権の消滅）

【平成 30 年改正】

（配偶者居住権の取得による配偶者短期居住権の消滅）
第 1039 条　配偶者が居住建物に係る配偶者居住権を取得したときは、配偶者短期居住権は、消滅する。

解 ・ 説

1　本条の趣旨

　本条は、配偶者短期居住権の消滅事由の１つとして、配偶者短期居住権の対象となる建物（居住建物）について配偶者が重ねて配偶者居住権を取得したときは、配偶者居住権のみが存続し、配偶者短期居住権は消滅する旨を定めるものである。

2　配偶者居住権の取得による配偶者短期居住権の消滅

　配偶者が居住建物に係る配偶者居住権を取得したときは、配偶者短期居住権は当然に消滅する。

　配偶者居住権と配偶者短期居住権の効力を比較すると、①配偶者居住権は居住建物の使用及び収益をする権原を有するのに対し、配偶者短期居住権は使用権原のみを有すること（もっとも実際上はあまり違いが生じない。第 1028 条第１項の解説参照）、②配偶者居住権は登記を備えれば第三者対抗力を有するのに対し、配偶者短期居住権は居住建物取得者のみにその権利を主張することができ、第三者に対抗することはできないこと、③配偶者居住権は常に居住建物の全部について権利を取得するのに対し、配偶者短期居住権は居住建物の一部について権利を取得することがあり得ること等の点において違いがあるが、そのいずれにおいても、配偶者居住権の方が配偶者短期居住権よりも強力な効力が認められており、配偶者居住権が発生する場合にそれと併せて配偶者短期居住権を存続させる意義に乏しいため、配偶者短期居住権の消滅事由としたものである。

第 1039 条（配偶者居住権の取得による配偶者短期居住権の消滅）　　201

　もっとも、実際上は、本条の適用により配偶者短期居住権が消滅する場面はさほど多くないものと考えられる。すなわち、配偶者が遺贈や死因贈与により配偶者居住権を取得した場合については、そもそも配偶者短期居住権は発生しないことから（第 1037 条第 1 項ただし書）、同権利の消滅事由を定める本条が適用される余地はない。また、配偶者が遺産分割により配偶者居住権を取得する場合には、通常、その機会に居住建物の帰属も確定するものと考えられるが、この場合には、遺産分割が相続開始時から 6 か月を経過する前に成立したという例外的な場合を除き、配偶者短期居住権は、本条を適用するまでもなく、第 1037 条第 1 項第 1 号の存続期間が満了して消滅することになるから、この場合も本条は適用されない。

　本条がその存在意義を有するのは、第 1037 条第 1 項第 1 号に掲げる場合、すなわち、居住建物について配偶者を含む共同相続人間で遺産分割をすべき場合のうち、配偶者は遺産分割（一部分割）により配偶者居住権を取得したが、居住建物についてはその帰属が確定しておらず、遺産共有状態が継続している場合や、居住建物の帰属を含め遺産分割が全て終了したが、その時点で相続開始時から 6 か月を経過していないために配偶者短期居住権の存続期間の終期が到来していない場合（このため、本条がないと、相続開始時から 6 か月が経過するまでは、配偶者居住権と配偶者短期居住権が併存することになる。）であり、これらの場合には、配偶者が配偶者居住権を取得した時点で、配偶者短期居住権は消滅する。

　なお、本条の適用場面のうち、配偶者が遺産分割の審判で配偶者居住権を取得した場合については、その審判が確定した時点で配偶者短期居住権は消滅することになる。

202　第1部　民　　法

第1040条（居住建物の返還等）　　　　　　　【平成30年改正】

（居住建物の返還等）
第1040条　配偶者は、前条に規定する場合を除き、配偶者短期居住権が
　消滅したときは、居住建物の返還をしなければならない。ただし、配偶
　者が居住建物について共有持分を有する場合は、居住建物取得者は、配
　偶者短期居住権が消滅したことを理由としては、居住建物の返還を求め
　ることができない。
2　第599条第1項及び第2項並びに第621条の規定は、前項本文の規定
　により配偶者が相続の開始後に附属させた物がある居住建物又は相続の
　開始後に生じた損傷がある居住建物の返還をする場合について準用する。

解　　　説

1　本条の趣旨

　本条は、配偶者短期居住権が消滅した場合に居住建物に関して配偶者
に生ずる義務や権利の内容等について規定している。すなわち、本条第
1項では、配偶者短期居住権が消滅した場合には、配偶者は原則として
居住建物の返還義務を負うことを規定した上で、例外的に、配偶者が居
住建物について共有持分を有する場合には居住建物の返還義務を負わな
い場合を規定し、本条第2項では、第1項本文の規定により配偶者が居
住建物の返還義務を負う場合には、配偶者は相続開始後に居住建物に附
属させた物の収去義務を負い、又は収去権を有すること、さらには相続
開始後に生じた損傷について配偶者が原状回復義務を負う範囲等につい
て規定している。

2　配偶者短期居住権消滅後の返還義務（第1項）

　本条第1項本文では、配偶者短期居住権が期間満了や消滅請求等によ
り消滅した場合には、配偶者は、原則として居住建物取得者に対して居
住建物の返還義務を負う旨を定めている。配偶者短期居住権を有する配
偶者は、居住建物の使用権原を有するが、配偶者短期居住権が消滅した
場合には、居住建物の使用権原も居住建物取得者が有することになるた

め（第206条）、この点は当然のことを定めたにすぎない。

　もっとも、配偶者短期居住権の消滅事由のうち、配偶者居住権の取得を理由とするもの（第1039条）については、配偶者は、これにより居住建物について使用及び収益の権原を有することになるから（第1028条第1項本文）、配偶者短期居住権の消滅後も、配偶者は居住建物取得者に対して居住建物の返還義務を負うことはない（本条第1項本文）。

　また、配偶者短期居住権は、配偶者が居住建物について共有持分を有している場合にも発生するが（第1037条の解説参照）、配偶者は、この場合には配偶者短期居住権が消滅したとしても、居住建物の共有持分に基づき居住建物の占有を継続することが可能な場合があり得ることから、本条第1項ただし書において、居住建物取得者は、配偶者短期居住権が消滅したことを理由としては、居住建物の返還を求めることができない旨を規定している。

　もっとも、例えば、居住建物がA（配偶者）、B、Cの共有に属する場合に、これらの共有者間で、配偶者短期居住権が消滅したときはBが建物を使用する旨の合意がされていれば、配偶者であるAは、当然のことながら、配偶者短期居住権の消滅後には当該合意に基づきBに居住建物を引き渡す義務を負うことになるのであって、本条第1項ただし書は、あくまでも配偶者が居住建物の共有持分を有する場合に、「配偶者短期居住権が消滅したことを理由としては」居住建物の返還義務を負わない旨を定めているにすぎない。

　このように、配偶者が居住建物の共有持分を有する場合における配偶者短期居住権消滅後の権利関係については、一般の共有法理に委ねられることになる。

3　配偶者が相続開始後に居住建物に附属させた物の収去義務及び収去権（第2項、第599条第1項及び第2項）

　配偶者が本条第1項の規定により居住建物を返還する場合には、相続開始後に居住建物に附属させた物の取扱いについては、使用貸借契約に

204 第1部 民 法

おける借主の収去義務及び収去権を定めた第599条第1項及び第2項が準用される。

　したがって、配偶者は、配偶者短期居住権が消滅した場合には、相続開始後に居住建物に附属させた物について収去義務を負うことになる（本条第2項、第599条第1項本文）。これは、第621条の準用部分とともに、配偶者の原状回復義務の一内容を構成するものである。

　もっとも、居住建物から分離することができない物又は分離するのに過分の費用を要する物については、配偶者は収去義務を負わない（本条第2項、第599条第1項ただし書）。この場合には、配偶者と居住建物取得者との利益調整は、第248条の償金請求等によって図られることになる。

　また、配偶者は、相続開始後に居住建物に附属させた物を収去することができる（本条第2項、第599条第2項）。

　したがって、居住建物取得者が物を附属させたまま居住建物を返還するように求めてきた場合でも、配偶者は、この収去権に基づき、当該物を収去することができる。

　前記のとおり、居住建物に附属させた物を分離するために過分の費用を要する場合には、配偶者は当該物の収去義務を負わないが、自らが望む場合にはこれを収去することができると考えられる（もっとも、この点については学説上争いがある。これに対し、居住建物から分離することができない物については、収去権の行使がそもそも不能であるから、配偶者は当該物を収去することができない。）。

　もっとも、配偶者の収去権は配偶者に居住建物に投下した費用の回収を認める趣旨で認められるもので、居住建物取得者がこれに対応する義務を負うわけではないので、配偶者が収去権に基づいて当該物を分離した場合についても、その費用は配偶者の負担となる。

第 1040 条（居住建物の返還等）　205

4　相続開始後に生じた損傷についての原状回復義務（第 2 項、第 621 条）

　配偶者が本条第 1 項の規定により居住建物の返還義務を負う場合に、居住建物に相続開始後に生じた損傷があるときは、配偶者は、通常損耗や経年変化によるものを除き、これらの損傷を原状に回復する義務を負う。

　配偶者短期居住権消滅後の原状回復義務については、前記 3 の収去義務や収去権とは異なり、使用貸借契約に関する第 599 条第 3 項ではなく、賃貸借契約に関する第 621 条を準用しており、配偶者は、相続開始後に生じた損傷であっても、通常損耗や経年変化によるものについては原状回復義務を負わないとされている点が重要である。

　配偶者短期居住権は、配偶者の短期的な居住の権利を保護するために特に認められたもので、配偶者は特に経済的な出捐をしていないことからすれば、原状回復義務の内容も使用貸借契約と同様にすることもあり得たが、配偶者短期居住権は存続期間が比較的短期間に限定されており、通常損耗等を原状回復義務の対象に含める必要性はさほど高くないと考えられることや、一般に、遺産分割対象財産の遺産分割時までの経年変化等による価値の低減については、各財産の占有者がこれを負担することとはされておらず、共同相続人全員の負担とされていること等を考慮して、第 621 条を準用することとしたものである。

　また、相続開始後に生じた損傷が通常損耗や経年変化によるものとはいえない場合であっても、その損傷について配偶者に帰責性がない場合には、配偶者は原状回復義務を負わない（本条第 2 項、第 621 条ただし書）。帰責性がない場合に原状回復義務を負わないという点は、使用貸借契約においても同様である（第 599 条第 3 項ただし書）。

206　第1部　民　法

第1041条（使用貸借等の規定の準用）　　　　　【平成30年改正】

> （使用貸借等の規定の準用）
> 第1041条　第597条第3項、第600条、第616条の2、第1032条第2項、第1033条及び第1034条の規定は、配偶者短期居住権について準用する。

解　説

1　本条の趣旨

　本条は、配偶者短期居住権の消滅事由のほか、居住建物の使用によって生じた損害の賠償請求や費用償還請求についての期間制限について使用貸借及び賃貸借に関する規定を準用するとともに、配偶者短期居住権の譲渡禁止、修繕権及び費用の負担等に関する規律について配偶者居住権に関する規定を準用する旨を定めている。

2　配偶者短期居住権の消滅事由

(1)　配偶者の死亡（第597条第3項の準用）

　配偶者短期居住権は、配偶者の死亡により消滅する。配偶者短期居住権は、相続開始後に配偶者の居住に関する権利状態に急激な変化が生ずるのを回避する観点から特別に認められた権利であり、このような制度趣旨に照らすと、配偶者の死亡後にまでこれを存続させる必要はないことになるから、その存続期間の満了前であっても、配偶者の死亡によって当然に消滅することとしたものである。

(2)　居住建物の全部滅失（第616条の2の準用）

　配偶者短期居住権は、権利の客体である居住建物の全部滅失等によっても消滅する。配偶者短期居住権は、居住建物を使用することができる権利であり、この点では貸借権等と類似の性質を有することから、配偶者短期居住権についても、居住建物の全部が滅失するなど配偶者が居住建物の使用をすることができなくなった場合には権利が消滅することとしたものである。

　したがって、例えば、居住建物が滅失した後、従前の配偶者短期居住

権の存続期間中に、居住建物取得者が同じ場所に別の建物を新築した場合であっても、配偶者は、居住建物取得者に対し、配偶者短期居住権を主張することはできない。なお、第616条の2の「使用…をすることができなくなった場合」に該当するためには、継続的に居住建物の使用ができない状態となり、配偶者の権利行使が法的に不能になったと評価される場合であることが必要であり、一時的に使用をすることができない状態になったとしても、修繕等をすることによりこれを回復させることが可能である場合には上記要件には該当しないと解すべきである。

また、居住建物の全部滅失等について居住建物取得者に帰責事由がある場合でも、配偶者短期居住権自体は消滅し、これによって配偶者に生じた損害については、債務不履行又は不法行為に基づく損害賠償請求等をすることによって解決を図るほかはない。

3 居住建物の使用によって生じた損害賠償請求や費用償還請求についての期間制限（第600条の準用）

配偶者が用法遵守義務や善管注意義務（第1038条第1項）などの義務に違反して居住建物の使用をした場合には、居住建物取得者は配偶者に対してこれによって生じた損害の賠償請求をすることができ、また、配偶者が居住建物に関して支出した非常の必要費や有益費については居住建物取得者に対して償還請求をし得るが、これらの請求は、いずれも居住建物取得者が居住建物の返還を受けた時から1年以内にしなければならない。

これらの債権債務は、居住建物の返還後早期に処理されることが望ましいとの政策的配慮に基づくものであり、これと同様の規律は、使用貸借及び賃貸借のいずれにおいても採用されているほか（第600条、第623条）、寄託においても採用されている（第664条の2）。

また、配偶者の前記義務違反による損害賠償請求権については、居住建物取得者が居住建物の返還を受けた時から1年を経過するまでの間は、時効は完成しない（第600条第2項の準用）。前記損害賠償請求権は、配

208　第1部　民　　法

偶者の義務違反があった時から請求することが可能であるが、居住建物
の返還がされるまでの間は配偶者が居住建物の使用をしており、居住建
物取得者はこれらの義務違反があった事実を把握することが困難である
ことから、時効期間の例外を設けたものである。

4　配偶者居住権に関する規定の準用

(1)　配偶者短期居住権の譲渡禁止（第1032条第2項の準用）

　配偶者短期居住権は、譲渡することができない。配偶者短期居住権は、
相続開始後に配偶者の居住に関する権利関係に急激な変化が生ずるのを
回避し、配偶者の短期的な居住権の権利を保護するために特に認められ
たものであり、その譲渡を認めることは制度趣旨と整合しないからであ
る。このように、配偶者短期居住権はその譲渡性が否定されていること
からすれば、配偶者居住権と同様、相続債権者や配偶者の債権者が配偶
者短期居住権を差し押さえることはできないものと考えられる。以上の
とおり、配偶者短期居住権は、その譲渡性が否定されており、また、配
偶者の死亡によって当然に終了することとしていることから（第1041
条、第597条第3項）、帰属上の一身専属権である。

(2)　居住建物の修繕等（第1033条の準用）

　配偶者短期居住権においても、居住建物が修繕を要する状態になった
場合の修繕権に関する規律は配偶者居住権の場合と同様である。

　すなわち、この場合の修繕権については、まず第一次的に、居住建物
の使用権を有する配偶者にこれを認めることとし、次いで、配偶者が相
当の期間内に修繕をしない場合に居住建物取得者にこれを認めることと
している（第1033条第1項及び第2項の準用）。

　また、配偶者短期居住権の存続期間中に居住建物が修繕を要する状態
にあるのに配偶者が修繕をせず、又は居住建物について権利主張をする
者がいる場合に、居住建物取得者が自ら修繕をし、又は適切な法的対応
等をとることができる機会を保障するため、これらの場合には、居住建
物取得者がこれらの事実を知っているときを除き、配偶者は、居住建物

取得者に対してこれらの事実を遅滞なく通知しなければならないこととしている（第1033条第3項の準用）。

(3) 居住建物の費用の負担（第1034条の準用）

　居住建物の費用の負担についても、配偶者居住権と同様の規律を採用している。すなわち、配偶者は居住建物の通常の必要費を負担し、それ以外の費用（非常の必要費及び有益費）については、基本的には、占有者による費用の償還請求に関する第196条と同様の規律によることとしているが、有益費の償還に関する期限の許与については、第196条第2項ただし書の規律（善意の占有者に限り認めることとしているもの）とは異なり、配偶者の善意・悪意を問わずにこれを認め得ることとしている（このため、本条においては、第196条ではなく、第583条第2項を準用することとしている。）。なお、居住建物の費用の負担に関するこれらの規律は、使用貸借契約における費用負担に関する規律（第595条）と同様である。

210　第1部　民　　法

第9章　遺留分

第1042条（遺留分の帰属及びその割合）　　　　　　【平成30年改正】

> （遺留分の帰属及びその割合）
> **第1042条**　兄弟姉妹以外の相続人は、遺留分として、次条第1項に規定する遺留分を算定するための財産の価額に、次の各号に掲げる区分に応じてそれぞれ当該各号に定める割合を乗じた額を受ける。
> 　一　直系尊属のみが相続人である場合　3分の1
> 　二　前号に掲げる場合以外の場合　2分の1
> **2**　相続人が数人ある場合には、前項各号に定める割合は、これらに第900条及び第901条の規定により算定したその各自の相続分を乗じた割合とする。

解　　説

1　本条の趣旨

　本条は、遺留分権利者の範囲及び各遺留分権利者の遺留分の割合を定めるものである。各遺留分権利者の遺留分の割合については、第1項において総体的遺留分の割合を定め、第2項において遺留分権利者である相続人が数人ある場合における各遺留分権利者の遺留分（個別的遺留分）の割合の算定方法を定めている。

2　遺留分権利者の範囲及び総体的遺留分の割合（第1項）

　本条第1項では、兄弟姉妹以外の相続人が遺留分権利者となる旨が定められており、具体的には、被相続人の配偶者、子（第887条第2項及び第3項の規定による代襲者を含む。以下、この条において同じ。）、直系尊属が遺留分権利者となり得る。もっとも、遺留分権利者は相続人であることが要件とされているため、直系尊属は第889条第1項の規定により自らが相続人となる場合にのみ遺留分権利者となる。同様に、相続欠格者、推定相続人の廃除の手続を受けた者及び相続放棄をした者も相続人ではないから、遺留分権利者とはならない。なお、前2者については、

これらの者に代わりその代襲者等が遺留分権利者となり得る（第887条第2項、第3項等）。

　また、本条第1項では、総体的遺留分の割合が定められており、直系尊属のみが相続人である場合には3分の1（第1号）、それ以外の場合には2分の1（第2号）が総体的遺留分の割合となる。遺留分を算定するための財産の価額に総体的遺留分の割合を乗じた額が遺留分の上限を画することになり、被相続人はこの限度で財産処分権を制限されることになる。なお、遺留分権利者が1人である場合には、総体的遺留分の割合がその遺留分権利者の遺留分（個別的遺留分）の割合となる。

　同項は、平成30年改正前の第1028条と同趣旨の規定であり、実質的な改正点はない。

3　各遺留分権利者の遺留分の割合（第2項）

　本条第2項では、各遺留分権利者の遺留分（個別的遺留分）の割合は総体的遺留分の割合に各遺留分権利者の法定相続分を乗じた割合である旨を定めている。同項は、条文の分かりやすさの観点から、平成30年改正前の第1044条における第900条の準用を書き下ろしたものであり、実質的な改正点はない。

　本条第2項は「相続人が数人ある場合には」と規定しているが、ここでの「相続人」は第1項の相続人すなわち遺留分権利者である相続人を意味するものである。

　例えば、相続人が配偶者（A）と被相続人の弟（B）のみである場合は、その法定相続分はそれぞれ4分の3と4分の1であるが（第900条第3号）、兄弟姉妹は遺留分権利者とはならない（本条第1項）。したがって、Bは本条第2項の相続人には含まれない結果、同項の「相続人が数人ある場合」には該当せず、Aの遺留分の割合は2分の1となる（本条第1項第2号）。

212 第1部 民 法

第1043条（遺留分を算定するための財産の価額） 【平成30年改正】

（遺留分を算定するための財産の価額）

第1043条 遺留分を算定するための財産の価額は、被相続人が相続開始の時において有した財産の価額にその贈与した財産の価額を加えた額から債務の全額を控除した額とする。

2 条件付きの権利又は存続期間の不確定な権利は、家庭裁判所が選任した鑑定人の評価に従って、その価格を定める。

解　説

1 本条の趣旨

本条第1項は、遺留分を算定するための財産（遺留分算定の基礎となる財産）の価額の算定方法を定めたものであり、本条第2項は、その財産の中に条件付きの権利や存続期間の不確定な権利が含まれている場合について、これらの権利も遺留分を算定するための財産に含まれることを前提とした上で、その権利の評価方法を定めたものである。本条は、平成30年改正前の第1029条と若干表現は異なるものの、同内容の規定であり、実質的な改正点はない。

2 遺留分を算定するための財産の価額の算定方法（第1項）

本条第1項では、遺留分を算定するための財産の価額、すなわち遺留分算定の基礎となる財産の価額は、①被相続人が相続開始の時に有した財産の価額に、②被相続人が相続人又は第三者に対して贈与した財産の価額を加えた額から③債務の全額を控除した額である旨が定められている。

①の「被相続人が相続開始の時に有した財産」には、遺産分割の対象財産だけでなく、特定財産承継遺言、特定遺贈及び死因贈与の目的財産が含まれる。

②の「その贈与した財産」の範囲について、本条では特段の制限は設けられていないが、被相続人が贈与した全ての財産がこれに含まれるわけではなく、次条（第1044条）において時期的な制限等が設けられてい

る。すなわち、ここでの「贈与」は次条第1項及び第3項の要件を満たすものに限られ、その相手方が相続人以外の第三者である場合には原則として相続開始前1年間にされたものが、その相手方が相続人である場合には原則として相続開始前10年間にされたものがこれに含まれるが、これらの時期的要件を満たさない贈与についても、被相続人と受遺者の双方が遺留分権利者に損害を加えることを知ってされた場合には、これに含まれることになる。なお、贈与の価額については、その評価時が問題となり得るが、判例は、贈与についても、贈与時ではなく相続開始時を基準に評価すべきであるとしている（最判昭和51年3月18日・民集30巻2号111頁）。

　③の「債務」は、被相続人が相続開始の時に負っていた債務、すなわち相続債務を意味するものである。

　以上のとおり、遺留分を算定するための財産の価額の算定方法を計算式の形で表すと、次のとおりになる。

　（遺留分を算定するための財産の価額）

　＝　（被相続人が相続開始の時に有した財産の価額（①））

　　＋（相続人に対して相続開始前の10年間にされた贈与の目的財産の価額（②―1））

　　＋（第三者に対して相続開始前の1年間にされた贈与の目的財産の価額（②―2））

　　＋（当事者双方が悪意でした贈与の目的財産の価額（②―3））

　　－（相続債務の全額（③））

　※　上記（②―3）の贈与については、（②―1）又は（②―2）に含まれるものは除く。

3　条件付きの権利又は存続期間の不確定な権利の評価額の算定

　相続開始の時点で、被相続人が有する権利が条件付きであり、又はその存続期間が不確定である場合には、権利の存否自体やその具体的内容が確定していないことになるため、これをどのように取り扱うべきかが

214　第1部　民　法

問題となるが、本条第2項では、これらの権利も遺留分を算定するための財産に含まれることを前提とした上で、その権利の価格については家庭裁判所が選任した鑑定人の評価に従って定めることとされている。

第1044条　　　　　　　　　　　　　　　　【平成30年改正】

> 第1044条　贈与は、相続開始前の1年間にしたものに限り、前条の規定
> によりその価額を算入する。当事者双方が遺留分権利者に損害を加える
> ことを知って贈与をしたときは、1年前の日より前にしたものについて
> も、同様とする。
> 2　第904条の規定は、前項に規定する贈与の価額について準用する。
> 3　相続人に対する贈与についての第1項の規定の適用については、同項
> 中「1年」とあるのは「10年」と、「価額」とあるのは「価額（婚姻若
> しくは養子縁組のため又は生計の資本として受けた贈与の価額に限
> る。)」とする。

解　　説

1　本条の趣旨

本条は、遺留分を算定するための財産の価額に算入される贈与[1]の範
囲等を定めるものである。

遺留分を算定するための財産の価額に算入される贈与については、受
贈者が相続人か、それ以外の第三者であるかによってその範囲が異なる
が、本条では、第1項において一般的な規定を設けた上で、第3項にお
いて受贈者が相続人である場合の特則を定めている。

また、本条第2項は、相続開始の時点までに、受贈者の行為によって、
贈与の目的財産が滅失し、又はその価格の増減があった場合について、
その財産の価額の算定方法を定めるものである。

2　受贈者が相続人以外の者である場合（第1項）

本条第1項では、受贈者が相続人以外の者である場合については、原
則として、相続開始前の1年間にされた贈与に限り、遺留分を算定する

1　なお、『新基本法コンメンタール相続〔第2版〕』318頁〔潮見佳男執筆部分〕
では、ここでいう「贈与」は、第549条にいう贈与に限らず、全ての無償処分
を指すとされ、寄付行為、信託受益権の無償供与、無償での債務免除、無償で
の担保供与もこれに含まれるとされている。

216　第1部　民　法

ための財産の価額に算入する旨を規定した上で（同項本文）、例外的に、被相続人と受遺者の双方が、贈与の当時、遺留分権利者に損害を加えることを知っていた場合には、その贈与の価額についても遺留分を算定するための財産の価額に算入する旨を規定している（同項ただし書）。

　もっとも、遺留分を算定するための財産については、贈与がされた後相続が開始されるまでの間に被相続人が新たに財産を取得し、又は債務を負担することによってその価額が変動することとなるため、同項ただし書の悪意をどのように認定すべきかが問題となる。

　この点について、判例は、同項ただし書の悪意の意義について、必ずしも加害の意思まで要件とするものではなく、客観的に遺留分権利者に損害を加えることとなるべき事実関係を認識していれば足りるとしているが（大判昭和9年9月15日・大審院民事判例集13巻20号1792頁）、そのような認識があったといえるためには、「当事者双方において、贈与の財産の価額が残存財産の価額を超えることを知っていただけでなく、将来（すなわち相続開始の日までに）被相続人の財産に何らの変動もないこと、少なくともその増加はないことを予見していたことを要する」と判示している（大判昭和11年6月17日・大審院民事判例集15巻15号1246頁）。

　もっとも、この判例は戦前のものであり、当時は家督相続制度が採用され、単独相続であったため、上記のような判示をしているものと考えられ、後半部分の判示も事案に即した判断を示したものにすぎないと考えられる。

　この判例の趣旨を現行法の下で一般化するとすれば、「仮にその法律行為がされた時点で相続が開始されたとすれば、その法律行為が遺留分を侵害するものであることを知っていたとしても、それだけでは悪意とはいえず、被相続人が死亡する時点、すなわち相続開始の時点でも確実に遺留分を侵害するものであることを知っていたことを要する」ということになるのではないかと思われる。

　このように、この判例は、善意・悪意の判断基準時である当該法律行

為がされた時点において、被相続人の死亡時という不確定の時点における将来予測を前提しても遺留分侵害に関する当事者双方の悪意を認定することができる場合にその適用範囲を限定しているものであり、このような考え方によれば、同項ただし書が適用されるのは、被相続人が死の間際に財産の大半を贈与することとした場合等に限られるものと考えられる。

3　受贈者の行為によって贈与の目的財産の滅失又は価格の増減が生じた場合の計算方法（第2項）

　本条第2項は、遺留分を算定するための財産に算入する贈与の価額を算定するに当たっては、第904条の規定を準用することとしており、具体的には、遺留分を算定するための財産の価額に含まれる贈与の目的財産が相続開始前に受贈者の行為によって滅失し、又はその価格に増減が生じた場合には、その目的財産が相続開始時においてなお原状のままであったとみなして贈与の価額を算定することとしている。

　本条第2項は、遺留分を算定するための財産の価額を算定する基準時を相続開始時としながら、相続開始前に受贈者の行為によって贈与の目的財産が滅失し、又はその価格が増減した場合にそれに応じてその価格を増減させることとすると、関係者相互の衡平が害されるおそれがあることから、これらの場合についても、遺留分を算定するための財産の価額の合計額、ひいては各遺留分権利者の遺留分額に変動が生じないよう、相続開始時においてなお現状のままであったとみなしてその価額を算定することとしたものである。

　本条第2項において準用する第904条では、「受贈者の行為によって、その目的である財産が滅失し、又はその価格の増減があったときであっても、相続開始の時においてなお現状のままであるものとみなして」と規定していることからすれば、同条は、贈与の目的財産の滅失又はその価格の増減が①受贈者の行為によって生じた場合、かつ、②相続開始前に生じた場合に適用されるものであると解される。このため、その反対

218　第1部　民　法

解釈として、目的財産の滅失の原因が受贈者の行為によるものではない場合（例えば、災害等の不可抗力による場合）には、原則どおり相続開始時を基準としてその目的の価額を算定することになるものと考えられる。したがって、相続開始前に贈与の目的物が災害等により完全に滅失した場合には、その贈与の目的財産の価額は遺留分を算定するための価額に算入されないことになる。なお、受贈者の行為によらずに目的財産の価額の変動が生じた場合（例えば、贈与の対象財産が金やプラチナ等の価格変動が著しいものであって、贈与時と相続時の価額が異なる場合）にも、本条は適用されず、原則どおり相続開始時の価額で評価されることとなる（最判昭和51年3月18日・民集30巻2号111頁参照）。

　また、贈与の目的財産の滅失等が相続開始後に生じた場合については、第904条の準用のような例外規定を設けておらず、かつ、実質的にも、相続開始後の事情によって各遺留分権利者の遺留分額又は遺留分侵害額に変動が生ずることを認めるのは相当でないと考えられることからすれば、相続開始後の目的物の滅失等の事実は遺留分を算定するための財産の価額の算定に影響を及ぼさないものと解すべきである。

4　受贈者が相続人である場合の特則（第3項）

　本条第3項は、受贈者が相続人である場合の特則として、遺留分を算定するための財産に含まれる贈与の範囲を拡張し、相続開始前10年間にされた相続人に対する贈与の目的財産については、遺留分を算定するための財産に含めることとするものである。平成30年改正前は、受贈者が相続人である場合に、遺留分を算定するための財産に含まれる贈与の範囲について学説上争いがあり、相続人に対する贈与については原則として時期的な制限はないとする判例（最判平成10年3月24日・民集52巻2号433頁）・通説の立場と、相続人以外の者に対する贈与と同様に、原則として相続開始前1年間にされたものに限られる（例外は当事者双方が悪意の場合）との少数有力説の立場とに分かれており、そのいずれの立場を採るかによって結論が大きく異なっていたが、平成30年

改正では、これを立法的に解決し、両説のいずれとも異なる折衷的な考え方を採用することとしたものである。

　また、本条第3項では、受贈者が相続人である場合には、時期的な要件を満たす贈与の目的財産の全てが遺留分を算定するための財産に含まれるわけではなく、第903条の目的要件、すなわち、その贈与が婚姻若しくは養子縁組のために受けたものか、又は生計の資本として受けたものである場合に、遺留分を算定するための財産に含めることとしている。平成30年改正前は、改正前の第1044条において第903条が準用されている意義について、第903条の目的要件についてもこれを準用する趣旨であると解する見解と、同条の目的要件については準用されず、相続人に対する贈与であればその目的財産の全てが遺留分を算定するための財産に含まれると解する見解とに分かれており、この点については確立した判例もない状態であったが、この点についても立法的に解決することとしたものである。第903条において、相続人に対する贈与の全てを特別受益の対象としなかったのは、親族間においてはお年玉や各種の祝い金など、少額の贈与がされることが少なくないところ、このような贈与の全てを特別受益の対象に含めることとすると、計算が複雑になるほか、贈与の有無をめぐる紛争が多発するおそれがあること等を考慮したものであるが、このような趣旨は遺留分の計算においても同様に当てはまるため、遺留分との関係でも、同様の目的要件を設けることとしたものである。

　なお、遺産分割の場面では、第903条第3項により、被相続人はいわゆる持戻し免除の意思表示をすることにより、遺贈や贈与の目的財産をみなし遺産の対象から除外することができるが、遺留分制度は被相続人の意思にかかわらず遺留分権利者に最低限の取り分を保障するものであることから、遺贈や贈与について持戻し免除の意思表示がされた場合でも、その目的財産の価額は遺留分を算定するための財産の価額に算入されることになる。

　また、相続開始の1年以上前（かつ原則として10年以内）に相続人に

対して特別受益に該当し得る贈与がされた場合には、当該相続人がその後相続放棄をし、又は廃除の要件や相続欠格事由に該当する行為をしたことによって遡及的に相続人でなくなったとしても、遺留分を算定するための財産の価額から当該贈与の価額を除外するのは相当でないものと考えられる。そうでないと、被相続人がその財産の全部ないしその大部分を特定の相続人に贈与したとしても、その後1年が経過した場合には、当該相続人は相続放棄をしたり、欠格事由等に該当する行為をしたりすることにより、遺留分侵害額に係る支払義務を免れることができることとなり、遺留分制度の意義が相当程度没却されることになるからである[2]。

---

2 これに反対の見解を述べているものとして、『新基本法コンメンタール相続〔第2版〕』319頁〔潮見佳男執筆部分〕等がある。

第 1045 条　　221

第 1045 条　　　　　　　　　　　　　　　【平成 30 年改正】

> 第 1045 条　負担付贈与がされた場合における第 1043 条第 1 項に規定する
> 　贈与した財産の価額は、その目的の価額から負担の価額を控除した額と
> 　する。
> 　2　不相当な対価をもってした有償行為は、当事者双方が遺留分権利者に
> 　損害を加えることを知ってしたものに限り、当該対価を負担の価額とす
> 　る負担付贈与とみなす。

解　説

1　本条の趣旨

　本条は、負担付贈与や不相当な対価をもってした有償行為がある場合
について、遺留分を算定するための財産の価額の算定方法を定めたもの
であり、負担付贈与の価額はその目的の価額から負担の価額を控除した
額とし（第 1 項）、不相当な対価をもってした有償行為については、当
事者双方が遺留分権利者に損害を加えることを知っていたものに限り、
遺留分を算定するための財産に含めることとした上で、その価額につい
ては、その目的の価額からその対価を控除した額とすることを定めるも
のである。

2　負担付贈与の価額（第 1 項）

(1)　負担付贈与の価額の算定方法

　本条第 1 項は、負担付贈与については、贈与の目的の価額から負担の
価額を控除した額を、遺留分を算定するための財産の価額に算入するこ
とを定めるものである。

　この点について、平成 30 年改正前の第 1038 条では、「負担付贈与は、
その目的の価額から負担の価額を控除したものについて、その減殺を請
求することができる。」と規定されていたが、この規定の意義について
は、遺留分を算定するための財産の価額を算定するに当たっても同様の
取扱いをすることを意図したものなのか（一部算入説）、あるいは、遺留
分を算定するための財産の価額を算定する際には、その目的の価額を全

222 第1部 民 法

額算入しつつ、減殺の対象をその控除後の価額の範囲に限定する趣旨なのか（全部算入説）について、学説上見解が分かれていた。

本条第1項は、これを立法的に解決し、一部算入説を採用したものである。負担付贈与の目的の価額の全額を遺留分算定の財産の価額に算入すると、負担の価額に相当する部分についても遺留分権利者の遺留分額を増額させるものとして作用することになるが、負担付贈与の負担については受贈者に金銭の支払義務等を負わせるものであり、この部分については、受贈者は無償で財産を取得したとはいい難いことからすると、そのような結論は相当でない。また、全部算入説を採用すると、事案によっては、遺留分侵害額請求をした遺留分権利者よりも負担付贈与を受けた相続人の方が最終的な取得額が少なくなるという逆転現象も生ずることになることになり、不公平な結果が生ずることになる[1]。

これにより、例えば、被相続人AがBに4000万円の金銭を贈与したが、Bには1000万円を公益社団法人に寄与するという負担が付いていたという事例においては、本条第1項により、4000万円から1000万円を控除した3000万円が遺留分を算定するための財産の価額に算入され、さらに、第1047条第1項柱書により、仮にBが遺留分侵害額請求の相手方となる場合にも、Bが負担すべき額は上記3000万円（Bが相続人である場合には、さらにその遺留分額を控除した額）が上限ということになる。

⑵ 負担付遺贈の価額の算定方法

本条第1項は、負担付贈与に関する規定であるが、負担付遺贈については、第1003条に規定があるものの、遺留分を算定するための財産の価額の算定をどのように行うべきかを明確に定めた規定は存在しない。

この点については、平成30年改正前も、本条第1項に相当する改正前の第1038条と第1003条の規定の関係が必ずしも明確でなかったこと

1　逆転現象が生ずる事例や全部算入説の問題点等の詳細については、『一問一答』138頁以下（Q88）参照。

もあり、解釈に委ねられていたところである。平成30年改正において
は、本条第1項において、負担付贈与の場合について、遺留分を算定す
るための財産の価額に算入される範囲を明確にしたが、負担付遺贈につ
いてその反対解釈をすることまでは想定しておらず、この点については
改正後もなお解釈に委ねられているものと考えられる。

　そこで、以下では、負担付遺贈の場合について、本条第1項の反対解
釈をすべきか、その類推適用をすべきかを検討する。

　条文の規定の仕方からすれば、本条において負担付贈与については規
定をしながら、あえて負担付遺贈については規定を設けていないのであ
るから、本条第1項の反対解釈をする方が素直なようにも思われる。

　しかし、そのような解釈によると、負担付贈与ではその負担の価額を
控除した額を遺留分算定のための財産の価額に算入することになるのに
対し、負担付遺贈ではその目的の価額の全額をこれに算入することとな
り、特に負担の価額が大きい場合には、負担付贈与であるか負担付遺贈
であるかによって、各遺留分権利者の遺留分額自体が大きく異なること
になり得るが、贈与と遺贈という法的性質の差異からこの点を合理的に
説明することは困難であると考えられる[2]。これに加えて、本条におい
ては、負担付贈与だけでなく不相当な対価をもってした有償行為につい
ても、その対価を控除した価額を遺留分算定のための財産の価額に算入
することとし、そのいずれにおいても、実質的な無償部分に限り、遺留
分を算定するための財産の価額に算入することを明確化したこと等に照
らせば、負担付遺贈についても、本条第1項を類推適用し、その負担の
価額を控除した額に限り遺留分算定のための財産の価額に算入すること

　2　さらに、本条の反対解釈をした場合には、負担部分については、遺留分算定
　のための財産の価額に含めることとした上、遺留分侵害額の負担額からも控除
　しないという結論になることになるが（第1047条第1項柱書）、このような考
　え方によると、遺贈の額と負担の価額が同じであり、実質的な取得額がない場
　合であっても遺留分侵害額の負担をしなければならないという不当な結果が生
　ずることになる。

224　第1部　民　　法

とするのが相当であると考えられる。

　このような考え方に立った場合には、第1003条は、負担付遺贈の受遺者が遺留分侵害額請求を受け、これによって遺贈の目的の価額の全部又は一部が減少した場合に（厳密には、第1047条によって負担の根拠とされたときは）、その減少の割合に応じて負担した義務を免れるということのみを定めたものであり、遺留分を算定するための財産の価額については何ら規定をしていないと解することになるものと考えられる。

　なお、負担付贈与の場合については第1003条のような規定は存在しない。これは、負担付贈与の場合には、負担付遺贈の場合と比べると、類型的に受贈者が負担の義務の全部又は一部を既に履行している場合が多いものと考えられるが、負担付贈与の場合にも第1003条と同様の規律を適用すると、既に履行した負担の義務についての原状回復が必要となることになり、法律関係が複雑になることから、このような規律は設けなかったものと考えられ（『新版注釈民法⒇』507頁〔高木多喜男〕参照）、この点については、平成30年改正によっても見直しがされなかったところである。

3　不相当な対価をもってした有償行為の取扱い（第2項）

　不相当な対価をもってした有償行為は、当然に遺留分を算定するための財産の価額に算入されることはなく、当事者双方が遺留分権利者に損害を加えることを知っていたものに限り、当該対価を負担の価額とする負担贈与とみなされて、遺留分を算定するための財産の価額に算入されることになる。

　「当事者双方が遺留分権利者に損害を加えることを知って」という要件は、第1044条第1項後段の要件、すなわち、相続開始の1年前の日（受贈者が相続人である場合には10年前の日）よりも前にされた贈与の目的財産が遺留分を算定するための財産に含まれる場合の要件と同じであり、判例は、同項後段の要件についてかなり厳格な解釈をしているが（同条の解説参照）、本条第2項の解釈については確立した判例もなく、

第1044条第1項後段の場合と同様の厳格な解釈がされるかどうかは必ずしも明らかでないように思われる。

当事者双方が悪意であり、不相当な対価をもってした有償行為の目的財産が遺留分を算定するための財産に含まれる場合には、その価額は、当該有償行為の目的財産の価額からその対価の額を控除した額となる。

これにより、この場合についても、第1項の場合と同様、遺留分を算定するための財産の価額に算入される範囲は実質的な無償部分に限られることになる。

226　第1部　民　　法

第1046条（遺留分侵害額の請求）　　　【平成30年改正】

> （遺留分侵害額の請求）
> 第1046条　遺留分権利者及びその承継人は、受遺者（特定財産承継遺言
> 　により財産を承継し又は相続分の指定を受けた相続人を含む。以下この
> 　章において同じ。）又は受贈者に対し、遺留分侵害額に相当する金銭の
> 　支払を請求することができる。
> 2　遺留分侵害額は、第1042条の規定による遺留分から第1号及び第2
> 　号に掲げる額を控除し、これに第3号に掲げる額を加算して算定する。
> 　一　遺留分権利者が受けた遺贈又は第903条第1項に規定する贈与の価
> 　　額
> 　二　第900条から第902条まで、第903条及び第904条の規定により算
> 　　定した相続分に応じて遺留分権利者が取得すべき遺産の価額
> 　三　被相続人が相続開始の時において有した債務のうち、第899条の規
> 　　定により遺留分権利者が承継する債務（次条第3項において「遺留分
> 　　権利者承継債務」という。）の額

解　　説

1　本条の趣旨

　本条は、第1項において、遺留分権利者がその遺留分を侵害された場
合には、受遺者又は受贈者に対し、遺留分侵害額について金銭請求をす
ることができる旨を定めるとともに、第2項において、遺留分侵害額の
算定方法を定めている。

2　遺留分権利者の権利の金銭債権化（第1項）

　本条第1項は、遺留分権利者及びその承継人は、その遺留分が侵害さ
れた場合には、受遺者又は受贈者に対し、遺留分侵害額に相当する金銭
の支払を請求することができる旨を定めるものである。

⑴　請求権者

　遺留分侵害額請求権を行使できる者は、「遺留分権利者及びその承継
人」である。平成30年改正前の第1031条は、文言は異なるものの遺留
分減殺請求権者の範囲につき「遺留分権利者及びその承継人」と定めて

おり、平成 30 年改正は、請求権者の範囲について特段変更を加えるものでない。

遺留分権利者の範囲は、第 1042 条で規定されているので、同条の解説を参照されたい。

また、本条では、遺留分権利者の承継人も、遺留分侵害額請求権を行使することができる者に含めているが、ここでの承継人には、当該遺留分権利者の相続人、包括受遺者等の包括承継人だけでなく、当該遺留分権利者から遺留分侵害額請求権を譲り受けた者等の特定承継人も含まれる。

この点について、判例は、「遺留分減殺請求権は、遺留分権利者が、これを第三者に譲渡するなど、権利行使の確定的意思を有することを外部に表明したと認められる特段の事情がある場合を除き、…行使上の一身専属性を有すると解するのが相当である」との判断を示している（最判平成 13 年 11 月 22 日・民集 55 巻 6 号 1033 頁）。

したがって、本条第 1 項は、遺留分侵害額請求権が帰属上の一身専属性までは有しないことを示すにとどまり、行使上の一身専属性を否定する趣旨までは含まれないことになり、遺留分権利者の債権者は、前記特段の事情が認められない限り、債権者代位権（第 423 条）に基づき遺留分侵害額請求権を行使することはできないことになる。

(2) 相手方の範囲

遺留分侵害額請求権の相手方は、受遺者、受贈者、特定財産承継遺言により財産を承継し又は相続分の指定を受けた相続人のほか、これらの者の包括承継人がこれに含まれる。本条第 1 項括弧書では、特定財産承継遺言により財産を承継し又は相続分の指定を受けた相続人が「受遺者」に含まれる旨規定しているため、本条の解説においてもこれらの相続人は受遺者に含まれる前提で説明している。

なお、平成 30 年改正前は、減殺を受けるべき受贈者の譲受人がその譲渡の当時遺留分権利者に損害を加えることを知っていた場合には、その譲受人にも減殺請求をすることができることとされていたが（改正前

228 第1部 民 法

の第1040条第1項ただし書）、遺留分権利者の権利を金銭債権化したことにより、贈与自体の効力が否定されることはなくなったことを踏まえ、平成30年改正では、この部分に相当する規定を設けないこととし、受贈者からその目的物を譲り受けた者に対しては、遺留分侵害額請求をすることはできないことを明確にしている。

(3) 金銭請求権

本項において、「遺留分侵害額に相当する金銭の支払を請求することができる」と定めているように、遺留分侵害額請求権の内容は金銭請求権である。

平成30年改正前は、遺留分権利者の権利は遺留分を侵害する遺贈又は贈与等の全部又は一部の効力を消滅させるという減殺請求権であったが、この点については、遺留分権利者が権利行使をした場合の法律関係を複雑にし、円滑な事業承継等を困難にするなどの弊害が指摘されていたこと等を考慮して、平成30年改正においてこの点を見直し、これを金銭債権化することとした。

なお、平成30年改正前は、遺留分権利者が保有する権利について遺留分減殺請求権と呼ばれていたが、平成30年改正により遺贈又は贈与等の効果そのものには影響を与えない（減殺されない）こととされたことから、権利の名称についても遺留分侵害額請求権と改めることとした。

3 遺留分侵害額の算定方法（第2項）

本条第2項では、遺留分侵害額の計算方法を定めており、遺留分侵害額は、第1042条の遺留分の額から、同項第1号及び第2号に掲げる額を控除し、同項第3号に掲げる額を加算して算定する旨を規定している。以下では、遺留分侵害額の算定にあたり、同項各号に掲げられた額を加除すべき理由及びその内容について順次説明する。

(1) **遺留分権利者に対して遺贈又は贈与がされた場合の処理（第1号）**

ア　総論

本条第2項第1号では、遺留分権利者が遺贈を受けた場合又は特別受益に当たる生前贈与を受けた場合には、遺留分の額からこれらの遺贈又は贈与の価額を控除することを定めている。

遺留分制度は、被相続人の財産処分権を一定の範囲で制限し、生活保障等の観点から遺留分権利者に最低限の取り分を保障するものであることに照らすと、遺留分権利者が既に被相続人から一定の財産を無償で取得した場合には、これを遺留分から控除する必要があるため、その財産の価額を遺留分の額から控除すべきこととしたものである。

イ　遺贈

遺留分権利者が遺贈を受けた場合には、遺贈の価額を控除することになるが、遺留分権利者が負担付遺贈を受けた場合には、遺贈の価額から負担の価額を控除すべきか問題となり得る。

負担付贈与がされた場合には、遺留分を算定するための財産の価額には、贈与の価額全額を算入するのではなく、負担の価額を控除した価額を算入することとされているが（第1045条第1項）、負担付遺贈がされた場合にも、同項を類推適用して、負担の価額を控除した価額を算入すべきである（第1045条の解説参照）。

そうであるとすれば、遺留分権利者が負担付遺贈を受けた場合に控除すべき遺贈の価額についても、遺留分権利者の負担の価額を控除した額とすべきである。

ウ　贈与

本号では、「第903条第1項に規定する贈与の価額」を控除すべきことを定めており、贈与については、特別受益に該当する贈与、すなわち婚姻若しくは養子縁組のため又は生計の資本として受けた贈与に限ることとしており、この点は、遺留分を算定するための財産の価額に算入すべき贈与の範囲と一致する。

230　第1部　民　法

　もっとも、時的限界という点においては、遺留分を算定するための財産の価額に算入すべき贈与の範囲と必ずしも一致しない点に注意を要する。すなわち、遺留分を算定するための財産の価額に算入すべき贈与については、時的限界が設けられており、相続人に対する贈与については原則10年の期間制限にかかるが（第1044条第3項、第1項）、遺留分侵害額の計算に当たり控除すべき贈与の価額については、上記のような制限が設けられていない。これは、遺留分侵害額を算定する際に控除の対象となる贈与についても、同条と同様の期間制限を設けることとすると、相続人に対して多額の贈与がされたが、その贈与が第1044条第1項前段及び後段の各要件を満たさない事案において相続人間の公平を害する結果となり得ること等を考慮したものである。

　例えば、被相続人の相続人がA、B2人の子であり、Aに対しては相続開始日の12年前に被相続人から1億円の贈与がされ、Bに対しては遺産の全額である2000万円について遺贈がされ、かつ、Aに対する贈与が第1044条第1項後段の要件を満たさず、遺留分を算定するための財産に含まれないという事案を前提としてこれを説明すると、次のとおりとなる。仮に、本条第2項第1号の贈与についても第1044条第1項前段のような期間制限を設けるとすると、この事案において、Aは同項第1号に該当する贈与は受けていないことになるため、自己の遺留分が侵害されているとして、Bに対し、遺留分額である500万円（＝2000万円×1／2×1／2）を請求することができることになるが、相続開始日の12年前とはいえ、被相続人からBが受けた財産の5倍に当たる財産を受けていながら、更にBに対して遺留分侵害額請求を認めるのは、相続人間の公平を図るという遺留分制度の趣旨に照らし、相当でないと考えられる[1]。このため、本条第2項第1号の贈与については、第1044条第1項前段のような期間制限は設けないこととしたものである。

　なお、第903条は、遺産分割において、特別受益に該当する贈与がある場合には、これを遺産分割の計算の基礎に持ち戻すことを定めるとともに（第1項）、被相続人が持戻し免除の意思表示をした場合には、遺

産分割の計算の基礎には加えないことを認めている（第3項）。したがって、特別受益に該当する贈与について、持戻し免除の意思表示がある場合に、遺留分を算定するための財産の価額に加えるべき贈与の対象外とすべきか、また、遺留分侵害額の算定において差し引くべき贈与の対象外とすべきかが問題となり得る。遺留分制度は、遺留分権利者の生活保障等の観点から被相続人の意思にかかわらず遺留分権利者に最低限の取り分を保障するものであるところ、このような趣旨に照らすと、仮に本号の贈与について持戻し免除の意思表示がされていたとしても、その目的物の価額については、条文どおり、遺留分を算定するための財産の価額には加え、また、遺留分侵害額の計算においてはこれを控除すべきことになるものと考えられる。

(2) 遺産分割対象財産が存する場合の処理（第2号）

ア 総論

本条第2項第2号は、遺産分割対象財産が存在する場合の処理方法について定めている。すなわち、本号では、遺産分割対象財産がある場合には、「第900条から第902条まで、第903条及び第904条の規定により算定した相続分に応じて遺留分権利者が取得すべき遺産の価額」を遺留分侵害額から控除することとしており、具体的相続分（ただし、寄与分については考慮しない。）を前提として取得すべき遺産の価額を控除することとしている。

イ 具体的相続分説を採用した理由

前記(1)のとおり、遺留分制度が遺留分権利者に最低限の取り分を保障するものであることからすれば、被相続人が遺言等による処分をせずに

1　さらにいえば、上記の事案のように、第1044条第1項後段の要件を満たさない場合には、AがBに対して遺留分侵害額請求をすることができることになるのに対し、仮に、同様の事案で同項後段の要件を満たす場合には、今度は逆に、BがAに対して遺留分侵害額請求をすることができることになるが、同項後段の要件を満たすか否かの判断が微妙な事案もあり得ること等を考慮すると、その判断次第で両極端の結果が生ずるのは相当でないものと考えられる。

232 第1部 民 法

遺産分割の対象となる財産が存在する場合にも、遺留分権利者はその財産の中から一定額の財産を取得することになるのであるから、遺留分侵害額の算定に当たっては、遺留分額から当該財産の価額を控除すべきことになるはずである。

しかし、遺留分権利者が遺産分割でどの程度を取得することができるかは、特別受益や寄与分の有無によっても左右されることになり、また、遺産分割協議による場合には、必ずしも本来の相続分に従った分割がされるとは限らないため、遺産分割が終了するまでは確定しないことになる。このため、平成30年改正前は、遺産分割対象財産が存するが、遺産分割が終了していない場合に、遺留分侵害額をどのように算定すべきかについて学説上争いがあり、この点に関する確立した判例もなかったため、裁判実務上も必ずしも統一的な処理がされていなかったところである。具体的には、遺産分割が終了するまでは、遺産分割における具体的な取得額を確定することができず、具体的相続分には実体法上の権利性も認められないこと等を根拠として、法定相続分を前提として取得額を算定すべきであるという考え方（法定相続分説）と、特別受益の有無及び額については遺留分に関する事件を取り扱う裁判所においても客観的に認定することが可能であること等を根拠として、特別受益による相続分の調整（第903条、第904条）を行った上で、その取得額を算定するという考え方（具体的相続分説）とに分かれていた。

平成30年改正では、これを立法的に解決し、本号で第903条を引用することにより、具体的相続分説を採用することとしている。前記のとおり、遺留分制度は、被相続人の財産処分の自由をできる限り尊重しながら、遺留分権利者の最低限度の取り分を保障するものであるところ、遺産分割対象財産が存在する場合には、遺留分の侵害を受けている相続人は、通常、他の相続人よりも特別受益の額が少ないことが多いと考えられるにもかかわらず、特別受益による調整をせずに遺留分侵害額を算定することとすると、実際に取得することが見込まれる額よりも少ない額を前提として遺留分侵害額を算定することとなる。その結果、遺留分

権利者の実際の取得額が最低限の取り分の額を超える事態が生じ得ることとなり、場合によっては、遺留分侵害額請求をした相続人の取得額が同請求を受けた相続人の取得額よりも多くなるという逆転現象が生ずることになる[2]。このような事態は、相続人間の公平を図ろうとする遺留分制度の趣旨に沿わないものと考えられることから、法定相続分説は採用せず、特別受益による調整後の相続分を前提として、遺留分侵害額を算定することとしたものである。

ウ 寄与分について考慮しない理由

もっとも、本号では、寄与分（第904条の2）の規定は引用しておらず、これによって、遺留分侵害額を算定する際には寄与分の額を考慮しないことを規定上明確にしている。これは、寄与分の有無及び額等については、認定された事実から当然に定まるものではなく、家庭裁判所による判断を経なければその有無及び額が判明しないことから、遺産分割が終了するまでの間は、遺留分侵害額を算定する場合に考慮することはできないことや、寄与分は、権利者が一定の労務の提供や財産上の給付等をしたこと等を理由として認められるものであり、その部分については、実質的にも、被相続人から完全に無償で財産を取得したとはいい難いことを考慮したものである。

なお、第1045条においても、遺留分を算定するための財産については、実質的にも無償といえる部分に限り、その価額を算入することとしているところであり（同条の解説参照）、その意味では、遺留分額及び遺留分侵害額の算定をする際には、そのいずれの場面でも、実質的にみて

2　逆転現象が生ずる具体例については、『一問一答』Q 91（注2）（144頁）参照。なお、この事案においては、Yは、遺産分割において特別受益による調整をした場合には、当該遺産分割において一切財産を取得することができないことになるが、法定相続分説によると、このような場合でも遺産分割において一定の財産を取得することを前提に遺留分侵害額が算定される結果、実際に取得することができる額が遺留分額を下回るという事態が生ずることになる（上記事例におけるYの遺留分額は1250万円であるにもかかわらず、法定相続分説によると、実際には1000万円相当の財産しか取得することができないことになる。）。

234　第1部　民　　法

も無償といえるものに限り算定の基礎にしているということで一貫している
いるということができる。

エ　遺産分割が終了している場合

本号では、遺産分割が未了の場合と終了している場合とで異なる規律
は設けておらず、遺産分割が終了している場合であっても、寄与分を考
慮しない具体的相続分に応じて遺留分権利者が取得すべき財産の価額[3]
を控除すべきこととなる。遺留分侵害額は相続開始時に客観的に定まる
べきものであり、遺産分割が終了しているか否かによって、その額が異

3　本条第2項第2号において、「…の規定により算定した相続分に応じて遺留分
　権利者が取得すべき遺産の価額」という文言を用いているのは、遺留分侵害額
　の算定に当たっては、遺産分割が終了しているか否かにかかわらず、同じ計算
　方法を用いることを明らかにする趣旨であるが、遺留分権利者が遺留分侵害額
　支払請求をした時点で遺産分割協議が終了しており、遺産分割協議において、
　遺留分権利者が具体的相続分を超える額の財産（寄与分は考慮しない。）を取得
　していた場合に、これをどのように考慮すべきかが問題となる。
　　具体的には、以下のような事例において問題となる。
【事例】
⑴　被相続人　P
⑵　相続人　A、B、C（いずれもPの子）
⑶　時系列
　①　Pは、令和4年5月5日、Aに対し、Aの生計の資本として、P所有の
　　不動産（7000万円相当）を贈与した。
　②　Pは、令和5年6月15日、Bに対し、Bの生計の資本として、3000万円
　　を贈与した。
　③　A、B、Cは、令和6年3月15日、遺産分割協議において、Pの遺産で
　　ある預貯金2000万円について、Bが200万円を、Cが1800万円をそれぞ
　　れ取得する旨の合意をした。
　④　Cは、令和6年6月15日、Bに対し、遺留分侵害額支払請求をした。
　　この事案では、各相続人の遺留分は2000万円［＝（7000万円＋3000万円＋
　2000万円）×1/2×1/3］となる。また、遺産分割におけるCの具体的相続
　分は1600万円（＝2000万円×4/5）となる（なお、この事案では、遺産分割
　において、Aに超過特別受益が生じているが、この場合のB及びCの具体的相
　続分の計算方法については、第903条の解説3を参照されたい。）。
　　したがって、この事案において、本条が規定する計算方法をそのまま当ては
　めると、Cの遺留分侵害額は400万円（＝2000万円−1600万円）となる。

第 1046 条（遺留分侵害額の請求）　　235

なるというのは相当でないと考えられるためである。

　なお、本条第 2 項第 2 号は、遺留分侵害額の算定の際に遺産分割において現実に取得することが見込まれる財産の価額を控除するものであるから、被相続人が遺贈又は贈与について持戻し免除の意思表示をしていた場合には、これを考慮した上で遺留分侵害額を算定することとなる（本条第 2 項第 2 号において、「第 903 条…の規定により」と規定し、第 903

　ところが、C は、遺産分割協議において、具体的相続分を超える 1800 万円を取得しているから、これに上記遺留分侵害額を加算すると 2200 万円となり、C の現実の取得額は C の遺留分（2000 万円）を超過することになる。しかも、この事案において、C が遺留分侵害額支払請求をする相手方は B となるところ、遺産分割協議において B が C の利益を考慮して、具体的相続分を超える財産の取得を認めたということであれば、遺留分侵害額支払請求において、これを考慮しないのは相当でないように思われる。

　上記のとおり、B は、遺産分割協議において、B と C の最終的な取得額の差異等を考慮して、C にその具体的相続分を超える財産の取得を認めたものと解されることからすれば、C の遺留分侵害額は上記のとおり 400 万円であるとしても、B は、遺産分割協議の中で、C の遺留分侵害額のうち 200 万円を支払ったものと取り扱うという考え方もあるように思われる。このような考え方を採った場合には、C は、B に対し、遺留分侵害額の残額である 200 万円を請求することができるにとどまることになる。

　もっとも、このような考え方を採った場合には、上記の事案のうち、①と②の時系列が逆であったときに、どのような取扱いをすべきかが更に問題となる。この場合には、C が遺留分侵害額支払請求をする相手方は A となるから、C は、A に対しては、本来の遺留分侵害額である 400 万円を請求することができるとすることもあり得るように思われるが、このような事案であっても、最終的に C に遺留分額である 2000 万円を超える財産の取得を認めるのは、遺留分制度の趣旨に照らし相当でないように思われる。そうであるとすれば、この場合においても、遺産分割協議において、B が A の C に対する遺留分侵害額支払債務のうち 200 万円を第三者弁済したものと取り扱うという考え方もあるように思われる。このような考え方によれば、C が A に対して請求することができる遺留分侵害額は、この場合においても残額の 200 万円ということになる（他方で、このような考え方によれば、B は、A に対し、200 万円の求償請求をすることができることになる。）。

　いずれにしても、上記のような各事案において、遺留分に関する紛争を生じさせないようにするためには、遺産分割協議において、C の遺留分との関係を整理し、これを明確にしておくことが重要であるものと考えられる。

236　第1部　民　　法

条第3項及び第4項を除外していないのはその趣旨である。)。

(3)　相続債務を承継する場合の処理（第3号）

ア　総論

　本条第2項第3号は、「被相続人が相続開始の時において有した債務のうち、第899条の規定により遺留分権利者が承継する債務の額」を遺留分侵害額に加算すると定めており、相続債務がある場合には、相続債務の額に法定相続分又は指定相続分を乗じた額を遺留分侵害額に加算することとなる。

　遺留分権利者が相続債務を承継する場合における遺留分侵害額の算定方法を定めるものである。遺留分制度は、遺留分権利者に最低限の取り分を確保することによりその生活保障を図ること等を目的とするものであるが、相続債務が存する場合にこのような趣旨を実現するためには、遺留分権利者がその承継した相続債務の弁済等をした後その手元にその取り分が確保される必要がある。このため、遺留分権利者が相続債務を承継する場合には、遺留分侵害額の算定に当たり、その承継額を加算することとしたものである。

イ　相続分の指定がある場合における処理

　本号の「遺留分権利者が承継する債務の額」の意義については、相続分の指定がされた場合のように、遺留分権利者が相続債権者との関係で弁済等の義務を負うこととなる債務の額と、最終的に相続人間の内部負担として遺留分権利者が負担すべき額とが異なる場合には、そのいずれの額を意味するのかが問題となるが、本号では「第899条の規定により遺留分権利者が承継する債務」と規定し、相続分の指定がある場合には指定相続分を基準とすることを明らかにしている（なお、第899条の「相続分」は、法定相続分又は指定相続分を意味するものと解されている。）。

　平成30年改正前における判例（最判平成21年3月24日・民集63巻3号427頁）は、相続人の1人に遺産の全部を相続させる旨の遺言がされた事案における判断として、「相続人のうちの1人に対して財産全部を相続させる旨の遺言がされた場合には、遺言の趣旨等から相続債務につ

第1046条（遺留分侵害額の請求）　237

いては当該相続人にすべてを相続させる意思のないことが明らかである
などの特段の事情のない限り、相続人間においては当該相続人が相続債
務もすべて承継したと解され、遺留分の侵害額の算定に当たり、遺留分
権利者の法定相続分に応じた相続債務の額を遺留分の額に加算すること
は許されない」としており、相続人間の内部負担として遺留分権利者が
負担すべき債務の額を遺留分侵害額に加算する旨を明らかにしている。

　この判例では、「遺留分の侵害額…の算定は、相続人間において、遺
留分権利者の手元に最終的に取り戻すべき遺産の数額を算出するものと
いうべきである」との判示もされている。この判示は、被相続人により
相続分の指定がされた場合には、各相続人は原則として法定相続分の割
合で債務を承継することになるが、相続人の1人がその指定相続分の割
合を超えて弁済をした場合には、他の相続人に対する求償請求等が認め
られることになるため、「遺留分権利者の手元に最終的に取り戻すべき
遺産の数額」である遺留分侵害額の算定に当たっては、相続人間の内部
的な調整がされた後のものを基準とすべきであり、他の相続人の無資力
の危険等を考慮する必要はない[4]との判断を示したものと考えられる。

　本号は、上記判例の考え方を明文化するものといえる。

　⑷　**遺留分侵害額を求める計算式及び計算表**

　本条は、遺留分侵害額を求める計算式を明文化したものであるが、こ
れを計算式で示すと以下のとおりとなる。

　4　この判例の判例解説（『最高裁判例解説民事篇　平成21年度』225頁以下）で
　　は、この判例のように相続人間の内部的な負担額を基準に遺留分侵害額を算定
　　することになると、相続させる旨の遺言により相続財産を独占した相続人の無
　　資力の危険を遺留分権利者が負担することになるが、他方で、法定相続分によ
　　る承継額を基準に遺留分侵害額を算定することにすると、債権者が指定相続分
　　に従って受益相続人に相続債務の全額の請求をすれば、受益相続人は、遺留分
　　権利者の無資力の危険を負担することになるのであり、どちらの見解によって
　　も無資力の危険があることは避けられないのであって、この点が結論を左右す
　　る理由になるとは解し難いとしている（同解説（注14））。

238 第1部 民 法

〔計算式〕

遺留分侵害額＝（個別的遺留分額）[5] －（遺留分権利者が受けた特別
受益の額）－（遺産分割の対象財産がある場合には遺留分権利者の
具体的相続分に相当する額）[6] ＋（債務がある場合には、その債務の
うち遺留分権利者が負担する債務の額）

　なお、実務上、エクセルで作成した遺留分計算シートがしばしば利用
されている。これは、平成23年頃に東京地裁プラクティス委員会第3
小委員会において作成したものを、各弁護士会において改良を加えたも
のであると思われるが（判タ1345号34頁以下参照）、現時点で入手可能
なシート[7]は、平成30年改正の内容が反映されたものでなく、特に、遺
産分割対象財産がある場合と生前贈与がある場合には注意を要する。

　まず、遺産分割対象財産がある場合には、上記シートでは法定相続分
説（遺産分割対象財産を法定相続分で分配することを前提とした考え方）を
採用しているが、平成30年改正では具体的相続分説を採用しており
（本条の解説3⑵イ参照）、特別受益があるようなケースでは計算上差異
が生じ得る。

　また、生前贈与がある場合、平成30年改正では、相続人に対するも
のについては10年の期間制限が設けられた（第1044条第2項、第1項。

5　個別的遺留分の額は、以下の計算式により求まる。
　〔計算式〕
　個別的遺留分額＝（遺留分を算定するための財産の価額）（①）×（2分の1）
　　（②）×（遺留分権利者の法定相続分の割合）（③）
　　なお、直系尊属のみが相続人である場合には上記②は3分の1となり、また、
　相続人が配偶者と兄弟姉妹である場合には上記③は1となる（第1042条の解説
　3参照）。また、上記①を求める計算式は、第1043条の解説2のとおり。
6　遺産分割が既に終了している場合も含み（本条の解説3⑵エ参照）、寄与分に
　ついては考慮しない（本条の解説3⑵ウ参照）。
7　東京弁護士会のホームページからダウンロードすることができる（令和6年
　6月現在）。
　https://www.toben.or.jp/know/iinkai/minjisosyou/xls/soshoyou_distributive_
　share_ver6_5.xls

第 1046 条（遺留分侵害額の請求）　　239

なお、第三者に対するものについては、1 年の期間制限で変更はない。）。
もっとも、遺産分割における具体的相続分を計算するに際しては、特別
受益に該当する贈与を考慮する必要があるが、その計算においては期間
制限はなく、期間制限前の古い贈与であっても考慮され得る。したがっ
て、平成 30 年改正後における遺留分侵害額の計算においては、遺留分
を算定するための財産の価額に算入すべき贈与（生前贈与（相続人に対
しては 10 年以内、第三者に対しては 1 年以内のものに限る。））と、遺留分
を算定するための財産の価額には算入されないが、遺産分割における具
体的相続分の計算には影響し得る贈与（第 1046 条第 2 項及び第 1 号及び
第 2 号を通じて、遺留分侵害額の計算に影響する。このうち、同項第 1 号に
ついては、遺産分割対象財産がない場合でも、遺留分侵害額の計算に影響す
る。これについては、本条の解説 3(1)ウ参照）を区別して計算する必要が
あることになる。

240　第1部　民　　法

第1047条（受遺者又は受贈者の負担額）　　　【平成30年改正】

（受遺者又は受贈者の負担額）
第1047条　受遺者又は受贈者は、次の各号の定めるところに従い、遺贈
　（特定財産承継遺言による財産の承継又は相続分の指定による遺産の取
　得を含む。以下この章において同じ。）又は贈与（遺留分を算定するた
　めの財産の価額に算入されるものに限る。以下この章において同じ。）
　の目的の価額（受遺者又は受贈者が相続人である場合にあっては、当該
　価額から第1042条の規定による遺留分として当該相続人が受けるべき
　額を控除した額）を限度として、遺留分侵害額を負担する。
　　一　受遺者と受贈者とがあるときは、受遺者が先に負担する。
　　二　受遺者が複数あるとき、又は受贈者が複数ある場合においてその贈
　　　与が同時にされたものであるときは、受遺者又は受贈者がその目的の
　　　価額の割合に応じて負担する。ただし、遺言者がその遺言に別段の意
　　　思を表示したときは、その意思に従う。
　　三　受贈者が複数あるとき（前号に規定する場合を除く。）は、後の贈
　　　与に係る受贈者から順次前の贈与に係る受贈者が負担する。
2　第904条、第1043条第2項及び第1045条の規定は、前項に規定する
　遺贈又は贈与の目的の価額について準用する。
3　前条第1項の請求を受けた受遺者又は受贈者は、遺留分権利者承継債
　務について弁済その他の債務を消滅させる行為をしたときは、消滅した
　債務の額の限度において、遺留分権利者に対する意思表示によって第1
　項の規定により負担する債務を消滅させることができる。この場合にお
　いて、当該行為によって遺留分権利者に対して取得した求償権は、消滅
　した当該債務の額の限度において消滅する。
4　受遺者又は受贈者の無資力によって生じた損失は、遺留分権利者の負
　担に帰する。
5　裁判所は、受遺者又は受贈者の請求により、第1項の規定により負担
　する債務の全部又は一部の支払につき相当の期限を許与することができ
　る。

解　　説

1　本条の趣旨

　本条は、遺留分侵害がある場合にその請求を受ける受遺者又は受贈者

の負担額の算定方法のほか（第1項及び第2項）、受遺者又は受贈者による債務の消滅請求を認める制度に関する規律（第3項）、受遺者又は受贈者の無資力によって生じた損失の負担に関する規律（第4項）、遺留分侵害額に係る支払債務について相当の期限を許与する制度に関する規律（第5項）等を定めている。

2 受遺者又は受贈者の負担額の算定方法（第1項）

本条第1項は、遺留分侵害の原因となっている遺贈や贈与等が複数存在する場合について、受遺者又は受贈者の負担額の算定方法を定めている。

平成30年改正により、遺留分権利者の権利は金銭債権化されたが、その請求を受ける受遺者又は受贈者の負担額の算定方法は、基本的に従前の考え方を踏襲しており、同改正前は、原則として遺留分侵害の原因となった遺贈又は贈与のうち受遺者又は受贈者が負担すべき価額に相当する部分についてその効力を失うこととされていたのに対し、同改正後はその価額について受遺者又は受贈者が金銭支払債務を負うこととなった点に違いがあるにすぎない。このほか、本条第1項では、平成30年改正前の判例法理を明文化するなどして規律の明確化を図っている。

(1) 総論（第1項柱書）

ア 遺留分侵害額の負担者

本項柱書では、「受遺者又は受贈者は、（中略）遺留分侵害額を負担する。」と定めており、遺留分権利者の遺留分が侵害されている場合には、その原因となった遺贈又は贈与の受遺者又は受贈者が遺留分侵害額を負担する旨を定めている。

なお、文言上は、「受遺者又は受贈者」と規定されているが、第1046条第1項本文の括弧書に規定されているとおり、本条の「受遺者」には、特定財産承継遺言により財産を承継し又は相続分の指定を受けた相続人を含むこととされており、これらの者も請求の相手方となり得る（本条の解説においても、これらの者を含めて「受遺者」という。）。また、本条の

「受贈者」は、遺留分を算定するための財産の価額に算入される贈与を受けた者に限られる（本項柱書において「贈与（遺留分を算定するための財産の価額に算入されるものに限る。）」と規定しているのはその趣旨である。）。すなわち、遺留分を算定するための財産の価額に算入される贈与は、婚姻若しくは養子縁組のため又は生計の資本として受けたものに限られており（第1044条第3項）、これらの贈与の受贈者のみが遺留分侵害額の負担者となり得る。

イ　受遺者又は受贈者の負担額

㋐　原則

本条第1項柱書は、受遺者又は受贈者の負担額の上限額について規定しており、原則として、受遺者又は受贈者が受けた遺贈又は贈与の目的の価額を上限とする旨が定められている。

受遺者又は受贈者が自ら受けた遺贈又は贈与の目的の価額を超えて金銭の支払義務を負うのが相当でないことは明らかであるから、この部分は、この限度では当然のことを規定したにすぎない。同項柱書の「遺贈又は贈与の目的の価額」は遺留分を算定するための財産の価額に算入されるものを意味するから、負担付遺贈や負担付贈与についてはその目的の価額からその負担に相当する額を控除した額となり、不相当な対価をもってした有償行為についてはその目的の価額からその対価を控除した額となる（第1045条の解説参照）。

また、同一人が被相続人から複数の遺贈や贈与等を受けていた場合には、同項柱書の「遺贈又は贈与の目的の価額」は、その者が被相続人から受けた遺贈又は贈与等の目的の価額の合計額ということになる。

㋑　受遺者又は受贈者が相続人である場合

受遺者又は受贈者の負担額は、遺贈又は贈与の目的の価額を上限とするのが原則であるが、受遺者又は受贈者が相続人である場合については、例外として一定の修正が図られている。

すなわち、受遺者又は受贈者が相続人である場合における「遺贈又は贈与の目的の価額」は、その目的の価額から当該相続人の遺留分額（第

1042 条の規定により算定した額）を控除した額とされている。

　これは、平成 30 年改正前の判例（最判平成 10 年 2 月 26 日・民集 52 巻 1 号 274 頁）の趣旨を明文化したものである。平成 30 年改正前の民法では、「遺贈は、その目的の価額の割合に応じて減殺する。」という規定が存在したが（改正前の第 1034 条本文）、上記判例は、この規定について、「相続人に対する遺贈が遺留分減殺の対象となる場合においては、右遺贈の目的の価額のうち受遺者の遺留分額を超える部分のみが、民法 1034 条にいう目的の価額に当たる」との判示をした上で、「特定の遺産を特定の相続人に相続させる趣旨の遺言による当該遺産の相続が遺留分減殺の対象となる場合においても、以上と同様に解すべきである」として、特定財産承継遺言においても同様の解釈をすべき旨を明らかにしている。そして、この判例は、このような解釈を採るべき理由として、「けだし、右の場合には受遺者も遺留分を有するものであるところ、遺贈の全額が減殺の対象となるものとすると減殺を受けた受遺者の遺留分が侵害されることが起こり得るが、このような結果は遺留分制度の趣旨に反すると考えられるからである。」との判示をしている。

　平成 30 年改正前の第 1034 条における「目的の価額」の解釈については学説上争いがあったが、上記判例は、いわゆる遺留分超過額説を採用したものとされている。もっとも、この判例は、上記文言の解釈として判断を示したものであるため、個別に遺贈の目的の価額から遺留分額を控除することとされていたが、平成 30 年改正により遺留分に関する権利が金銭債権化され、かつ、上記のとおり、判例が遺留分超過額説を採用した趣旨が遺留分に関する権利行使の循環を防止することにあることからすれば、遺贈又は贈与等を受けた相続人が負担すべき金額の上限を定める際にこれを考慮するのが最も適切であると考えられる。

　そこで、平成 30 年改正では、本条第 1 項柱書において、受遺者又は受贈者が相続人である場合にあっては、「遺贈又は贈与の目的の価額」から「第 1042 条の規定による遺留分として当該相続人が受けるべき額」を控除した額を、当該相続人が負担すべき上限額としたものである[1]。

244　第1部　民　　法

(2)　遺留分侵害額の負担の順序（第1項各号）

ア　総論

　本項柱書では、受遺者又は受贈者が、遺贈又は贈与の目的の価額を上限として遺留分侵害額を負担することを定めているが、本項各号では、複数の負担者がいる場合における負担のルールを定めている。

　詳細については**イ**以下で説明を加えるが、基本的な考え方は、まず、相続開始時に法的効力を生ずる遺贈や特定財産承継遺言等によって利益を受けた者に先に負担をさせた上で、贈与については、当該契約締結時が相続開始時に近いものの受贈者から順に負担をさせ、さらに、これら

1　なお、判例が遺留分超過額説を採用した趣旨が遺留分に関する権利行使が循環する事態が生ずるのを防止することにあることからすれば、遺留分侵害額について負担をする受遺者又は受贈者が相続債務を承継することとなる場合には、本条第1項本文括弧書の「第1042条の規定による遺留分として当該相続人が受けるべき額」の算定に当たっては、その債務額をこれに加算すべきものと考えられる。なぜなら、そのような解釈を採らないと、当該受遺者又は受益者がその承継する相続債務を弁済した後に、これらの者の手元に遺留分に相当する額が残らないこととなる結果、これらの者にも別途遺留分侵害額請求を認めることとならざるを得ないからである。
　　具体的には、以下のような事例において不都合が生じ得る。
【事例】
(1)　被相続人　P
(2)　相続人　A、B、C（いずれもPの子）
(3)　時系列
　①　Pは、令和3年4月5日、Cに対し、Cの生計の資本として、P所有の区分所有建物（3000万円相当）を贈与した。
　②　Pは、令和4年1月15日、Dに対し、2000万円を贈与した。
　③　Pは、令和4年3月25日、Bに対し、遺産の全部をBに相続させる旨の遺言（特定財産承継遺言）をした。
　④　Pは、令和4年10月5日、死亡した。Pは、死亡の当時、1600万円の預金債権を有しており、相続債務として600万円の借受金債務を負っていた。
　この事案において、AがB又はDに対して遺留分侵害額請求をする場合を前提として検討する。
　まず、Aの遺留分額及び遺留分侵害額は、いずれも1000万円〔＝（3000万円＋2000万円＋1600万円－600万円）×1／2×1／3〕となる。

第 1047 条（受遺者又は受贈者の負担額）　　245

によって順位を決められない受遺者相互間、あるいは贈与が同時にされた場合の受贈者相互間については、目的の価額の割合に応じて負担させるというものである。

イ　受遺者と受贈者がいる場合の負担の順序（第 1 項第 1 号）

第 1 号では、受遺者と受贈者がいる場合の規律が設けられており、この場合には受遺者が先に負担することとしている。

この点は平成 30 年改正前の規律と同じであるが、その趣旨は、遺贈の場合には、相続開始の時点で初めてその効力が生ずるのに対し、贈与の場合には、契約締結の時点で既に契約上の効力が生じており、相手方に与える影響が遺贈の場合よりも大きいこと等を考慮したものであると

次に、遺留分侵害額の負担については、特定財産承継遺言の受益者であるBが優先的にこれを負担することになるが、本条第 1 項本文括弧書を文言どおりに解釈した上で、Bの負担額の上限額を算定すると、上限額は 600 万円（＝1600 万円 − 1000 万円）となる。

しかし、前記判例によれば、遺産の全部を目的として特定財産承継遺言がされた場合には、相続債務についても原則としてBがその全額を承継することになるが、そうすると、前記のとおり、BがAの遺留分侵害額請求に対して 600 万円の支払をした上で、相続債務の全額について弁済をすると、Bの手元には、最終的には 400 万円しか残らないこととなり、最低限の取り分である 1000 万円を確保することができないこととなるから、Bにも、Dに対する遺留分侵害額請求を認めざるを得ないこととなる（この点については、第 1046 条の解説 3(3) 参照）。

このように、遺留分侵害額請求を受ける受遺者又は受贈者が相続債務を承継することとなる場合に遺留分侵害額請求の循環を生じさせないようにするためには、「第 1042 条の規定による遺留分として当該相続人が受けるべき額」を算定する際にその債務額を加算する必要があるものと考えられる。

このような考え方を前提とすると、Bの負担額の上限額は 0 円〔＝ 1600 万円 −（1000 万円 ＋ 600 万円）〕ということになり、結果的に、Aは、Bに対しては遺留分侵害額請求をすることができなくなる（もともと、Bは、相続分の指定を伴う特定財産承継遺言によって、純資産（積極財産 − 消極財産）としては、遺留分額に相当する 1000 万円の財産しか取得していないのであるから、この結論はやむを得ないと考えられる。）。

このため、Aの遺留分侵害額 1000 万円については、Dがその全額を負担することになる。

246 第1部 民 法

いわれている（内田貴『民法Ⅳ〔補訂版〕』（東京大学出版会、2004年）511頁等）。

したがって、遺贈の目的財産の価額が遺留分侵害額を上回る場合には、受遺者のみが責任を負い、受贈者は責任を負わないことになる。

死因贈与については、「その性質に反しない限り、遺贈に関する規定を準用する」とされていることから（第554条）、本条第1項第1号の適用において、「受遺者」又は「受贈者」のいずれに該当するのかが問題となる。この点については、法制審議会民法（相続関係）部会においても議論がされたが、確立した判例はなく、学説上も必ずしも十分に議論がされている状況にはないと考えられたことから、立法的な解決を図ることは見送られ、今後も解釈に委ねられることになった[2]。

ウ　受遺者が複数いる場合、又は受贈者が複数いる場合で、その贈与が同時にされたものである場合の負担割合（第1項第2号）

受遺者が複数いる場合（①）や、受贈者が複数いる場合でその贈与が同時にされたものである場合（②）については、前記(1)で説明したとおり、その目的の価額の割合に応じて負担することとしている。

もっとも、この点については、遺言者がその遺言に別段の意思を表示したときは、その意思に従うこととし、その手段を遺言による場合に限定しているものの、遺言者の意思による順位の変更を認めている（同号ただし書）。受遺者相互間あるいは同時に複数の贈与がされた場合の受贈者相互間の負担額については、遺言者の意思による変更を認めることにしたとしても、それにより影響を受けるのはこれらの者に限定されるため（例えば、同時に複数の贈与がされ、かつ、その前後にも別の贈与がされていたとしても、その前後にされた贈与の受贈者が負担すべき額は変わら

2　死因贈与については、後記エの解説を参照。

　なお、本文に記載した受贈者よりも先に受遺者に責任を負わせることとした趣旨や、その法的性質の差異（契約によるものか否か）を強調すると、死因贈与について遺贈の規定を準用するのは相当でなく、死因贈与の受贈者も本条第1項第1号の「受贈者」に該当するという結論に傾くように思われる。

ない。）、第三者が不測の損害を受けるおそれは少ないといえる。このため、この場合には、遺言者の意思を尊重することにしたものである。

エ　受贈者が複数いる場合（ウの場合を除く。）の負担の順序（第1項第3号）

受贈者が複数いる場合については、本条第1項第2号の場合（贈与が同時にされた場合）を除き、新しい贈与を受けた者から遺留分侵害額を負担することとしている。すなわち、相続開始時に最も近い贈与の受贈者が先に負担し、その後相続開始時に近い順でそれぞれの贈与の受贈者が負担することになる。この場合に、相続開始時に近いかどうかの判断の基準となるのは、契約締結時であって、贈与の効果が発生する時点ではない。

契約締結時が基準となる点については、規定の文言上も明らかであるように思われるが、死因贈与についてもこの基準をそのまま当てはめて良いかどうかについては、学説上争いがあり、確定した判例も存在しないのは、先に述べたとおりである。この点については、死因贈与を含め、契約締結時の先後で負担額を決めるべきであるとする見解等がある一方で、平成30年改正前の学説では、死因贈与は遺贈と生前贈与の中間類型に当たるとして、「遺贈→死因贈与→生前贈与」の順で減殺の対象となるとする見解が有力であった[3]。高裁レベルの裁判例でもこのような考え方を採ったものがあり（東京高判平成12年3月8日・高裁判例集53巻1号93頁）、その理由については、「死因贈与も、生前贈与と同じく契約締結によって成立するものであるという点では、贈与としての性質を有していることは否定すべくもないのであるから、死因贈与は、遺贈と同様に取り扱うよりはむしろ贈与として取り扱うのが相当であり、ただ民法1033条及び1035条の趣旨にかんがみ、通常の生前贈与よりも遺贈に近い贈与として、遺贈に次いで、生前贈与より先に減殺の対象とすべきものと解するのが相当である。」と判示している。

3　『新基本法コンメンタール相続法〔第2版〕』325頁〔潮見佳男執筆部分〕。

248 第1部 民 法

3 特別な事情が存する場合や特殊な類型における遺贈又は贈与の目的の価額の算定方法（第2項）

本条第2項は、贈与の目的財産が相続開始前に減失したなどの特別な事情が存する場合や、遺贈又は贈与の目的財産が条件付きの権利である場合等の特殊な類型について、本条第1項における遺贈又は贈与の目的の価額の算定方法を定めるものである。この点については、平成30年改正前と同様の規律にしており、平成30年改正による実質的な見直しはされていない。

本条第2項において、受遺者又は受贈者の負担額を算定する際の基準となる「遺贈又は贈与の目的の価額」についても、第904条、第1043条第2項及び第1045条の規定を準用することとしているが、これは、遺留分を算定するための財産の価額を算定する場合の算定方法と同じである（なお、遺留分を算定するための財産の価額については、第1044条第2項において第904条を準用している。）。このため、その具体的な内容等については、これらの規定（第1043条第2項、第1044条第2項及び第1045条）の解説を参照されたい。

4 受遺者又は受贈者による債務消滅請求（第3項）

(1) 債務消滅請求を認める意義

本条第3項前段は、遺留分侵害額請求を受けた受遺者又は受贈者が、遺留分権利者承継債務（遺留分権利者が承継した相続債務をいう。）について弁済その他の債務を消滅させる行為をした場合に、その消滅した債務の額の限度で、遺留分侵害額支払債務を消滅させる旨の意思表示（債務消滅請求）をすることができるとするものである。

遺留分侵害額の算定方法は、第1046条第2項の解説で説明したとおりであるが、このうち、同項第3号において、遺留分権利者が相続債務を承継した場合にその額を加算することとしているのは、遺留分権利者の最低限の取り分である遺留分については遺留分権利者の生活保障等の観点から現にその手元にその財産が残るようにする必要があるという考

え方に基づき、遺留分権利者がその承継した相続債務を弁済した後に遺留分に相当する財産が残るようにするためである。そして、遺留分権利者の権利が金銭債権化されたことにより、この加算額は実質的にも遺留分権利者に相続債務の弁済資金を取得させることになるものであることからすれば、遺留分侵害額支払債務を負う受遺者又は受贈者において遺留分権利者承継債務を消滅させる行為をした場合には、遺留分侵害額の算定においてその債務額を加算することとした実質的根拠が失われることになる。このため、本条第3項では、このような場合に、受遺者又は受贈者の意思表示により遺留分侵害額債務を消滅させることを認めることとしたものである。

これは、遺留分侵害額請求を受けた受遺者又は受贈者に一種の相殺的処理をすることを認めるものであるが、第505条の相殺とは別にこのような制度を設ける意義は、①受遺者又は受贈者が遺留分権利者承継債務について免責的債務引受をした場合及び②遺留分権利者承継債務の弁済期が到来していない場合のいずれにおいても、相殺的処理が可能となる点にある。

この点については、以下の事案を前提にして説明する。

【事案】

被相続人	A　個人で事業を経営
相続人	B（長男）、C（長女）
遺産	預貯金　3000万円
相続債務	甲銀行に対する借入金債務（残金2000万円）
	（消費貸借契約の内容）
	弁済期　毎月末日に20万円を弁済
	利息年10パーセント、遅延損害金年15パーセント

（時系列）

・2015年2月2日　AがBに対し、土地（評価額5000万円）及び建物（評価額4000万円）を贈与

・2018年3月1日　AがBに対し、事業の全部（評価額6000万円）

250 第1部 民 法

を贈与
・2024年1月1日　A死亡

　この事案においてCがBに対して遺留分侵害額請求をしたとすると、Cの遺留分は4000万円〔＝（5000万円＋4000万円＋6000万円＋3000万円－2000万円）×1／2（総体的遺留分）×1／2（法定相続分）〕、遺留分侵害額は2000万円〔＝4000万円（遺留分）－3000万円（遺産分割での取得額）＋1000万円（遺留分権利者承継債務）〕となる。

　この事案において、例えば、Aの事業を承継したBが今後事業を継続していくためにはCが承継した部分を含め甲銀行に対する借入金債務の全額を弁済しなければならないといった事情があるとすると、Bとしては、遺留分侵害額請求に応じ、遺留分権利者承継債務の弁済資金分として1000万円の加算をした額をCに支払うくらいであれば、むしろこの部分については甲銀行に直接支払いたいという場合もあり得るものと考えられる（BがCに対して遺留分権利者承継債務の弁済資金として1000万円を加算して支払ったとしても、その後にCが甲銀行に対して同債務の弁済をする保証はない。）。

　しかし、仮に本条第3項による債務消滅請求の制度がないとすると、仮にBが遺留分権利者承継債務である1000万円について甲銀行に弁済をしたとしても、このうち弁済期が未到来の部分については相殺の抗弁を主張することができずに請求に応じざるを得ないことになる。そうすると、Bには、遺留分権利者承継債務の弁済期到来後にCに対して求償権を行使する手続上の負担が生ずるとともに、弁済期到来までの間の無資力のリスクを負担することになる。

　また、仮に、遺留分侵害額請求をされた時点で、遺留分権利者承継債務の弁済期が到来していない場合に、弁済期が到来するまで待って相殺をすることができたとしても、Bは、その場合には、相殺適状が生じた時点である上記弁済期到来時までの間、遺留分侵害額支払債務の遅延損害金を負担する必要があるのに対し、本条第3項の債務消滅請求の場合

には、弁済期到来前にも相殺的処理が可能となるため、同債務の遅延損害金の負担を早期に免れることが可能となる。

　以上が受遺者又は受贈者が遺留分権利者承継債務の弁済をして求償権と相殺をする場合との比較であるが、このほか、上記事案において、Ｂが甲銀行に対する借入金債務について期限前弁済はせずに期限の利益を保持したいという場合には、甲銀行と交渉をして、Ｂが遺留分権利者承継債務である借受金債務について免責的債務引受をすることが考えられる。もっとも、免責的債務引受の場合には、引受人はこれによって債務を免れた者に対して求償権を取得しないこととされているから（第472条の３）、この場合には、受遺者又は受贈者は遺留分侵害額支払債務との相殺を主張することはできないことになる。しかるに、この場合についても、遺留分侵害額の算定において遺留分権利者承継債務の額を加算する必要がないことは前記のとおりであるから、遺留分権利者に本条第３項前段による消滅請求を認めることとしたものである。

(2)　債務消滅請求がされた場合の効果

　本条第３項後段は、受遺者又は受贈者が同項前段による消滅請求がされた場合の効果を定めるものであり、同項前段による消滅請求がされた場合には、受遺者又は受贈者が弁済等の債務消滅行為をしたことによって遺留分権利者に対して取得した求償権は、弁済等によって消滅した債務の額の限度において消滅する旨を定めるものである[4]。本条第３項の消滅請求制度は、受遺者又は受贈者が弁済等の債務消滅行為により求償権を取得した場合には、これと遺留分侵害額請求権との相殺的処理をすることを認めるものであるから、この点は当然のことを規定したにすぎないが、相殺そのものではないため、確認的に規定を設けることとしたものである。

5　受遺者又は受贈者の無資力によって生じた損失の負担者（第4項）

　本条第４項は、遺留分侵害額支払債務を負う受遺者又は受贈者が無資

252　第1部　民　法

力である場合にも、それによって生じた損失は遺留分権利者が負い、他
の受遺者又は受贈者にその分を請求することはできない旨を定めたもの
であり、平成30年改正前の第1037条に相当する規定である。

　同改正前は、遺留分に関する権利は減殺請求権とされ、遺留分侵害と
なった遺贈又は贈与の全部又は一部の効力を消滅させるというもので
あったため、遺留分権利者が受遺者又は受贈者の無資力によって損失を
受けるという事態は、受遺者又は受贈者に対して目的物の価額の返還を
請求する場合など、例外的な場合に限られたが、平成30年改正によっ
て遺留分に関する権利が金銭債権化されたことにより、この規定の持つ
意味はより重要性を増したものといえる。

6　期限の許与の制度（第5項）

⑴　制度創設の趣旨及びその判断基準等

　本条第5項は、遺留分侵害額支払債務を負う受遺者又は受贈者は、裁
判所に対し、その債務の全部又は一部の支払について期限の許与を請求
することができることとするものである。

　法制審議会民法（相続関係）部会においては、要綱案の取りまとめを

4　具体例

【事例】

　相続人がXとYの2名の子で、被相続人がYに対して3000万円を遺贈し、そ
の他に遺産はないが、債務が1000万円（弁済期は既に到来済み）あるとする。
そして、XがYに対して遺留分侵害額請求権を行使したが、YがXの負担する
相続債務を第三者弁済し、第1047条第3項の規定による消滅請求をしたものと
する。

【結果】

　　Xの遺留分侵害額＝（3000万－1000万）×1／2×1／2＋1000万×1／2
　　　　　　　　　　＝1000万円

　そして、YがXの相続債務を第三者弁済し、1047条3項前段の規定による消
滅請求をすると、Xの遺留分侵害額は、500万円減少することになり、最終的に
は、XはYに500万円しか請求することができないことになる。そして、Yが
Xの相続債務を第三者弁済することにより取得した求償権（500万円）につい
ては、消滅請求をした時点で、消滅することとなる。

する直前まで、遺留分侵害額支払債務を負う受遺者又は受贈者が直ちに金銭を準備することができない場合に対処するための方策として、金銭の支払に代えて、遺贈又は贈与の目的物の全部又は一部を給付することができるという制度（現物給付制度）が検討されたが、現物給付の対象となる目的物を誰がどのようにして決めるかという点について適切な制度設計をすることが困難であったため、現物給付制度の採用は見送られたという経緯がある。

　もっとも、同部会においては、遺留分に関する権利を金銭債権とする旨の見直しをする場合には、何らかの形で遺留分侵害額支払債務を負う受遺者又は受贈者の利益を保護する方策を講ずる必要があるとの共通認識があり、最終的には、現物給付制度を採用する代わりに期限の許与を認めることとしたものであるが、このような共通認識が形成されたのは、次の①から③までの事情等が考慮されたものである。

①　遺留分に関する権利は受遺者又は受贈者が遺留分侵害について善意であるか悪意であるかを問わずその行使が認められるが、これを維持しつつ受遺者又は受贈者を保護するための方策を講じないこととすると、とりわけ遺留分侵害について善意の受遺者又は受贈者が不測の損害を受けるおそれがある。また、遺留分に関する権利は原則として行使上の一身専属権であり、また、遺留分侵害の原因となった遺贈又は贈与がされてから相当長期間が経過した後に行使されることもあり得ることから、遺留分侵害について悪意の受遺者又は受贈者であっても保護を受ける利益がないとはいえない。

②　特定物の遺贈又は贈与が遺留分を侵害する場合に、受遺者又は受贈者がその目的物の全部又は一部を返還すべき義務を負うのと、目的物の価額に相当する金銭の支払義務を負うのとでは、その意味合いが大きく異なり、後者においては、遅延損害金の負担が生ずるほか、自己の固有財産に対する強制執行を受けるおそれがあるなどの点で、受遺者又は受贈者の負担は大きくなる。受遺者又は受贈者にとっては、即時に弁済すべき金銭債務を負うのであれば、遺贈や贈

254　第1部　民　　法

　　与を受けなかったという場合もあり得るものと考えられるが、既に
　　遺贈の承認をし、又は贈与の履行を受けたなどの事情が存する場合
　　には、もはや遺贈や贈与の効力を否定することはできず、受遺者又
　　は受贈者に酷な場合があり得る。

③　判例（最判平成10年2月26日・民集52巻1号274頁）が採用する
　　遺留分超過額説を前提とすると、遺留分侵害額請求を受けた受遺者
　　又は受贈者の最終的な取り分が遺留分権利者と変わらないこともあ
　　り得るが、このような場合に即時に金銭を準備できない受遺者又は
　　受贈者を保護する方策を設けないとすると、遺言において最も不利
　　益な取扱いをされた遺留分権利者よりも受遺者又は受贈者の方が換
　　価の負担や遅延損害金のリスク等の点でかえって不利な地位に置か
　　れることになる。

　このように、期限の許与の制度は、これらの事情を考慮して設けられ
たものであるから、これらのことは、裁判所が期限の許与を認めるか否
かの判断をする際にも考慮すべき事情になり得るものと考えられる。す
なわち、裁判所は、受遺者又は受贈者から期限の許与を求める旨の請求
があった場合には、当該請求者の資力、当該請求者が被相続人から受け
た遺贈又は贈与の目的物（遺留分侵害の直接の原因となったものに限られ
ない。）の種類、その価額の総額及び換価可能性の程度、当該遺贈や贈
与がされた時期、遺留分の侵害に関する受遺者又は受贈者の主観的事情
等を総合的に考慮して判断すべきことになるものと考えられるが、同制
度が設けられた上記経緯等に照らすと、期限の許与は比較的柔軟に認め
てよいものと考えられる。

　また、遺留分制度は、遺留分権利者に最低限の取り分を保障するもの
であるが、この取り分は、本来的には被相続人の財産から取得すべき性
質のものであるから（仮に被相続人から最低限の取り分に相当する財産を
取得していたとすれば、それが換価困難な財産であったとしても、もはや遺
留分侵害額請求をすることはできない。）、期限の許与を求める受遺者又は
受贈者の固有財産の中に換価容易な財産があるとしても、被相続人から

遺贈又は贈与を受けた財産が換価困難な物である場合には、期限の許与を認める方向でその事情を考慮することができるものと考えられる。

(2) 裁判所に対する請求の方法

本条第5項では、「裁判所は、受遺者又は受贈者の請求により、…相当の期限を許与することができる。」と規定されているが、ここでの「請求」は、裁判上の請求すなわち訴えの提起を要するのか、あるいは、訴えの提起は必須の要件ではなく、抗弁による権利行使も可能なのかが問題となる。

本条第5項は、同じく裁判所による期限の許与を認めている第196条第2項ただし書、第299条第2項ただし書、借地借家法第13条第2項及び建物の区分所有等に関する法律第61条第13項、第63条第5項と同趣旨の規定であり、この論点についても、これらの規定と同様の解釈がされることになるものと考えられる。

このうち、建物の区分所有等に関する法律第63条第5項の規定（建替え決議がされ、建替えに参加しない区分所有者に対しその区分所有権等の売渡し請求がされた場合に、建物の明渡しについて相当の期限を許与することができる旨の規定）については、当時の政府参考人が国会において期限の許与の請求については訴えの提起が必要であり、抗弁として主張することは許されないと考えられるとの答弁をしている（昭和58年5月12日参議院法務委員会における中島一郎政府委員の答弁）。期限の許与は裁判所によって行われるものであり、本条においても「請求」と規定されていることからすれば、文理解釈としては訴えの提起を要すると解する方が素直であろう[5]。

5　訴えの提起のほかに抗弁によっても権利行使が可能である旨を明らかにしている規定としては、否認権に関する破産法第173条第1項等がある。他方で、否認権と同様、債権者を害する行為の効力を否定する権利である詐害行為取消権については、同項のような規定がなく、第424条第1項において「裁判所に請求することができる」と規定されているが、同項については、一般に、抗弁によって行使することはできず、訴えの提起が必要であると解されている（最判昭和39年6月12日・民集18巻5号764頁参照）。

256　第1部　民　　法

　もっとも、期限の許与に関する上記の根拠規定の解釈について確立した判例はなく、下級審の裁判例でも判断が分かれている状況にある（抗弁による権利行使を認めるものとしては大阪高判平成24年5月31日・判時2157号19頁等が、独立の訴えの提起を要するとするものとしては大阪高判平成14年6月21日・判時1812号101頁がある。）。

　なお、期限の許与を求める場合には、訴えの提起が必要であると解する場合でも、遺留分権利者による遺留分侵害額請求訴訟が既に係属している場合には、被告は反訴により期限の許与を求めることができる。

⑶　裁判所が期限の許与の請求を認容した場合の効果等

　裁判所が期限の許与の請求を認容した場合の効果については、判決の確定によって遡及的に履行遅滞の効果が消滅することになるのか、判決確定時までに生じた遅延損害金には影響が生じないのかが一応問題となるが、期限の許与を認めた立法趣旨等に照らし、判決が確定した場合には、裁判所が許与した期限までの間の遅延損害金は既に発生していた分についても遡及的に消滅すると解すべきである。

⑷　期限の許与を認める場合の判決主文

ア　前提

　裁判所が期限の許与の請求を認容する場合で、口頭弁論終結時までにその期限が到来しない場合には、遺留分侵害額請求は将来請求ということになるが、この制度は一定の要件を満たせば必ず期限が許与されるというものではなく、これを許容するか否かはあくまでも裁判所の裁量に委ねられているものであって、裁判所が期限の許与をしたことによって、将来請求となり訴えの利益がなくなるというのは明らかに不当であるから、この場合には当然に民訴法第135条の要件を満たすものと解すべきである。そして、遺留分権利者は、裁判所が期限の許与をするのであればその期限到来時の給付を求める意思を有しているのが通常であると考えられるから、裁判所が将来の給付を命ずる判決をするのに訴えの変更は要しないものと考えられる（最判平成23年3月1日・集民236号199頁参照）。

イ　訴訟提起説を採用した場合の主文

　次に、訴訟提起説を採用する場合の主文の在り方について検討すると、期限の許与を求める訴えは形成の訴えとなり、判決の確定によって期限の許与の効果が生ずることになると考えられる。したがって、裁判所が期限の許与を求める請求を認める場合には、主文において、いつまで期限を許与するかを明らかにすべきことになる。

　このため、例えば、遺留分権利者により遺留分侵害額請求の訴えが提起され、被告とされた受遺者又は受贈者により期限の許与を求める反訴がされるなどして、両請求が併合審理されている場合に、裁判所がいずれの請求も認容するときには、どのような主文を掲げるべきかが問題となる。すなわち、遺留分侵害額請求について遅延損害金の附帯請求があり、裁判所がこれを認容する場合には、主文において、いつから遅延損害金が生ずるかを示す必要があるが、期限の許与を認めるとしても、その効力が判決確定時に生ずるということであれば、判決時には未だ期限の許与の効果が生じていないことになるから、裁判所は、遅延損害金の給付を命ずる主文において、期限が許与されていることを前提とした記載をすることはできないのではないかという疑問が生ずるからである。

　この点については様々な考え方があり得るところではあるが、裁判所は、遺留分侵害額請求を認容する主文においても、期限の許与に関する自らの判決が確定することを前提とした記載をすれば足りるものと考えられる[6]。

　以上を前提とすると、例えば、遺留分侵害額が1000万円であり、その期限を令和○年4月1日まで許与したときには、

「1　被告は、原告に対し、令和○年4月1日が到来したときは、1000万円及びこれに対する同月2日から支払済みまで年3分の割合による金員を支払え。

2　前項の被告の原告に対する遺留分侵害債務に係る支払期限を令和○年4月1日とする。

3　原告のその余の請求を棄却する。」

258 第1部 民 法

といった主文になるものと考えられる。

ウ 抗弁説を採用した場合の主文

次に、抗弁説を採用した場合の主文について検討すると、期限の許与を認める場合には、遺留分侵害額請求権が期限未到来の将来請求であることを主文で明らかにすれば足りるから、例えば、遺留分侵害額が1000万円であり、その期限を令和○年4月1日まで許与したときには、

「1　被告は、原告に対し、令和○年4月1日が到来したときは、1000万円及びこれに対する同月2日から支払済みまで年3分の割合による金員を支払え。

2　原告のその余の請求を棄却する。」

といった主文になるものと考えられる。

6　例えば、判例は、Yがその債務者Aに対する金銭債権の強制執行として動産の差押えをしたところ、Xがその動産は自らの所有に属するものであるとして第三者異議の訴えを提起したのに対し、Yが上記動産の取得原因となった贈与契約は詐害行為に当たるとして詐害行為取消しの反訴を提起した事案について、詐害行為取消訴訟の判決が確定する前であっても、これを認容する場合には、第三者異議の訴えを棄却すべきであるとの判断を示している（最判昭和40年3月26日・民集19巻2号508頁）。このような判断をすることが許される理由ないし根拠は必ずしも明確ではないが、この判例では、「右贈与行為にして取消されるとすれば、Xは本件物件についての所有権をYに対抗しえない関係にあるものであって、右取消の効果は、右反訴請求を認容した判決の確定によって初めてこれを生ずべきものではあるが、本件本訴と反訴の判決は同時に確定すべき関係にあることから考え、右詐害行為取消の反訴請求が認容せらるべき限り、本件物件がXの所有であることを前提とするXの本訴請求もまた同時に排斥を免れない」との説示がされている。この判例の考え方は、上記本文の論点についても参考になるものと考えられる。

第 10 章　特別の寄与

第 1050 条　　　　　　　　　　　　　　　　　【平成 30 年改正】

> 第 1050 条　被相続人に対して無償で療養看護その他の労務の提供をした
> ことにより被相続人の財産の維持又は増加について特別の寄与をした被
> 相続人の親族（相続人、相続の放棄をした者及び第 891 条の規定に該当
> し又は廃除によってその相続権を失った者を除く。以下この条において
> 「特別寄与者」という。）は、相続の開始後、相続人に対し、特別寄与者
> の寄与に応じた額の金銭（以下この条において「特別寄与料」という。）
> の支払を請求することができる。
> 2　前項の規定による特別寄与料の支払について、当事者間に協議が調わ
> ないとき、又は協議をすることができないときは、特別寄与者は、家庭
> 裁判所に対して協議に代わる処分を請求することができる。ただし、特
> 別寄与者が相続の開始及び相続人を知った時から 6 箇月を経過したとき、
> 又は相続開始の時から 1 年を経過したときは、この限りでない。
> 3　前項本文の場合には、家庭裁判所は、寄与の時期、方法及び程度、相
> 続財産の額その他一切の事情を考慮して、特別寄与料の額を定める。
> 4　特別寄与料の額は、被相続人が相続開始の時において有した財産の価
> 額から遺贈の価額を控除した残額を超えることができない。
> 5　相続人が数人ある場合には、各相続人は、特別寄与料の額に第 900 条
> から第 902 条までの規定により算定した当該相続人の相続分を乗じた額
> を負担する。

解　説

1　本条の趣旨

　本条は、被相続人の親族で相続人ではない者が被相続人に対して無償
で療養看護その他の労務の提供をしたことにより被相続人の財産の維持
又は増加について特別の寄与をした場合に、当該労務の提供をした者
（特別寄与者）は、相続開始後、相続人に対し、その寄与に応じた金銭
（特別寄与料）の支払を請求することができ（第 1 項）、特別寄与料の支
払について、当事者間に協議が調わないとき、又は協議をすることがで
きないときは、家庭裁判所に対して協議に代わる処分を請求することが

260　第1部　民　法

できる旨を定めた上で（第2項本文）、特別寄与者が家庭裁判所に請求することができる期間（第2項ただし書）、家庭裁判所が特別寄与料の額を定める際の判断要素（第3項）やその額の上限（第4項）、さらには、相続人が複数いる場合の各相続人の負担割合（第5項）を定めるものである。

2　制度創設の趣旨

相続人の中に、被相続人に対して療養看護等の特別の寄与をした者がいる場合には、当該相続人は、遺産分割において、その寄与の程度等に応じた取り分（寄与分）が認められ、当該相続人の具体的相続分にこれが加算されることになる（第904条の2）。

もっとも、寄与分の制度は、相続人でなければこれを主張することができないことから、平成30年改正前は、例えば、相続人の配偶者が被相続人の療養看護に努め、被相続人の財産の維持又は増加に特別の寄与をしたとしても、遺産分割等において、その寄与に見合う財産を取得することはできず不公平であるとの指摘がされていた。

このような問題に対応する方法としては、当該寄与者と被相続人との間で、準委任契約等に基づき報酬を受ける旨の契約を締結することや、被相続人が遺贈をすることのほか、両者の間で養子縁組をすること等が考えられる。

しかし、これらの方法は、いずれも被相続人において積極的に一定の行為をすることが必要となるが、被相続人が自らこのような行為をしようとしない場合に、当該寄与者の方から、これらの行為をするように依頼をすることは心情的に困難な場合も多いと考えられ、また、被相続人の療養看護等を要する状況次第では、そもそもそのような行為を採り得ない場合もあると考えられる。

また、当該寄与者が事後的に採り得る他の法的手段としては、事務管理に基づく費用償還請求や不当利得返還請求等が考えられる。

もっとも、事務管理に基づく費用償還請求については、事務管理制度

第 1050 条　261

が私的自治の原則の例外として本来は違法とされるべき他人の事務への干渉を例外的に許容する制度であることを重視して、親族間における通常の療養看護のように、一定の事務を行うことについて当事者間に合意がある場合には、基本的に事務管理の成立は否定すべきであるとの指摘もあり、現に前記のような事案において、事務管理の成立を認めた裁判例等は見当たらなかった。

　また、不当利得返還請求についても、同様に、被相続人の親族と被相続人との間では、両名の合意の下で療養看護等が行われている場合が多いと考えられるが、このような場合には、少なくとも療養看護等を行っている時点では、療養看護等の対価の支払をする、又はその請求をする意思がない場合も多いものと考えられ、そのような場合には、被相続人が受けた利益に「法律上の原因がない」とはいい難い場合も多いものと考えられる。

　このように、平成 30 年改正前は、相続人であれば被相続人に対して特段の寄与をしていなくてもその身分関係に基づき一定の財産を取得することができるのに対し、相続人以外の親族については、被相続人の療養看護等について特別の寄与をした場合であっても、財産的にこれに報いる適切な制度がなかったものであるが、被相続人が積極的に養子縁組や有償での準委任契約の締結等の手段を採らなかった場合であっても、被相続人に対して特別の寄与があった者に一定の財産を取得させることは、被相続人の推定的意思にも合致する場合が多いと考えられる[1]。

　そこで、平成 30 年改正では、前記の不公平を是正する観点から、新たに特別の寄与の制度を設けることとしたものである[2]。

　1　もっとも、あくまでも制度創設の根拠の一つとして、被相続人の推定的意思に合致する場合が多いことを挙げているにすぎないものであって、個別具体的な事案において、被相続人の意思に明示的に反する場合でも、本条の要件を満たす場合には、被相続人の親族は、特別寄与料の請求をすることができることになる。

262　第1部　民　　法

3　特別寄与料の支払を請求することができる場合の要件等（第1項）

⑴　特別寄与料の請求権者

本条第1項では、特別寄与料の請求権者に一定の限定を付しており、これを被相続人の親族に限った上で、さらに、被相続人の親族であっても、①相続人、②相続放棄をした者、③相続人の欠格事由に該当し、又は廃除によって相続権を失った者については、請求権者から除外することとしている[3]。

ア　被相続人の親族に限定した理由

請求権者の範囲について「被相続人の親族」という限定を付したのは、

2　なお、特別寄与料に関する公刊された裁判例として、静岡家審令和3年7月26日・家判37号81頁がある。同審判は、「申立人が、その者の貢献に報いて特別寄与料を認めるのが相当なほどに顕著な貢献をしたとまではいえない」、「（第1050条第2項にいう）『相続人を知った時』とは、当該相続人に対する特別寄与料の処分の請求が可能な程度に相続人を知った時を意味するものと解するのが相当である」などと判示している。

3　特別の寄与をした者が「被相続人の親族」に当たるか否かは、時点によって異なり得るものであり、例えば、被相続人の療養看護をしていた被相続人の親族が、離婚により、被相続人の相続開始時にはもはや親族ではなくなっていたということがあり得る。このため、どの時点で被相続人の親族であれば特別の寄与の制度を利用することができるのかが問題となる。

　特別の寄与の制度は、被相続人の療養看護等に尽くした者に対して一定の財産を与えることが実質的公平の理念に適うとともに、被相続人の推定的意思にも合致すると考えられることから設けられたものであるが、被相続人の相続開始時に既に被相続人の親族ではなくなっていた者については、一般的に、被相続人がその者に対して財産を分け与える意思を有していたとは認め難いものと考えられる。また、特別寄与料の請求権者を被相続人の親族に限定したのは、これを無限定にすると、相続をめぐる紛争が複雑化、長期化するおそれがあるとの懸念が強かったことを考慮したものであるが、このような観点からすると、請求権者に当たるか否かを判断する際の基準時も相続開始時にするのが簡明である。

　以上の点を考慮すれば、特別の寄与の制度において「被相続人の親族」に当たるか否かは、請求権発生時である被相続人の相続開始時を基準として判断するのが相当であると考えられる。

以下の理由によるものである。

　まず、特別の寄与の制度は、前記2のとおり、被相続人と一定の人的関係にある者が療養看護等の寄与をした場合には、被相続人との間で有償契約の締結をするなど、被相続人の生前に一定の対応をとることが心情的に困難な場合があること等を踏まえ、これらの者の利益を保護し、実質的な公平を図ることを目的とするものであり、このような制度創設の趣旨に照らすと、請求権者の範囲をそのような趣旨に合致する者に限定することには合理性があると考えられる。

　また、法制審議会民法（相続関係）部会における調査審議の過程でも、このような制度を新たに設けることについては、相続をめぐる紛争が一層複雑化・長期化することについての懸念が示され、そのような観点からも、請求権者の範囲を一定の範囲の者に限定する必要があるとの指摘がされたところである。

　他方で、被相続人の生前に、同人に対して療養看護等の特別の寄与をした者が遺産の分配等に一切与れないのは不公平であり、その保護を図る必要があるとの制度趣旨に照らすと、請求権者の範囲はできる限り広く認める必要性があるといえる。

　そこで、平成30年改正においては、請求権者の資格があるかどうかに関する紛争を生じさせないように、その範囲については客観的に明確なものとしつつ、請求権者の範囲をできる限り広く認める観点から、請求権者の範囲を被相続人の親族に限定することとし、これに該当しない者についてはこの制度を利用することができないこととしたものである[4,5]。

　本条第1項では、単に「被相続人の親族」と規定しており、親等による限定を付していないことから、第725条に該当する者、すなわち、6親等内の血族又は3親等内の姻族に該当すれば足りることになる（なお、後記のとおり、相続人は除かれることになるので、配偶者については常に特別寄与料の請求権者にはなり得ない。）。

264　第1部　民　　法

イ　相続人等を請求権者の範囲から除外した理由

　また、本条第1項では、前記のとおり、被相続人の親族であっても、①相続人、②相続放棄をした者、③相続人の欠格事由に該当し、又は廃除によって相続権を失った者については、請求権者から除外することとしている。

　まず、①の相続人については、遺産分割において寄与分（第904条の2）の主張をすることができるため、この制度の請求権者に含める必要がない。

　次に、②の相続放棄をした者についても、自ら相続放棄を選択したものであるから、この制度の請求権者に含める必要性に乏しく、また、寄与分の制度においても、相続人が相続放棄をした場合には、寄与分の主張もすることができなくなることとの平仄等を考慮して、請求権者から除外することとしている。

4　法制審議会民法（相続関係）部会における調査審議や国会における審議の過程では、事実婚や同性カップルのパートナーについても請求権者の範囲に含めるべきであるとの指摘がされた。

　　しかし、これらの類型に該当するか否かは様々な事情を総合的に考慮して判断すべきこととなるため、これらの者を請求権者の範囲に含めるとすると、その該当性をめぐって主張・立証が繰り返されるなどして相続をめぐる紛争が一層複雑化、長期化するおそれがあるものと考えられる。

　　このため、平成30年改正では、これらの者を請求権者に含めることとはしなかったものである。

　　この点については、本条を類推適用して、事実婚や同性カップルのパートナーにも特別寄与料の請求を認めるべきであるという議論もあり得ようが、少なくとも平成30年改正時には、国会での議論においても明示的にこれを含めない前提で立法がされたものであり、これらの者を請求権者に含める必要があるのであれば、同条を改正する必要があるものと考えられる。

5　このように、平成30年改正では、特別寄与の制度の請求権者を被相続人の親族に限定しているが、これは、被相続人の療養看護等は親族が担うべきであるとの価値判断を前提としたものではない。高齢者等の介護を誰が担うべきかという問題は、その時々の社会情勢や国民意識等を踏まえ、社会福祉政策等の中で議論されるべきものであり、平成30年改正がこの点について一定の立場を採用したものではないことに留意する必要がある。

さらに、③の相続人の欠格事由に該当し、又は廃除により相続権を失った者についても、法が非違行為をしたことを理由に相続権を与えないとしているにもかかわらず、特別寄与料の請求を認めることは自己矛盾にもなりかねず、被相続人の推定的意思にも反する場合が多いと考えられる上、寄与分の制度においても、これらの者は、寄与分の主張をすることができなくなることとの平仄等を考慮して、請求権者から除外することとしている。

(2) 特別の寄与の対象となる行為等

ア 労務の提供

本条第1項では、特別の寄与の対象となる行為を「療養看護その他労務の提供」としており、労務の提供に限定している。

この点に関し、寄与分の制度においては、「被相続人の事業に関する労務の提供又は財産上の給付、被相続人の療養看護その他の方法」によるものが対象とされており（第904条の2）、特別の寄与の制度においては、被相続人の事業に関する財産上の給付等がその対象とならない点において、寄与分の制度よりも対象となる行為類型を限定している点に注意を要する。

これは、特別の寄与の制度の創設を検討するに当たっては相続をめぐる紛争がより複雑化、長期化する懸念が示されたことから、これを限定する必要性があったことや、財産上の給付がされた場合については、これが親族間でされたときであっても、その返還の要否等について一定の合意がされる場合も多く、かつ、財産上の給付をする際にそのような約定を交わすことも比較的容易である（被相続人が約定を交わさなければ、財産上の給付を断ることも可能である）ものと考えられることから、このような類型については、給付された財産の取扱い等についても当事者の意思にこれを委ねるのが相当であるとの価値判断に基づくものである。

このため、特別の寄与の制度の対象となる行為としては、被相続人に対して療養看護をした場合や、被相続人が個人で事業や農業等を営んでいる場合に、これを手伝った場合等が当たり得ることになる。

イ 無償性

特別の寄与の制度においては、労務の提供が無償で行われたことを要件としており、この点も寄与分の制度と異なる。この制度は、前記1のとおり、被相続人の推定的意思に合致することを制度創設の根拠の1つとするものであるが、労務の提供に対して対価の支払がされている場合には、被相続人としてもそれ以上の財産を取得させる意思を有していない場合が多いと考えられることに加え、前述の相続をめぐる紛争の複雑化、長期化への懸念にも配慮して、寄与分の制度よりも対象となる行為を無償行為に限定することとしたものである。

もっとも、ここでの無償性は、労務の提供の対価として一定の財産的給付を受けていないことを意味するから、労務を提供した際に被相続人から何らかの財産的給付を受けたからといって直ちに無償性の要件を欠くことにはならない。

例えば、被相続人が、労務の提供をした者にその場所に赴くまでの交通費等を負担したとしても、労務の提供に対する対価ではないから、これにより無償性が否定されることにならない。また、一般に、労務の提供に対する対価といえるためには、労務の提供の程度等に応じて財産的給付の内容が決められたという関係があることを要すると考えられるから、労務の提供に要した時間に応じて財産的給付がされた場合には無償性が否定されることが多いと考えられるが、労務の提供の程度等に対応しない形で僅かな金銭等を受け取っていたにすぎない場合や、簡単な飲食等の提供を受けたにとどまる場合には、無償性は否定されないことが多いと考えられる。

(3) 被相続人の財産の維持又は増加についての特別の寄与

特別の寄与の制度においては、寄与者の行為が被相続人の財産の維持又は増加に特別の寄与があったことを要件としている。

ア 被相続人の財産の維持又は増加について

特別の寄与の制度では、「被相続人の財産の維持又は増加」に寄与があったことを要件としており、この点は寄与分の制度と同様である。本

条の「財産の維持又は増加」の解釈についても、寄与分のそれとほぼ同様である。

　これは、被相続人財産の維持又は増加について寄与があった場合には、これを金銭的に評価するのが比較的容易であり、かつ、客観的にこれを算定することが可能であるのに対し、財産の維持又は増加について寄与があったとは認められないものについては、客観的基準に基づき金銭的に評価をするのが困難であること等を考慮したものである。

　具体的には、被相続人の介護を第三者に依頼せず、寄与者がその介護を行った場合には、第三者への介護費用の支払を節減することができたのであるから、「被相続人の財産の維持」に寄与があったといえる。また、寄与者が、被相続人の身体的な介護は行わず、話し相手となっていたという精神的な援助を目的とするケースについては、「被相続人の財産の維持」に寄与があったとはいえない場合が多いと考えられるが、病床で常時付き添い、話し相手になるとともに、病魔と闘い続けることを鼓舞し続けたというようなケースについては、同様の支援を第三者に依頼すれば金銭的な負担を伴うことになるのであるから、このような援助が被相続人には必要であったと認められる限り、「被相続人の財産の維持」について寄与があったと認められることもあるものと考えられる。

　　イ　特別の寄与

　また、特別寄与料の支払を請求するには、被相続人の財産の維持又は増加について寄与があったというだけでは足りず、「特別の寄与」があったといえることが必要である。寄与分（第904条の2）と同様の表現を用いているが、その解釈については、以下のとおり両制度でやや異なる点に注意を要する。

　寄与分の制度において「特別の寄与」があったといえるためには、一般に、寄与の程度が被相続人と当該相続人の身分関係に基づいて通常期待される程度を超えるものであることを要すると解されているが、これは、寄与分の制度の場合には、寄与分権者が相続人であることから、通常期待される程度の貢献については、相続分に基づく財産の取得によっ

268　第1部　民　法

て既に評価されているとの価値判断に基づくものと考えられる。

　これに対し、特別の寄与の制度における請求権者は相続人ではないため、これと同様の解釈をすることは相当でないと考えられる。

　前記のとおり、特別の寄与の制度は、被相続人の療養看護等に寄与した者が親族である場合には、被相続人との間で有償契約等を締結するのが困難な場合があり、かつ、その寄与者が相続人でないために、相続財産の分配に当たり上記寄与を考慮することができないという不公平を是正するものであるから、本条の「特別の寄与」があったといえるためには、このような制度趣旨に照らし、その者の貢献に金銭的に報いることが上記のような不公平を是正するために必要かつ相当であると認められる程度の顕著な貢献があったことを意味すると解すべきである。

(4)　本条の要件を満たす場合の効果

　上記(1)から(3)までの要件を満たす場合には、当該寄与者は、相続人に対し、特別寄与料の支払を請求することができることになる。

　寄与分の制度においては、寄与者は相続財産の分配を受ける際にその貢献が考慮されてその取り分（具体的相続分）が増えることになり（第904条の2第1項）、遺産分割の手続の中で具体的な取得額が決定されることになるが、特別の寄与の制度においては、相続人に対する金銭請求のみを認めることとしている。

　制度設計としては、特別の寄与があった場合には、当該寄与者も遺産分割の当事者とし、遺産分割の中で相続財産における取得分を決するという考え方もあり得たが、特別の寄与の制度における請求権者は、相続人ではないため、この制度の要件を満たす場合にのみ遺産分割の当事者になることとすると、当該要件の有無について当事者間に争いがある場合には、これを確定しない限り、遺産分割の当事者の範囲が確定せず、遺産分割協議をすることができなくなるなどの弊害が生ずることになる。したがって、特別の寄与の制度においては、第910条の規律（相続開始後に認知された者に価額支払請求権のみを認めることとするもの）等を参考にして、金銭の支払請求のみを認めることとしたものである。

第 1050 条　　269

　特別寄与料の額については、本条第1項では、「特別寄与者の寄与に応じた額」と規定するのみであり、その金額の決定方法、裁判所がその額を算定する場合の考慮要素等については、本条第2項から第4項までに規定している。

4　特別寄与料の額の決定等（第2項）

　本項本文では、「特別寄与料の支払について、当事者間に協議が調わないとき、又は協議をすることができないときは、特別寄与者は、家庭裁判所に対して協議に代わる処分を請求することができる。」こととしており、特別寄与料の支払の要否及びその額について、第一次的には、当事者間の協議に委ねることとしている。

　ここでの「当事者」は、特別寄与料の請求をしている者と請求を受けた相続人である。後記7のとおり、特別寄与料の請求は、相続人が複数いる場合にも、その全員を相手方にする必要はなく、各相続人に対して個別に請求することとしているため、ここでも、特別寄与料の請求をしている者と請求を受けた相続人との間で協議が調えば足りることになる。

　例えば、被相続人の子であるA、B、Cが相続人である場合に、Aの配偶者Xが被相続人の療養看護等を行ったとして、B及びCに対して特別寄与料の請求をしたときでも、XとBとの間で、特別寄与料を100万円とする旨の合意が成立すれば、XとCとの間で協議が調わなくても、Bに対する特別寄与料の額は100万円に確定する。なお、XとBとの間で協議の結果は、XのCに対する特別寄与料の額の算定には影響を及ぼさないことになるが（基本的には、家庭裁判所がその額を定める場合も同様である。）、この点については後記7を参照されたい。

　次に、特別寄与料の支払について当事者間に協議が調わないとき、又は協議をすることができないときは、特別寄与者の請求により、家庭裁判所がその額を定めることになる（本条第2項本文）。

　この請求は、特別寄与者が相続の開始及び相続人を知った時から6か月以内で、かつ、相続開始の時から1年以内にしなければならない（本

条第2項ただし書）。

　このように特別寄与料の請求について短期の権利行使期間を設けることとしたのは、特別寄与料の請求手続は遺産分割手続とは別個の手続としたものの、相続人としては、相続人以外の者が特別寄与料の請求をするか否か、あるいはその請求額等を把握した上でなければ、遺産分割協議を成立させることに躊躇を覚えることも多いと考えられることから、遺産分割を含めた相続をめぐる紛争を早期に解決するためには、特別寄与者が権利行使するか否かを早期に明らかにする必要性が高いと考えられることや、特別寄与の制度の対象となるような貢献をした者であれば、通常は、相続の開始や相続人が誰であるかを比較的容易に把握することが可能であると考えられること等を考慮したものである。

　まず、6か月の請求期間の始期は、「相続の開始及び相続人を知った時」であるが、前記のとおり、特別寄与料の請求は相続人ごとに行うことを認めていることから、「相続人を知った時」とは、当該請求の相手方となる者が相続人であることを知った時を意味するものと解すべきであり、その意味で、6か月の起算点については、相続人ごとに異なる時点になり得るものである。

　したがって、例えば、相続の開始後に法定相続人が相続放棄をしたことによって新たに相続人になった者がいる場合には、当該相続人に対する請求における6か月の期間は、特別寄与者において当該相続人が相続人となったことを知った時から進行することになる。

　また、相続開始の時から1年を経過すれば、特別寄与者が相続の開始や相続人を知っていたかどうかにかかわらず、裁判所に対する請求をすることはできないこととしている。この点に関し、相続放棄は、原則として、「自己のために相続の開始があったことを知った時から3箇月以内に」しなければならないとされており、相続人の主観面によってその起算点が異なり得る上、家庭裁判所の判断によりこの期間を伸長することも認められていることから（第915条第1項）、理論的には、相続開始の時から1年を経過した後に相続放棄がされ、これにより新たに相続人

となる者が生じ得ることとなる。

　もっとも、このような場合については、特別寄与者が相続開始の時から1年以内に、後に相続放棄をすることとなる相続人を相手方として家庭裁判所に対する請求をした場合には、本条第2項の1年の期間は遵守されているものと解するのが相当である。なお、その場合には、特別寄与者は、当初の相手方が相続放棄をしたことにより新たに相続人となった者にその手続を受け継がせることができるものと考えられる（家事法第44条第1項、第3項）。なぜなら、相続放棄があった場合には、民法上は、初めから相続人とならなかったものとみなされることになるのであるが（第939条）、実質的には、相続放棄により当初の相手方が相続人の資格を失うとともに、これにより新たに相続人となった者が相手方となる資格を取得することになるものであって、このような実質に照らせば、家事法第44条の適用を否定するのは相当でないと考えられるからである。

5　特別寄与料の額を算定する場合の考慮要素（第3項）

　本条第1項の要件を満たす場合に、特別寄与者と相続人との間で特別寄与料の額について協議が調わないときは、家庭裁判所がその額を定めることになるが、本条第3項は、その場合の考慮要素を規定するものである。

　具体的には、家庭裁判所は、寄与の時期、方法及び程度、相続財産の額その他一切の事情を考慮して特別寄与料の額を定めることになる。

　寄与の時期については、寄与があった期間の長短が影響することはもちろんであるが、例えば、療養看護がされた時期が相続開始時に近く、本人にとってその必要性が高い時期にされたという事実は、特別寄与料の額を増額させる方向に働くものと考えられる。

　寄与の方法及び程度についても、特別寄与者の労務負担の頻度や軽重、相続財産の維持又は増加に対する貢献の程度はもとより、労務提供の方法が本人の利益に資するような態様でされているか否かといった点も考

272　第1部　民　法

慮要素になり得るものと考えられる。

　さらに、相続財産の額については、被相続人の推定的意思等に照らし
ても、その額が多ければ多いほど、特別寄与者に対してもより多くの財
産を取得させる方向に働くものと考えられる。また、特別寄与料の請求
が相続人以外の親族から相続人に対して行われるものであること等に照
らすと、積極財産の額だけでなく、相続債務の額についても考慮要素に
なり得るものと考えられる。

　このほか、被相続人においてそのような労務の提供を必要としていた
具体的な事情や特別寄与者が被相続人から受けていた利益の有無及び程
度等が考慮要素になり得るものと考えられる。

6　特別寄与料の額の上限（第4項）

　本条第4項は、特別寄与料の額の上限を定めるものであり、その額は、
被相続人が相続開始の時において有した財産の価額から遺贈の価額を控
除した残額を超えることができないこととしている。

　これは、寄与分制度における寄与分の上限と同様の規律であり、特別
寄与料についても、被相続人の意思に反しない限度で認めることとする
趣旨である。

7　共同相続における場合の各相続人の負担額（第5項）

　本条は、第1項から第4項までで、特別寄与料の請求が認められる場
合の要件や、これが認められる場合に特別寄与者が取得することができ
る特別寄与料の総額の定め方を規定した上で、第5項において、共同相
続の場合における各相続人の負担額の定め方を規定している。すなわち、
単独相続の場合については、第1項から第4項までの規定により定めら
れた特別寄与料の額を当該相続人に対して請求することができることに
なるのに対し、共同相続の場合については、第1項から第4項までの規
定により定められた特別寄与料の総額を前提として、第5項の規定によ
り各相続人の負担額が定められることになる。

共同相続の場合には、各相続人は、第1項から第4項までの規定により定められた特別寄与料の総額を前提として、その額に法定相続分又は指定相続分を乗じた額を負担することになる。これは、相続分の指定がされている場合には、各相続人がその指定相続分に応じて特別寄与料を負担するのが相続人間の公平に適うものと考えられるためであり、これにより、相続分の指定により一切財産を相続しない者が特別寄与料の支払義務のみを負担することを避けることができる。

　もっとも、前記のとおり、特別の寄与の制度においては、特別寄与者は、共同相続人の全員に対して同時に請求をする必要はなく、一部の共同相続人に対して個別に請求することも認めているため（遺産分割事件と寄与分事件に関する家事法第192条、第245条第3項のような併合強制の規律も設けていない。）、例えば、共同相続人がA、B、Cの3人の子であり、Aの配偶者がBとCに対して特別寄与料の請求をする場合に、AB間では、特別寄与料の総額が300万円であることを前提として、BがAに対して100万円を支払う旨の協議が成立したとしても、この協議の結果は、AC間の紛争には影響を及ぼさず、家庭裁判所が特別寄与料の総額について判断をする際にも、AB間の協議の結果及びそれに基づく支払の有無について考慮する必要はないものと解すべきである。

　同様に、この事案で、AC間の紛争について家庭裁判所の審判が先に確定したとしても、その結果は、AB間の紛争には影響を及ぼさないものと解される（もちろん、事実上一定の影響力が生ずることは否定できない。）。

第2部
家事事件手続法

276　第2部　家事事件手続法

第1編　総則

第1章の2　日本の裁判所の管轄権

第3条の11（相続に関する審判事件の管轄権）　　　【令和3年改正】

　（相続に関する審判事件の管轄権）
　第3条の11　（省略）
　2　（省略）
　3　裁判所は、第1項に規定する場合のほか、推定相続人の廃除の審判又
　　はその取消しの審判の確定前の遺産の管理に関する処分の審判事件（別
　　表第1の88の項の事項についての審判事件をいう。第189条第1項及
　　び第2項において同じ。）、相続財産の保存に関する処分の審判事件（同
　　表の89の項の事項についての審判事件をいう。第190条の2において
　　同じ。）、限定承認を受理した場合における相続財産の清算人の選任の審
　　判事件（同表の94の項の事項についての審判事件をいう。）、財産分離
　　の請求後の相続財産の管理に関する処分の審判事件（同表の97の項の
　　事項についての審判事件をいう。第202条第1項第2号及び第3項にお
　　いて同じ。）及び相続人の不存在の場合における相続財産の清算に関す
　　る処分の審判事件（同表の99の項の事項についての審判事件をいう。
　　以下同じ。）について、相続財産に属する財産が日本国内にあるときは、
　　管轄権を有する。
　4、5　（省略）

解　　説

1　本条の趣旨

　本条は、相続に関する審判事件の管轄権（国際裁判管轄）について定
めるものである。令和3年改正により本条第3項が改正されている。

2　相続財産の保存に関する処分の審判事件の管轄権（第3項）

　民法第897条の2の規定が新設され、新たな事項が家事事件として処
理されることになり、他方で、令和3年改正前民法第918条第2項の規

定が削除されたことに伴い、新たな事項についての審判事件の管轄権について定めるなどしている。

相続財産の保存に関する処分の審判事件（民法第897条の2の規定に基づく相続財産の保存に関する処分の審判事件）については、相続財産に属する財産が日本国内にあるときは、我が国の裁判所が管轄権を有する。

3 限定承認を受理した場合における相続財産清算人の選任の審判事件及び相続人の不存在の場合における相続財産の清算に関する処分の審判事件の管轄権（第3項）

民法第936条第1項及び第952条第1項において、これらの規定に基づいて選任される「相続財産の管理人」の呼称を「相続財産の清算人」と改めること等に伴い、本条においても、当該各項目についての審判事件の名称を改めている。具体的な内容には、特段の変更はない。

278　第 2 部　家事事件手続法

第 2 編　家事審判に関する手続

第 1 章　総則

第 82 条（家事審判の申立ての取下げ）　　　　　【令和 3 年改正】

（家事審判の申立ての取下げ）
第 82 条　家事審判の申立ては、特別の定めがある場合を除き、審判があ
るまで、その全部又は一部を取り下げることができる。
2　別表第 2 に掲げる事項についての家事審判の申立ては、審判が確定す
るまで、その全部又は一部を取り下げることができる。ただし、申立て
の取下げは、審判がされた後にあっては、相手方の同意を得なければ、
その効力を生じない。
3　前項ただし書、第 153 条（第 199 条第 1 項において準用する場合を含
む。）及び第 199 条第 2 項の規定により申立ての取下げについて相手方
の同意を要する場合においては、家庭裁判所は、相手方に対し、申立て
の取下げがあったことを通知しなければならない。ただし、申立ての取
下げが家事審判の手続の期日において口頭でされた場合において、相手
方がその期日に出頭したときは、この限りでない。
4　前項本文の規定による通知を受けた日から 2 週間以内に相手方が異議
を述べないときは、申立ての取下げに同意したものとみなす。同項ただ
し書の規定による場合において、申立ての取下げがあった日から 2 週間
以内に相手方が異議を述べないときも、同様とする。
5　民事訴訟法第 261 条第 3 項及び第 262 条第 1 項の規定は、家事審判の
申立ての取下げについて準用する。この場合において、同法第 261 条第
3 項ただし書中「口頭弁論、弁論準備手続又は和解の期日（以下この章
において「口頭弁論等の期日」という。）」とあるのは、「家事審判の手
続の期日」と読み替えるものとする。

解　　説

1　本条の趣旨

本条は、家事審判の申立ての取下げについて定めるものである。令和
3 年改正により本条第 3 項が改正されている。

2 取下げについての通知（第3項）

　家事法においては、家事審判の申立ての取下げに相手方の同意を要する場合には、相手方が明確な同意又は不同意の態度を示さず、手続が遅滞する事態を避けるため、原則として家庭裁判所が相手方に取下げがあったことを通知した上で、2週間以内に異議を述べないときは取下げに同意したものとみなしている（本条第3項及び第4項）。

　令和3年改正により相続開始の時から10年を経過した後は、相手方の同意がなければ、遺産分割の審判の申立てを取り下げることができないとしており（家事法第199条第2項）、本条第3項においても、家事法第199条第2項の規定により申立ての取下げについて相手方の同意を要する場合においては、相手方の出頭する期日において取下げがあった場合を除き、家庭裁判所は、相手方に対し、申立ての取下げがあったことを通知しなければならないとしている。これにより、通知を受けた日（相手方の出頭する期日において取下げがあった場合は取下げの日）から2週間以内に相手方が異議を述べないときは、申立ての取下げに同意したものとみなすことになる（本条第4項）。

280　第2部　家事事件手続法

第83条（家事審判の申立ての取下げの擬制）　　【令和3年改正】

> （家事審判の申立ての取下げの擬制）
> 第83条　家事審判の申立人（第153条（<u>第199条第1項</u>において準用する場合を含む。）<u>及び第199条第2項</u>の規定により申立ての取下げについて相手方の同意を要する場合にあっては、当事者双方）が、連続して2回、呼出しを受けた家事審判の手続の期日に出頭せず、又は呼出しを受けた家事審判の手続の期日において陳述をしないで退席をしたときは、家庭裁判所は、申立ての取下げがあったものとみなすことができる。

解　　説

1　本条の趣旨

本条は、家事審判の申立ての取下げの擬制について定めるものである。

2　取下げの擬制

家事法においては、申立人が連続して2回期日に出頭せず、又は期日において陳述をしないで退席をしたときは、家庭裁判所は、申立ての取下げがあったものとみなすことができるとしつつ、申立ての取下げについて相手方の同意を要する場合にあっては、申立人だけでなく、相手方も2回期日に出頭せず、又は期日において陳述をしないで退席をしたときでなければ、家庭裁判所は、申立ての取下げがあったものとみなすことができないとしている。

令和3年改正により、相続開始の時から10年を経過した後は、相手方の同意がなければ、遺産分割の審判の申立てを取り下げることができないとしており（家事法第199条第2項）、本条における申立ての取下げについて相手方の同意を要する場合についても家事法第199条第2項に基づく場合が含まれることを明記している。

第2章　家事審判事件

第4節　不在者の財産の管理に関する処分の審判事件

第146条（管理人の改任等）　　　　　　　　　　【令和3年改正】

（管理人の改任等）

第146条　家庭裁判所は、いつでも、民法第25条第1項の規定により選任し、又は同法第26条の規定により改任した管理人を改任することができる。

2　家庭裁判所は、民法第25条第1項の規定により選任し、又は同法第26条の規定により改任した管理人及び前項の規定により改任した管理人（第4項及び第6項、次条並びに第147条において「家庭裁判所が選任した管理人」という。）に対し、財産の状況の報告及び管理の計算を命ずることができる。同法第27条第2項の場合においては、不在者が置いた管理人に対しても、同様とする。

3　前項の報告及び計算に要する費用は、不在者の財産の中から支弁する。

4　家庭裁判所は、管理人（家庭裁判所が選任した管理人及び不在者が置いた管理人をいう。次項及び第147条において同じ。）に対し、その提供した担保の増減、変更又は免除を命ずることができる。

5　管理人の不動産又は船舶の上に抵当権の設定を命ずる審判が効力を生じたときは、裁判所書記官は、その設定の登記を嘱託しなければならない。設定した抵当権の変更又は消滅の登記についても、同様とする。

6　民法第644条、第646条、第647条及び第650条の規定は、家庭裁判所が選任した管理人について準用する。

解　説

　本条は管理人の改任等について定めるものである。令和3年改正により家事法第146条の2を新設したことに伴い、条ズレ等を修正する形式的な改正をしているが、その実質的な内容に変更はない。

282　第2部　家事事件手続法

第146条の2（供託等）　　　　　　　　　　　　【令和3年改正】

> （供託等）
> 第146条の2　家庭裁判所が選任した管理人は、不在者の財産の管理、処分その他の事由により金銭が生じたときは、不在者のために、当該金銭を不在者の財産の管理に関する処分を命じた裁判所の所在地を管轄する家庭裁判所の管轄区域内の供託所に供託することができる。
> 2　家庭裁判所が選任した管理人は、前項の規定による供託をしたときは、法務省令で定めるところにより、その旨その他法務省令で定める事項を公告しなければならない。

解　説

1　本条の趣旨

　本条は、不在者財産管理人による供託について定めるものである。不在者財産管理人は、不在者の財産の管理の過程において金銭が生じたときは、不在者に当該金銭を引き渡すべきであるが、不在者の所在が判明しないため、通常はその引渡しが困難である。そのため、管理すべき不在者の財産が金銭だけである場合であっても、不在者財産管理人は当該金銭の管理を継続しなければならず、そのためにその任務を終了することができないといったケースがあり、合理性に欠けるとの指摘があった。他方で、金銭を管理する仕組みとしては供託制度があり、不在者の金銭の管理にも、供託制度を活用することが考えられるが、令和3年改正前は、不在者財産管理人による供託につき特段の規定がなかった。

　そこで、本条において、家庭裁判所が選任した管理人による供託等につき規定を設けることにしたものである。

2　供託原因（第1項）

⑴　家庭裁判所が選任した管理人

　家庭裁判所が選任した管理人は、本条第1項の規定により、供託をすることができる。ここでいう家庭裁判所が選任した管理人とは、民法第25条第1項の規定により選任した管理人、同法第26条の規定により改

第 146 条の 2（供託等）　　283

任した管理人及び家事法第 146 条第 1 項の規定により改任した管理人である（家事法第 146 条第 2 項参照）。

⑵　供託の対象

本条第 1 項の規定による供託は、不在者の財産の管理、処分その他の事由により生じた金銭についてすることができる。本条における供託の対象は、「不在者の財産の管理、処分その他の事由により生じた金銭」に限られる。金銭以外の動産等については、本条における供託の対象ではない。

3　公告（第 2 項）

家庭裁判所が選任した管理人は、本条第 1 項の規定による供託をしたときは、法務省令で定めるところにより、その旨その他法務省令で定める事項を公告しなければならない。

法務省令としては、非訟事件手続法第 90 条第 8 項及び第 91 条第 5 項並びに家事法第 146 条の 2 第 2 項の規定による公告の方法等を定める省令（令和 4 年法務省令第 42 号）がある。

284 第2部　家事事件手続法

第147条（処分の取消し）　　　　　　　　　　【令和3年改正】

> （処分の取消し）
> 第147条　家庭裁判所は、不在者が財産を管理することができるように
> なったとき、管理すべき財産がなくなったとき（家庭裁判所が選任した
> 管理人が管理すべき財産の全部が供託されたときを含む。）その他財産
> の管理を継続することが相当でなくなったときは、不在者、管理人若し
> くは利害関係人の申立てにより又は職権で、民法第25条第1項の規定
> による管理人の選任その他の不在者の財産の管理に関する処分の取消し
> の審判をしなければならない。

解　　説

1　本条の趣旨

　本条は、不在者の財産の管理に関する処分の取消しについて定めるも
のである。令和3年改正により家庭裁判所が選任した管理人が管理すべ
き財産の全部が供託された場合について改正をしているが、その余につ
いては特段の変更はない。

2　供託がされた場合

　令和3年改正により家庭裁判所が選任した不在者財産管理人による供
託について規定が設けられたが、家庭裁判所が選任した不在者財産管理
人が管理すべき財産の全部が供託された場合には、管理すべき財産がな
く、不在者財産管理人による管理を継続する必要がなくなる。

　そのため、本条では、家庭裁判所が選任した管理人が管理すべき財産
の全部が供託されたときが、管理すべき財産がなくなったときに含まれ
ることを明記し、このことが、不在者の財産の管理に関する処分の取消
事由に該当することを明示している。

第 12 節の 2　相続財産の保存に関する処分の審判事件

第 190 条の 2　　　　　　　　　　　　　　　　　　　【令和 3 年改正】

> 第 12 節の 2　相続財産の保存に関する処分の審判事件
> 第 190 条の 2　相続財産の保存に関する処分の審判事件は、相続が開始した地を管轄する家庭裁判所の管轄に属する。
> 2　第 125 条第 1 項から第 6 項まで、第 146 条の 2 及び第 147 条の規定は、相続財産の保存に関する処分の審判事件について準用する。この場合において、第 125 条第 3 項中「成年被後見人の財産」とあるのは、「相続財産」と読み替えるものとする。

解　説

1　本条の趣旨

本条は、相続財産の保存に関する処分の審判事件（民法第 897 条の 2 の規定による審判事件）について定めるものであり、令和 3 年改正により新設された規定である。令和 3 年改正前民法第 918 条第 2 項の規定による審判事件と同様に、管轄裁判所や相続財産管理人の改任等について定めている。

2　管轄

相続財産の保存に関する処分の審判事件は、相続が開始した地を管轄する家庭裁判所の管轄に属する（本条第 1 項）。

3　相続財産管理人の改任

家庭裁判所は、いつでも、相続財産の保存に関する処分の審判事件において選任した相続財産管理人を改任することができる（本条第 2 項において準用する第 125 条第 1 項）。

4　財産の状況の報告及び管理

家庭裁判所は、相続財産の保存に関する処分の審判事件において選任

286　第2部　家事事件手続法

した相続財産管理人（改任された相続財産管理人を含む。）に対し、財産の状況の報告及び管理の計算を命ずることができる（本条第2項において準用する第125条第2項）。当該報告及び計算に要する費用は、相続財産の中から支弁する（同条第3項）。

5　担保等

家庭裁判所は、相続財産管理人に対し、その提供した担保の増減、変更又は免除を命ずることができる（本条第2項において準用する第125条第4項）。相続財産管理人の不動産又は船舶の上に抵当権の設定を命ずる審判が効力を生じたときは、裁判所書記官は、その設定の登記を嘱託しなければならず、設定した抵当権の変更又は消滅の登記についても、同様である（同条第5項）。

6　善管注意義務等

本条第2項は、民法第644条、第646条、第647条及び第650条の規定を準用する家事法第125条第6項を準用している。令和3年改正前民法第918条第2項の規定による相続財産管理人についても、相続人との財産関係は委任に類似するため、委任の規定が準用されていたが、それと同様のものである。

7　供託

相続財産管理人は、相続財産の管理、処分その他の事由により金銭が生じたときは、当該金銭を相続財産の保存に関する処分を命じた裁判所の所在地を管轄する家庭裁判所の管轄区域内の供託所に供託することができる。当該相続財産管理人は、当該供託をしたときは、法務省令で定めるところにより、その旨その他法務省令で定める事項を公告しなければならない（本条第2項において準用する第146条の2）。

8 処分の取消し

　家庭裁判所は、相続人が財産を管理することができるようになったとき、管理すべき財産がなくなったとき（相続財産管理人が管理すべき財産の全部が供託されたときを含む。）その他財産の管理を継続することが相当でなくなったときは、相続人、相続財産管理人若しくは利害関係人の申立てにより又は職権で、相続財産管理人の選任その他の相続財産の保存に関する処分の取消しの審判をしなければならない（本条第2項において準用する第147条）。

　例えば、崖地の崩落防止の措置を行うために選任された相続財産管理人が、その職務を終え、他に必要な管理行為がない場合にも、基本的に、財産の管理を継続することが相当でなくなったときとし、取消事由に該当すると解される。

288　第 2 部　家事事件手続法

第 13 節　遺産の分割に関する審判事件

第 199 条（申立ての取下げの制限）　　　　　　　【令和 3 年改正】

（申立ての取下げの制限）
第 199 条　第 153 条の規定は、遺産の分割の審判の申立ての取下げについて準用する。
　2　第 82 条第 2 項の規定にかかわらず、遺産の分割の審判の申立ての取下げは、相続開始の時から 10 年を経過した後にあっては、相手方の同意を得なければ、その効力を生じない。

解　　説

1　本条の趣旨

　本条は、申立ての取下げの制限について定めるものである。令和 3 年改正により本条第 2 項が新設されている。なお、本条第 1 項については特段の改正はない。

2　10 年経過後の取下げの制限（第 2 項）

(1)　10 年経過後の取下げ

　遺産分割の審判においては、相続人の 1 人が遺産分割の審判の申立てをした場合には、相手方である相続人は、自らが申立てをしていなくても、その手続の中で、具体的相続分の割合による遺産分割を求めることができる。

　もっとも、令和 3 年改正前の家事法においては、遺産分割の審判の申立ては、相手方である相続人の同意がなくとも取り下げることができるため、申立人である相続人が申立てを取り下げると、相手方である相続人が具体的相続分の割合による遺産分割を求めるためには、別途、申立てをする必要がある。

　しかし、令和 3 年改正後の民法においては、相続開始の時から 10 年を経過した後に遺産分割を申し立てた場合には、具体的相続分による遺産分割を求めることができないとされた（民法第 904 条の 3 ）ため、相

続開始から 10 年経過後に申立てが取り下げられると、相手方である相続人が新たに別途の申立てをしても、具体的相続分の割合による遺産分割を求めることができなくなってしまう（後記(2)参照）。

そこで、本条第 2 項において、相続開始の時から 10 年を経過した後は、相手方の同意がなければ、遺産分割の申立てを取り下げることができないとしている。

(2) 遺産分割の審判の申立ての取下げと民法第 904 条の 3 の関係

民法第 904 条の 3 は、同法第 903 条から第 904 条の 2 までの規定は、原則として、相続開始の時から 10 年を経過した後にする遺産の分割については、適用しないとしつつ、相続開始の時から 10 年を経過する前に、相続人が家庭裁判所に遺産分割の請求（申立て）をしたときには同法第 903 条から第 904 条の 2 までの規定を適用するとする。これは、相続開始の時から 10 年を経過する前にされた遺産分割の請求（申立て）により開始した遺産分割の手続においては、同法第 903 条から第 904 条の 2 までの規定を適用するとするものである。そのため、一度、相続開始の時から 10 年を経過する前に遺産分割の請求があったとしても、例えば、取下げにより、当該請求により開始した遺産分割の手続が終了し、その後、相続開始の時から 10 年を経過した後に、新たな請求により遺産分割の手続が開始したとしても、当該新たな手続においては、原則として、同法第 903 条から第 904 条の 2 までの規定は適用されない。本条第 2 項は、このことを前提に、当該取下げについて特段の規定を設けている。

(3) 10 年経過前の取下げ

遺産分割の審判の申立ての取下げは、相続開始の時から 10 年を経過するまでは、相手方の同意なく、することができる。

相続開始の時から 10 年を経過するまでに遺産分割の審判の申立ての取下げがされた場合において、相続開始の時から 10 年を経過する前に相手方が新たに遺産の分割の申立てをしたときは、具体的相続分の割合による遺産分割をすることになる。

290　第2部　家事事件手続法

　また、遺産分割の申立てがある場合には、その取下げがされるまでは、相手方に遺産分割の申立て（請求）をすることができないやむを得ない事由（民法第904条の3第2号参照）があると考えられる。そのため、相続開始の時から10年の期間の満了前6か月以内の間に遺産分割の申立ての取下げがされた場合には、やむを得ない事由が消滅した時（遅くとも、取下げの通知があった時には遺産分割の申立ては可能になると解される。）から6か月以内に遺産分割の申立てがされた場合には、具体的相続分により遺産分割をすることになる。

第 200 条（遺産の分割の審判事件を本案とする保全処分）　291

第 200 条（遺産の分割の審判事件を本案とする保全処分）

【平成 30 年改正】

（遺産の分割の審判事件を本案とする保全処分）

第 200 条　家庭裁判所（第 105 条第 2 項の場合にあっては、高等裁判所。次項及び第 3 項において同じ。）は、遺産の分割の審判又は調停の申立てがあった場合において、財産の管理のため必要があるときは、申立てにより又は職権で、担保を立てさせないで、遺産の分割の申立てについての審判が効力を生ずるまでの間、財産の管理者を選任し、又は事件の関係人に対し、財産の管理に関する事項を指示することができる。

2　家庭裁判所は、遺産の分割の審判又は調停の申立てがあった場合において、強制執行を保全し、又は事件の関係人の急迫の危険を防止するため必要があるときは、当該申立てをした者又は相手方の申立てにより、遺産の分割の審判を本案とする仮差押え、仮処分その他の必要な保全処分を命ずることができる。

3　前項に規定するもののほか、家庭裁判所は、遺産の分割の審判又は調停の申立てがあった場合において、相続財産に属する債務の弁済、相続人の生活費の支弁その他の事情により遺産に属する預貯金債権（民法第 466 条の 5 第 1 項に規定する預貯金債権をいう。以下この項において同じ。）を当該申立てをした者又は相手方が行使する必要があると認めるときは、その申立てにより、遺産に属する特定の預貯金債権の全部又は一部をその者に仮に取得させることができる。ただし、他の共同相続人の利益を害するときは、この限りでない。

4　第 125 条第 1 項から第 6 項までの規定及び民法第 27 条から第 29 条まで（同法第 27 条第 2 項を除く。）の規定は、第 1 項の財産の管理者について準用する。この場合において、第 125 条第 3 項中「成年被後見人の財産」とあるのは、「遺産」と読み替えるものとする。

解　　説

1　本条の趣旨

本条は、遺産分割の審判事件を本案として行うことができる保全処分の内容やその効力、さらには保全処分を行う場合の手続等に関する規律を定めるものであるが、平成 30 年改正との関係でいえば、預貯金債権も遺産分割の対象財産に含まれるとの判例変更（最大決平成 28 年 12 月

292　第2部　家事事件手続法

19日・民集70巻8号2121頁）があったことを踏まえ、預貯金債権の仮
払の仮処分の要件を緩和する趣旨で本条第3項が創設されたところに意
義があり、それ以外には同改正の前後で内容に変更はない。

2　遺産の管理者の選任等の保全処分（第1項）

　本条第1項は、遺産分割の審判又は調停の申立てがあった場合におい
て、遺産の管理のため必要があるときは、家庭裁判所は、保全処分とし
て、遺産の管理人を選任し、又は、事件の関係人に対し、遺産の管理に
関する事項を指示することができる旨を定めるものである。

　これらの保全処分は、申立てによる場合だけでなく、職権でも行うこ
とができることとされている。このように、本条第1項においては、遺
産を適切に管理することが遺産分割を適正かつ円滑に行う上で必要であ
ること等を踏まえ、財産管理の必要性が認められる場合には、家庭裁判
所において必要な保全処分を行うことができることとされている。

3　強制執行の保全又は関係人の急迫の危険を防止するための保全処分（第2項）

　本条第2項は、遺産分割の審判又は調停の申立てがあった場合におい
て、強制執行を保全し、又は事件の関係人の急迫の危険を防止するため
必要があるときは、家庭裁判所は、遺産分割の審判を本案とする仮差押
え、仮処分その他の保全処分を命ずることができる旨を定めるものであ
る。

　これらの保全処分は、遺産分割の審判又は調停の申立てをした者又は
その相手方の申立てにより行うことができることとされている。

　このうち、後半部分の保全処分は、事件の関係人の危険を防止するた
めに暫定的な法律関係を形成するものであり、仮の地位を定める仮処分
の性質を有することから、「事件の関係人の急迫の危険を防止するため
必要がある」ことが要件とされている。

第 200 条（遺産の分割の審判事件を本案とする保全処分）　　293

4　預貯金債権の仮分割の仮処分に関する特則（第 3 項）

⑴　新たな特則を設けた趣旨等

　本条第 3 項は、遺産に属する預貯金債権の全部又は一部を共同相続人
の一人又は数人に仮に取得させる旨の仮分割の仮処分をする場合の要件
について、本条第 2 項の特則を定めるものである。

　本条第 3 項は、遺産分割における預貯金債権の取扱いに関する判例変
更（最大決平成 28 年 12 月 19 日・民集 70 巻 8 号 2121 頁）があったことを
踏まえて、平成 30 年改正の際に新設されたものである。すなわち、上
記判例は、預貯金債権は各共同相続人の相続分に応じて当然に分割され、
遺産分割の対象とならないとしていた従前の判例を変更し、預貯金債権
も遺産分割の対象に含まれるとの判断を示したものである。これに伴い、
相続人が複数いる場合には、預貯金債権は相続開始により各共同相続人
の準共有（民法第 898 条、第 264 条）になるものと考えられ、遺産分割に
よりこの状態が解消されるまでの間は、共同相続人全員の同意を得なけ
れば預貯金の払戻しをすることはできないこととなった（民法第 264 条、
第 251 条第 1 項）。したがって、各共同相続人において、遺産に属する預
貯金債権を原資として、相続債務の弁済をしたり、あるいは被相続人の
葬儀費用を支出したりする必要がある場合でも、共同相続人の中にこれ
に反対している者や所在不明の者がいると、預貯金の払戻しをすること
ができないこととなるため、これを緩和する立法的な手当てが必要であ
るとの指摘がされていたところである。

　これを踏まえ、平成 30 年改正では、共有法理の特則として、遺産分
割の前であっても、各共同相続人に一定の範囲内で預貯金の払戻しをす
る権限を認めることとしたが（民法第 909 条の 2）、この制度は、裁判所
の関与なしで、各共同相続人に単独で預貯金の払戻しをすることを認め
るものであることから、共同相続人間の公平を害しないように払戻しが
認められる額について上限が設けられており、この額を超えるような大
口の資金需要には対応することができない。

　そこで、本条第 3 項では、このような大口の資金需要があるような場

294　第 2 部　家事事件手続法

合にも、これに柔軟に対応することができるよう、仮分割の仮処分の要
件を緩和することとしたものである。

(2)　仮処分の要件

ア　本案係属要件

本条第 3 項では、第 2 項による保全処分を含む他の家事事件における
保全処分と同様、遺産分割の審判又は調停の申立てがあったこと、すな
わち本案係属要件を要求することとしている。

したがって、本案である遺産分割の審判又は調停の申立てがされてい
ない場合には、預貯金債権の仮分割の仮処分の申立てはすることができ
ないこととなり、仮分割の仮処分の申立てをする者は、少なくとも同時
に遺産分割の調停又は審判の申立てをする必要がある（なお、遺産分割
については調停前置主義が採られていないので（家事法第 257 条第 1 項参照）、
直ちに審判を申し立てることができる。）。

イ　権利行使の必要性

本条第 3 項では、当該審判事件又は調停事件の当事者が遺産に属する
預貯金債権を行使する必要があると認められるときは、他の共同相続人
の利益を害する場合を除き、仮分割の仮処分をすることができることと
している。これにより、預貯金債権の仮分割の仮処分においては、本条
第 2 項に定める「事件の関係人の急迫の危険を防止するため必要がある
とき」という厳格な要件を満たす必要はなく、申立人に預貯金債権を行
使する何らかの必要性が認められれば、権利行使の必要性に関する要件
を満たすことになる。

このように、本条第 3 項では、権利行使の必要性に関する要件が相当
程度緩和されているが、このような取扱いが許容されるのは、預貯金債
権の特質に起因するものである。すなわち、仮分割の仮処分を本条第 2
項に基づき行う場合に、「事件の関係人の急迫の危険を防止するため必
要があるとき」という厳格な要件が設けられているのは、仮分割の仮処
分をした場合には、本案の遺産分割の審判事件においても、実際上は仮
処分と同様の分割をせざるを得ない場合が多いと考えられるため、安易

第 200 条（遺産の分割の審判事件を本案とする保全処分）　　295

に仮分割の仮処分を認めると、本案の遺産分割において、全体として適正かつ公平な分割を実現することが困難になるおそれがあるからである。一方、預貯金債権については、現金類似の性質を有しており、その現物分割も容易であるという性質を有することから、申立人に仮に取得させる預貯金債権がその一部にとどまっている限り、本案の遺産分割の審判事件において、適正かつ公平な分割が困難になるおそれは少ないものと考えられる。本条第 3 項では、これらの点を考慮して、権利行使の必要性に関する要件を相当程度緩和することにしたものである。

　また、本条第 3 項では、預貯金債権の行使の必要性が認められる場合の例示として、「相続財産に属する債務の弁済」や「相続人の生活費の支弁」に充てる必要がある場合を挙げている。まず、「相続財産に属する債務の弁済」については、申立人が被相続人から承継した相続債務の弁済をする場合はもとより、申立人が当該相続債務を承継していない場合であっても、その弁済をすることに法律上の利害関係があると認められるときには、権利行使の必要性が認められ得るものと考えられる。例えば、申立人は承継した相続債務を全て弁済したが、他の共同相続人がその承継した相続債務の弁済をしないために、相続債権者から財産分離（民法第 941 条以下）の申立てをされるおそれがあるような場合には、財産分離により相続財産全体が換価されることを避けるために、権利行使の必要性が認められることがあり得るものと考えられる。同様に、葬儀費用についても一般の先取特権が認められているため（民法第 309 条第 1 項）、申立人が葬儀費用の債務者でないとしても、権利行使の必要性が認められる場合があり得るものと考えられる。また、本条第 3 項において「相続人の生活費の支弁」が例示として掲げられていることからも明らかなとおり、権利行使の必要性は、共同相続人の共同の利益に資するような場合に限られず、当該申立人の利益のために存在すれば足りる。

　　ウ　他の共同相続人の利益を害しないこと

　前記イのとおり、本条第 3 項では、権利行使の必要性に関する要件を相当程度緩和しているが、他方で、預貯金債権は、確実かつ簡易に換価

296　第2部　家事事件手続法

することができ、現金類似の性質を有していることから、その取得を希望する相続人も多いと考えられる。そのような場合に、仮分割の仮処分の申立てをした者が最終的に他の共同相続人よりも不当に優遇されることがないように配慮する必要がある。

　このため、本条第3項ただし書では、「他の共同相続人の利益を害するとき」は仮分割の仮処分をすることはできないこととしている。

　この要件に該当するか否かについては、個別具体的な事件を担当する裁判官の判断に委ねられるが、他の共同相続人も預貯金債権の取得を希望しているような事例では、遺産に属する預貯金債権の総額に申立人の法定相続分を乗じた額の範囲内に限定するのが相当な場合も多いと考えられる。また、仮処分の申立てをした者に多額の特別受益がある場合には、他の共同相続人の具体的相続分を侵害しないよう、さらにその額を限定すべき場合もあり得ると考えられる。

　他方で、他の共同相続人が特に預貯金債権の取得を希望しておらず、特別受益や寄与分の主張もしていないような場合には、遺産の総額に申立人の法定相続分を乗じた額の範囲内で仮分割の仮処分を認めることもあり得、さらには、被相続人の債務の弁済を行う場合など事後的な清算も含めると相続人間の公平が担保され得る場合には、一定の条件の下で更なる増額を認めることもあり得るものと考えられる。

⑶　仮処分の効果

　前記⑵の各要件を満たす場合には、家庭裁判所は、仮分割の仮処分として、申立人に預貯金債権の全部又は一部を取得させることができる。

　本条第3項に基づく仮分割の仮処分がされた場合に、これが本案の遺産分割の審判に与える影響については、民事保全法上の仮地位仮処分と本案訴訟の関係と同様に解することができるものと考えられ（最判昭和54年4月17日・民集33巻3号366頁参照）、原則として、仮処分により申立人に預貯金債権の一部を取得させることとされた場合でも、これはあくまでも仮のものにすぎないのであるから、本案の遺産分割においては、これを当然の前提として判断する必要はなく、改めて、預貯金債権

第 200 条（遺産の分割の審判事件を本案とする保全処分）　　297

をどのように分割するのが相当かという点を含め、遺産分割の審判をすべきことになるものと考えられる。

したがって、本案である遺産分割の審判においては、預貯金債権について仮分割の仮処分がされたか否かにかかわらず、その主文の記載の仕方に変更はないものと考えられる（後記(4)ウ参照）。

もっとも、前記のとおり、本案である遺産分割の審判をする裁判所は、法律上は、仮分割の仮処分の内容を斟酌する必要はないことになるものの、実際には、仮処分の申立人にそのまま当該預貯金債権を取得させることに特段の問題がない場合には、仮処分の申立人にこれを取得させることとする場合が多いものと考えられる。

(4)　仮処分の手続

ア　管轄

仮分割の仮処分の申立事件は、本案である遺産分割の審判又は調停事件の係属する家庭裁判所の管轄に属する（家事法第 105 条第 1 項）。本案の審判事件が高等裁判所に係属しているときは、その高等裁判所が審判に代わる裁判をすることになる（同条第 2 項）。

なお、遺産分割の調停に係る管轄裁判所は、相手方の住所地を管轄する家庭裁判所又は当事者が合意で定める家庭裁判所であり（家事法第 245 条第 1 項）、また、遺産分割の審判に係る管轄裁判所は、相続が開始した地を管轄する家庭裁判所（同法第 191 条第 1 項）又は当事者が合意で定める家庭裁判所である（同法第 66 条第 1 項）。

イ　申立てその他の手続

仮分割の仮処分の申立権者については、本条 3 項は、「遺産の分割の審判又は調停の申立てがあった場合において、（略）預貯金債権（略）を当該申立てをした者又は相手方が行使する必要があると認めるときは、その申立てにより」と定めており、遺産分割の調停又は審判の申立人又はその相手方が申立権者となる。仮分割の仮処分の申立てをする者は、遺産分割の調停又は審判の申立ての場合と同様、自己を除く遺産分割の当事者全員を相手方とする必要がある。

298　第2部　家事事件手続法

　また、仮分割の仮処分は、審判前の保全処分の一種であるから、申立書において、申立ての趣旨及び保全処分を求める事由を明らかにしなければならない（家事法第106条第1項）。

　さらに、この申立てをするに当たっては、戸籍関係書類、住所関係書類及び遺産関係書類など、本案において提出すべき書類も必要になるものと考えられる（もっとも、原本を本案において提出済みである場合には、その写しを提出することで足りるものと考えられる。）。また、遺産関係書類としては、全ての遺産を記載した書面の提出が必要となるが、特にこの申立てにおいては、仮に取得させる預貯金の範囲を判断するため、原則として直近の残高証明書の提出が必要になるものと考えられる。このほかにも、仮分割の仮処分の必要性を判断するために、申立人の収入状況や仮払を必要とする費目及びその金額を裏付ける資料等の提出か必要になるものと考えられる。

　また、この仮処分は、仮の地位を定める仮処分の一種であるから、原則として、審判を受ける者となるべき者の陳述を聴かなければ、審判をすることができない（家事法第107条本文）。例外的に、その陳述を聴く手続を経ることにより保全処分の目的を達することができない事情があるときは、陳述の聴取をしないで審判をすることができるが（同条ただし書）、この仮処分において同条ただし書に該当する場合は想定し難いように思われる。

　このため、家庭裁判所がこの仮処分の申立てを受けた場合には、共同相続人全員に対してその陳述を聴取する期日を通知した上で、その陳述を現実に聴取したり、あるいは、照会書を送付してこれに記載をしてもらう方法で陳述を聴取したりするなどの手続を経て審判をする必要があるものと考えられる。

ウ　主文の記載

　本条第3項の仮処分は、いわゆる仮地位仮処分であり、本来であれば本案の遺産分割の審判によって生ずる効力を暫定的に実現させるものであるから、主文の内容も、「仮に（取得させる）」という文言が付される

以外は、遺産分割における主文と同様になるものと考えられる。

　したがって、この仮処分の申立てを認容する場合の主文としては、次のようなものが考えられる。なお、主文「1」の記載により、預金債権についての仮分割の仮処分であることが読み取れるのであるから、本来は主文「2」の記載は不要であるとも考えられるが、ここまで記載すれば金融機関としても安心して払戻しに応ずることができるといったメリットはあるものと考えられる。

　「
主　　文

　1　被相続人A（令和○年○月○日死亡）の遺産である別紙債権目録1記載の預金債権のうち100万円を、申立人に仮に取得させる。

　2　申立人は、別紙債権目録1記載の金融機関から、前項の取得額の払戻しを受けることができる。

（別紙）債権目録

　1　預金債権

　○銀行○支店　普通預金　口座番号　○○（名義人A）」

　　エ　不服申立て

　本条第3項の申立てを却下する審判に対しては、申立人は、即時抗告をすることができ（家事法第110条第1項）、また、同申立てを認容する審判がされた場合には、本案の遺産分割の審判に対して即時抗告をすることができる者、すなわち他の共同相続人は、即時抗告をすることができる（同条第2項）。

5　遺産の管理者の改任、職務、権限等（第4項）

　本条第4項は、第1項の遺産の管理者について、家事法第125条第1項から第6項までの規定（第三者が成年被後見人に与えた財産の管理者の改任等に関するもの）及び民法第27条から第29条まで（第27条第2項を除く。）の規定（不在者財産管理人の職務、権限及び報酬等に関するもの）を準用する旨を定めるものであり、平成30年改正の前後で内容に変更はない。

300　第2部　家事事件手続法

第14節　相続の承認及び放棄に関する審判事件

第201条　　　　　　　　　　　　　　　　　　　　　　【令和3年改正】

> 第201条　相続の承認及び放棄に関する審判事件（<u>別表第1の90の項から95の項までの事項についての審判事件をいう。</u>）は、相続が開始した地を管轄する家庭裁判所の管轄に属する。
> 2　（省略）
> 3　家庭裁判所（抗告裁判所が限定承認の申述を受理した場合にあっては、その裁判所）は、相続人が数人ある場合において、限定承認の申述を受理したときは、職権で、民法第936条第1項の規定により相続財産の<u>清算人</u>を選任しなければならない。
> 4〜9　（省略）
>
> 〔参考　令和3年改正前〕
> 第201条　（省略）
> 2〜9　（省略）
> <u>10　第125条の規定は、相続財産の保存又は管理に関する処分の審判事件について準用する。この場合において、同条第3項中「成年被後見人の財産」とあるのは、「相続財産」と読み替えるものとする。</u>

解　　説

1　本条の趣旨

　本条は、相続の承認及び放棄に関する審判事件の管轄等について定めるものである。本条第10項を削除し、本条第3項において「相続財産の管理人」とされていたのを、「相続財産の清算人」に呼称を変更したほか、その内容に変更はない。

2　第10項の削除

　令和3年改正前の本条第10項においては、令和3年改正前民法第918条第2項の規定による相続財産の保存又は管理に関する処分の審判事件に関する規律が定められていたが、同項の削除に伴い、本条第10

項も削除している。

302　第2部　家事事件手続法

第16節　相続人の不存在に関する審判事件

第203条から第208条まで　　　　　　　　　　　　　　　【令和3年改正】

（管轄）

第203条　次の各号に掲げる審判事件は、当該各号に定める家庭裁判所の
　　管轄に属する。

　　一　相続人の不存在の場合における相続財産の清算に関する処分の審判
　　　事件　相続が開始した地を管轄する家庭裁判所

　　二　相続人の不存在の場合における鑑定人の選任の審判事件（別表第1
　　　の100の項の事項についての審判事件をいう。）　相続人の不存在の場
　　　合における相続財産の清算に関する処分の審判事件において相続財産
　　　の清算人の選任の審判をした家庭裁判所

　　三　特別縁故者に対する相続財産の分与の審判事件（別表第1の101の
　　　項の事項についての審判事件をいう。次条第2項及び第207条におい
　　　て同じ。）　相続が開始した地を管轄する家庭裁判所

（特別縁故者に対する相続財産の分与の審判）

第204条　特別縁故者に対する相続財産の分与の申立てについての審判は、
　　民法第952条第2項の期間の満了後3月を経過した後にしなければなら
　　ない。

　2　同一の相続財産に関し特別縁故者に対する相続財産の分与の審判事件
　　が数個同時に係属するときは、これらの審判の手続及び審判は、併合し
　　てしなければならない。

（意見の聴取）

第205条　家庭裁判所は、特別縁故者に対する相続財産の分与の申立てに
　　ついての審判をする場合には、民法第952条第1項の規定により選任し、
　　又は第208条において準用する第125条第1項の規定により改任した相
　　続財産の清算人（次条及び第207条において単に「相続財産の清算人」
　　という。）の意見を聴かなければならない。

（即時抗告）

第206条　次の各号に掲げる審判に対しては、当該各号に定める者は、即
　　時抗告をすることができる。

　　一　特別縁故者に対する相続財産の分与の審判　申立人及び相続財産の
　　　清算人

二　特別縁故者に対する相続財産の分与の申立てを却下する審判　申立
　　　人
　2　第204条第2項の規定により審判が併合してされたときは、申立人の
　　1人又は相続財産の清算人がした即時抗告は、申立人の全員に対してそ
　　の効力を生ずる。
　（相続財産の換価を命ずる裁判）
第207条　第194条第1項、第2項本文、第3項から第5項まで及び第7
　　項の規定は、特別縁故者に対する相続財産の分与の審判事件について準
　　用する。この場合において、同条第1項及び第7項中「相続人」とあり、
　　並びに同条第2項中「相続人の意見を聴き、相続人」とあるのは「相続
　　財産の清算人」と、同条第3項中「相続人」とあるのは「特別縁故者に
　　対する相続財産の分与の申立人若しくは相続財産の清算人」と、同条第
　　4項中「当事者」とあるのは「申立人」と、同条第5項中「相続人」と
　　あるのは「特別縁故者に対する相続財産の分与の申立人及び相続財産の
　　清算人」と読み替えるものとする。
　（管理者の改任等に関する規定の準用）
第208条　第125条の規定は、相続人の不存在の場合における相続財産の
　　清算に関する処分の審判事件について準用する。この場合において、同
　　条第3項中「成年被後見人の財産」とあるのは、「相続財産」と読み替
　　えるものとする。

解　　説

　本各条は、相続人の不存在に関する審判事件について定めるものであ
る。相続財産管理人の呼称の変更等に伴い形式的な修正をしているほか、
家事法第204条第1項につき民法第958条の2の改正に沿って基準時を
改めているが、基本的に、内容については変更はない。

304 第2部　家事事件手続法

第18節の2　特別の寄与に関する審判事件

第216条の2（管轄）　　　　　　　　　　　　　　【平成30年改正】

（管轄）
第216条の2　特別の寄与に関する処分の審判事件は、相続が開始した地を管轄する家庭裁判所の管轄に属する。

解　　説

1　本条の趣旨

　特別の寄与の制度は、平成30年改正の際に新設されたものであるが（民法第5編第10章）、本条は、特別の寄与に関する処分の審判事件の管轄を定めるものであり、相続開始地を管轄する家庭裁判所の管轄に属する旨を定めている。

2　相続開始地を管轄する家庭裁判所の管轄

　特別の寄与に関する処分の審判事件について、相続開始地を管轄する家庭裁判所に管轄を認めたのは、一般に、同審判事件の判断に必要な資料は相続開始地すなわち被相続人の住所地（民法第883条）に最も多く存することが多いと考えられ、また、遺産の分割に関する審判事件（遺産分割の審判事件の管轄も相続開始地とされている（家事法第191条第1項）。）と併合して審理することができるようにするのが相当であると考えられること等によるものである。

　これにより、申立人が誰であっても、また、申立人がどこに居住していても一義的に管轄裁判所が定まることとなる。

　なお、特別の寄与に関する処分の審判事件については、寄与分を定める処分の審判事件（家事法別表第2の14の項の事項についての審判事件）とは異なり、遺産の分割の審判事件との併合強制の規律（家事法第192条前段）は設けられていない。これは、特別の寄与に関する処分の審判事件は遺産分割の審判事件の前提問題ではないことに加え、特別寄与料

第216条の2（管轄）　305

の請求は相続人全員にする必要がなく、共同相続人の一人又は数人に対して行うことも可能であり（民法第1050条）、必ずしも遺産分割の当事者と一致しないこと、また、特別の寄与があったと主張する者の主張内容は、その主張を基礎付ける根拠の有無及び程度を含め様々であることから、併合の当否については家庭裁判所の裁量に委ねるのが相当であると考えられるためである。

306　第2部　家事事件手続法

第216条の3（給付命令）　　　　　　　　　　　【平成30年改正】

（給付命令）
第216条の3　家庭裁判所は、特別の寄与に関する処分の審判において、
　当事者に対し、金銭の支払を命ずることができる。

解　　説

1　本条の趣旨

　本条は、家庭裁判所が特別の寄与に関する処分の審判において、紛争
の一回的・総合的解決の観点から、金銭の支払を命ずる旨の給付命令を
発することができる旨を定めるものである。

2　本条の給付命令の規律の内容

　本条は、特別の寄与に関する処分の審判事件において、家庭裁判所が
定めた給付の内容（各相続人が特別寄与者に支払うべき金銭の額）につい
て執行力を付与することを可能にする趣旨で設けられたものである。

　家庭裁判所が本条に基づく給付命令を発するために申立てを要するか
が問題となるが、「申立てにより」との文言を設けていないことから明
らかなとおり、裁判所が職権で行うことができることを前提としている。

　なお、本条における給付命令の内容は、他の給付命令に関する規定
（家事法第154条、第185条、第196条、第284条第3項）とは異なり、金
銭の支払に限定している。これは、民法上、特別寄与者は、相続人に対
し、特別の寄与に応じた金銭の支払を請求することができることとされ
ていることから（民法第1050条第1項）、金銭の支払以外の給付命令を
発することは想定されないためである。

第 216 条の 4 (即時抗告)　307

第 216 条の 4 (即時抗告)　【平成 30 年改正】

（即時抗告）
第 216 条の 4　次の各号に掲げる審判に対しては、当該各号に定める者は、即時抗告をすることができる。
一　特別の寄与に関する処分の審判　申立人及び相手方
二　特別の寄与に関する処分の申立てを却下する審判　申立人

解　　説

1　本条の趣旨

本条は、特別の寄与に関する審判事件に対しては即時抗告をすることができること及びその場合の即時抗告権者を定めるものである。

2　即時抗告権者

(1)　特別の寄与に関する処分の審判（第 1 号）

特別の寄与に関する処分の審判、すなわち特別寄与料の支払を求める審判の申立てを認容又は一部認容する判断に対しては、申立人及び相手方が即時抗告をすることができる（本条第 1 号）。

同審判は、申立人に特別の寄与があったと認めて、相手方に対して特別寄与料の支払を命ずるものであるから、相手方が即時抗告することができることは当然であるが、申立人にもより有利な審判を求めて家庭裁判所の判断を争う利益があることから、申立人にも即時抗告権を認めている。

なお、相続人以外の親族に特別の寄与があったと認められる場合には、民法上は、相続人がその相続分に応じて特別寄与料の支払義務を負うことになるが（民法第 1050 条第 5 項）、相続人が複数いる場合にも、特別寄与者は相続人全員を相手方として審判の申立てをする必要はなく、自由に相手方を選択することができ、かつ、相続人の一人に対してされた審判の効力は他の相続人には及ばないから、他の相続人に即時抗告権を認める必要はない。

308　第2部　家事事件手続法

(2)　特別の寄与に関する処分の申立てを却下する審判（第2号）

　特別の寄与に関する処分の申立てを却下する審判がされた場合には、申立人のみが即時抗告をすることができる。申立てを却下する審判がされた場合には、申立人以外に家庭裁判所の判断を争う利益を有する者はいないためである。

第216条の5（特別の寄与に関する審判事件を本案とする保全処分）　309

第216条の5（特別の寄与に関する審判事件を本案とする保全処分）

【平成30年改正】

> （特別の寄与に関する審判事件を本案とする保全処分）
> 第216条の5　家庭裁判所（第105条第2項の場合にあっては、高等裁判所）は、特別の寄与に関する処分についての審判又は調停の申立てがあった場合において、強制執行を保全し、又は申立人の急迫の危険を防止するため必要があるときは、当該申立てをした者の申立てにより、特別の寄与に関する処分の審判を本案とする仮差押え、仮処分その他の必要な保全処分を命ずることができる。

解　説

1　本条の趣旨

本条は、特別の寄与に関する処分についての審判事件を本案とする審判前の保全処分について、その要件及び内容を定めるものである。

2　本条の保全処分の要件及び内容

(1)　保全処分の要件

本条は、家庭裁判所（本案である特別の寄与に関する処分の審判事件が高等裁判所に係属しているときは、高等裁判所）が本条の規定に基づき、特別の寄与に関する処分についての審判事件を本案とする保全処分を命ずるには、①上記の審判又は調停の申立てがされていること（本案係属要件）、②強制執行を保全し、又は申立人の急迫の危険を防止するため必要があること（必要性）、③上記の審判又は調停の申立てをした者による保全処分の申立てがあることを要する旨を定めている。

なお、家事法においては、他の保全処分においても、家事審判の申立てがあった場合だけでなく、家事調停の申立てがあった場合にも審判前の保全処分をすることができることとしていることから（家事法第105条参照）、本条においても、これと同様の規律を採用し、「審判又は調停の申立てがあった場合において」と定めることにより、この点を明確にしている。また、上記のとおり本案係属要件があるので、特別の寄与に

310　第2部　家事事件手続法

関する処分についての調停又は審判事件が係属していないときは、本条に基づく保全処分を行うことはできず、遅くとも本条に基づく保全処分の申立てと同時に、本案である特別の寄与に関する処分の調停又は審判の申立てを行う必要がある。

⑵　保全処分の内容

特別の寄与に関する処分の審判事件を本案とする保全処分としては、特別寄与料の支払を命ずる審判の強制執行を保全するための仮差押えや、申立人が生活に困窮し、その生命・身体に危険が迫っている場合に相手方である相続人に対して仮払を命ずる仮処分などが想定される。

3　審理手続

本条が規定する審判前の保全処分の審理手続は、審判前の保全処分一般の場合と同様である。申立人の急迫の危険を防止するために相手方である相続人に対して仮払を命ずる仮処分は、仮の地位を定める仮処分であるから、原則として、仮払を命ぜられる者である相続人の陳述を聴取しなければならない（家事法第107条）。

第3編　家事調停に関する手続

第1章　総則

第5節　調停の成立によらない事件の終了

第273条（家事調停の申立ての取下げ）　　　　　　　【令和3年改正】

> （家事調停の申立ての取下げ）
> 第273条　家事調停の申立ては、家事調停事件が終了するまで、その全部又は一部を取り下げることができる。
> 2　前項の規定にかかわらず、遺産の分割の調停の申立ての取下げは、相続開始の時から10年を経過した後にあっては、相手方の同意を得なければ、その効力を生じない。
> 3　第82条第3項及び第4項並びに民事訴訟法第261条第3項及び第262条第1項の規定は、家事調停の申立ての取下げについて準用する。この場合において、第82条第3項中「前項ただし書、第153条（第199条第1項において準用する場合を含む。）及び第199条第2項」とあるのは「第273条第2項」と、同法第261条第3項ただし書中「口頭弁論、弁論準備手続又は和解の期日（以下この章において「口頭弁論等の期日」という。）」とあるのは「家事調停の手続の期日」と読み替えるものとする。

解　説

1　本条の趣旨

本条は、家事調停の申立ての取下げについて定めるものである。本条第1項については、令和3年改正による変更はない。

2　遺産分割の調停の申立ての取下げ（第2項）

遺産分割の調停の申立ての取下げは、相続開始の時から10年を経過した後にあっては、相手方の同意を得なければ、その効力を生じない。その趣旨等は、家事法第199条第2項と同じである。

312   第2部　家事事件手続法

3　家事法第82条第3項及び第4項等の準用（第3項）

　相続開始の時から10年を経過した後は、相手方の同意がなければ、遺産分割の調停の申立てを取り下げることができないとしており（本条第2項）、本条第3項においては家事法第82条第3項及び第4項を準用し、本条第2項の規定により申立ての取下げについて相手方の同意を要する場合においては、相手方の出頭する期日において取下げがあった場合を除き、家庭裁判所は、相手方に対し、申立ての取下げがあったことを通知しなければならないとし、通知を受けた日（相手方の出頭する期日において取下げがあった場合は取下げの日）から2週間以内に相手方が異議を述べないときは、申立ての取下げに同意したものとみなすことにしている。

事項索引

あ行

悪意……………………………………… 216
遺言執行者………………………… 24, 114
　　──の権利義務…………………… 117
　　──の通知義務…………………… 115
　　──の復任権……………………… 138
遺言の執行を妨げる行為…… 121, 122, 125
遺産確認の訴え………………………… 70
遺産共有………………………………… 60
遺産分割…………………………… 60, 147
　　──が終了している場合………… 234
　　──による権利の承継…………… 18
　　──の禁止………………………… 77
　　──の審判…………………… 26, 154
　　──の遡及効……………………… 189
　　──前の処分……………………… 66
遺産分割禁止期間の終期……………… 79
遺産分割対象財産が存在する場合… 231
遺産分割方法の指定…………………… 131
遺贈…………………………… 148, 229
　　──の履行………………………… 117
遺贈義務者……………………………… 110
一部審判………………………………… 74
一部分割………………………… 73, 86, 201
遺留分…………………………… 33, 44, 101
　　──を算定するための財産の価額
　　…………………………… 212, 215
遺留分権利者…………………………… 210
遺留分権利者承継債務………………… 248
遺留分侵害額…………………………… 226
　　──の算定方法…………………… 228
　　──の負担者……………………… 241
　　──の負担の順序………………… 244
遺留分侵害額請求権…………… 33, 228
遺留分超過額説………………………… 243
押印……………………………………… 107

か行

家事審判の申立ての取下げ………… 278
　　──の擬制………………………… 280
家事調停の申立ての取下げ………… 311
加除その他の変更……………………… 108
仮地位仮処分…………………………… 296
仮分割の仮処分………………… 81, 293
管轄…………………………… 297, 304
期間経過後の遺産の分割における相続
　　分………………………………… 53
期間制限………………………… 182, 207
期限の許与…………… 175, 209, 252
帰属上の一身専属性…………………… 227
給付命令………………………………… 306
共同相続人間の担保責任……………… 67
共同相続人全員の同意………………… 65
共同相続人の利益を害するおそれ…… 74
共有に関する規定……………………… 12
居住建物取得者………………………… 185
　　──の義務………………………… 194
居住建物の返還………………………… 176
　　──義務…………………………… 202
居住要件………………………………… 143
居住用不動産…………………………… 47
寄与分…………………………… 233, 260
金銭請求権……………………………… 228
具体的相続分………… 40, 42, 62, 70
具体的相続分説………………………… 231
契約による分割の禁止………………… 78
欠格事由……………………… 190, 220, 264
原状回復義務………………… 178, 205
限定承認者による管理………………… 89
現物給付制度…………………………… 253
権利行使期間…………………………… 270
権利濫用………………………………… 152
行使上の一身専属性…………………… 227
効力要件主義…………………………… 17

314　事項索引

固定資産税‥‥‥‥‥‥‥‥‥‥‥‥‥ 174
個別的遺留分‥‥‥‥‥‥‥‥‥‥‥‥ 211
婚姻期間が 20 年以上の夫婦
　‥‥‥‥‥‥‥‥‥‥‥‥ 41, 44, 45, 49
混同の例外‥‥‥‥‥‥‥‥‥‥ 152, 191

さ行

債権‥‥‥‥‥‥‥‥‥‥‥‥‥‥‥‥‥ 23
債権代位権‥‥‥‥‥‥‥‥‥‥‥‥‥ 227
財産の維持又は増加‥‥‥‥‥‥‥‥ 266
財産目録‥‥‥‥‥‥‥‥‥‥‥‥‥‥ 104
債務者の承諾‥‥‥‥‥‥‥‥‥‥‥‥ 29
債務消滅請求‥‥‥‥‥‥‥‥‥‥‥‥ 248
詐害行為取消権‥‥‥‥‥‥‥‥‥‥ 167
差押え‥‥‥‥‥‥‥‥‥‥‥‥‥‥‥ 21
死因贈与‥‥‥‥ 26, 149, 191, 212, 246, 247
敷地利用権‥‥‥‥‥‥‥‥‥‥ 152, 192
時効‥‥‥‥‥‥‥‥‥‥‥‥‥ 183, 207
指定相続分‥‥‥‥‥‥ 35, 82, 236, 273
自筆証書遺言‥‥‥‥‥‥‥‥‥‥‥ 103
受遺者又は受贈者の負担額‥‥‥‥‥ 241
収去義務及び収去権‥‥‥‥‥‥ 177, 203
就職の承諾‥‥‥‥‥‥‥‥‥‥‥‥ 114
終身の間‥‥‥‥‥‥‥‥‥‥‥‥‥ 158
修繕義務‥‥‥‥‥‥‥‥‥‥‥ 170, 194
修繕権‥‥‥‥‥‥‥‥‥‥‥‥ 170, 208
従前の用法‥‥‥‥‥‥‥‥‥‥‥‥ 165
従前の用法と異なる使用‥‥‥‥ 166, 198
10 年経過後の分割の性質‥‥‥‥‥‥ 54
10 年経過前の遺産分割の請求‥‥‥‥ 55
受益相続人‥‥‥‥‥‥‥‥‥‥‥‥ 14
受贈者が相続人である場合の特則‥‥ 218
主文‥‥‥‥‥‥‥‥‥‥‥‥‥ 257, 298
準共有‥‥‥‥‥‥‥‥ 64, 81, 86, 293
使用及び収益‥‥‥‥‥‥‥ 151, 165, 168
上限額‥‥‥‥‥‥‥‥‥‥‥‥‥‥ 80
条件付きの権利‥‥‥‥‥‥‥‥‥‥ 213
承認‥‥‥‥‥‥‥‥‥‥‥‥‥‥‥ 37
使用又は収益‥‥‥‥‥‥‥‥‥‥‥ 168
消滅の申入れ‥‥‥‥‥‥‥‥‥‥‥ 194
処分‥‥‥‥‥‥‥‥‥‥‥‥ 66, 69, 86

処分者の同意‥‥‥‥‥‥‥‥‥‥‥ 68
審判による分割の禁止‥‥‥‥‥‥‥ 78
生活の本拠‥‥‥‥‥‥‥‥‥‥‥‥ 145
是正の催告‥‥‥‥‥‥‥‥‥‥‥‥ 168
善意の第三者‥‥‥‥‥‥‥‥‥‥‥ 123
善管注意義務‥‥‥‥‥‥‥‥ 165, 197
増改築等の禁止‥‥‥‥‥‥‥‥‥‥ 167
葬儀費用‥‥‥‥‥‥‥‥‥‥‥ 80, 84
相続債権者‥‥‥‥‥‥‥‥ 15, 34, 125
相続債権者及び受遺者に対する弁済
　‥‥‥‥‥‥‥‥‥‥‥‥‥‥‥‥‥ 98
相続財産管理人‥‥‥‥‥‥‥‥‥‥ 8
相続財産清算人選任等の公告‥‥‥‥ 95
相続財産に関する訴訟の追行‥‥‥‥ 10
相続財産に関する費用‥‥‥‥‥‥‥ 2
相続財産の共有‥‥‥‥‥‥‥‥‥‥ 11
相続財産の保存に関する処分の審判事
　件‥‥‥‥‥‥‥‥‥‥‥‥‥‥‥ 285
相続財産の保存に必要な処分‥‥ 4, 5, 6, 7
相続債務‥‥‥‥‥‥‥‥‥‥ 213, 236
相続に関する審判事件の管轄権‥‥‥ 276
相続人が数人ある場合の相続財産清算
　人‥‥‥‥‥‥‥‥‥‥‥‥‥‥‥ 91
相続人捜索の公告‥‥‥‥‥‥‥‥‥ 96
相続人による相続財産の管理‥‥‥‥ 88
相続人の合意と具体的相続分の割合に
　よる遺産分割‥‥‥‥‥‥‥‥‥‥ 56
相続人の債権者‥‥‥‥‥‥‥‥‥‥ 125
相続人の代理人‥‥‥‥‥‥‥‥‥‥ 135
相続人の不存在‥‥‥‥‥‥‥‥‥‥ 95
　——に関する審判事件‥‥‥‥‥‥ 302
相続の放棄をした者による相続財産の
　管理‥‥‥‥‥‥‥‥‥‥‥‥‥‥ 92
相続の放棄をした者の引渡義務‥‥‥‥ 94
相続分の指定
　‥‥ 14, 17, 24, 28, 32, 33, 34, 36, 50, 241
相続放棄‥‥‥‥‥‥‥‥‥‥ 220, 264
総体的遺留分‥‥‥‥‥‥‥‥‥‥‥ 210
贈与‥‥‥‥‥‥‥‥‥‥‥‥‥‥‥ 229
贈与税の特例‥‥‥‥‥‥‥‥‥‥ 46, 47
即時抗告‥‥‥‥‥‥‥‥‥‥‥‥‥ 307

事項索引　315

存続期間の延長や更新‥‥‥‥‥‥‥‥ 159
存続期間の不確定な権利‥‥‥‥‥‥ 213

た行

対抗要件‥‥‥‥‥‥‥‥‥‥‥‥ 17, 190
第三者‥‥‥‥‥‥‥‥‥‥‥‥‥‥‥‥ 18
第三者対抗要件‥‥‥‥‥‥‥‥‥‥‥ 20
第三者対抗力‥‥‥‥‥‥‥‥‥‥‥ 161
他人物遺贈‥‥‥‥‥‥‥‥‥‥‥‥ 106
超過特別受益‥‥‥‥‥‥‥‥‥‥ 41, 43
調停による分割の禁止‥‥‥‥‥‥‥ 79
通常の必要費‥‥‥‥‥‥ 171, 173, 209
通知‥‥‥‥‥‥‥‥‥‥‥‥‥‥‥‥‥ 28
添付‥‥‥‥‥‥‥‥‥‥‥‥‥‥‥‥ 106
動産に関する権利の承継‥‥‥‥‥‥ 22
特定遺贈‥‥‥‥‥ 26, 101, 120, 130, 212
特定財産承継遺言‥‥‥ 14, 17, 22, 24, 28,
　　　　　36, 49, 50, 83, 119, 126, 129,
　　　　　131, 148, 212, 227, 241, 243
特定承継人‥‥‥‥‥‥‥‥‥‥‥‥ 227
特定物の遺贈‥‥‥‥‥‥‥‥‥‥‥ 110
特別寄与者‥‥‥‥‥‥‥‥‥‥‥‥ 259
特別寄与料‥‥‥‥‥‥‥‥‥‥ 259, 268
　──の額‥‥‥‥‥‥‥‥‥‥‥‥ 269
特別受益者‥‥‥‥‥‥‥‥‥‥‥‥‥ 40
特別の寄与‥‥‥‥‥‥‥‥‥‥ 259, 267
　──に関する審判事件‥‥‥‥‥‥ 304

な行

内部的な負担割合‥‥‥‥‥‥‥‥‥‥ 36
任意代理人‥‥‥‥‥‥‥‥‥‥‥‥ 139

は行

配偶者居住権‥‥‥‥‥‥‥‥‥‥‥ 142
　──の効力‥‥‥‥‥‥‥‥‥‥‥ 150
　──の譲渡性‥‥‥‥‥‥‥‥‥‥ 166
　──の消滅事由‥‥‥‥‥‥‥‥‥ 180
　──の存続期間‥‥‥‥‥‥‥‥‥ 157
　──の登記‥‥‥‥‥‥‥‥‥‥‥ 161
配偶者居住権消滅請求‥‥‥‥‥‥‥ 168
配偶者短期居住権‥‥‥‥‥‥‥‥‥ 185

　──の譲渡禁止‥‥‥‥‥‥‥‥‥ 208
　──の消滅事由‥‥‥‥‥‥ 200, 206
　──の存続期間‥‥‥‥‥‥‥‥‥ 192
　──の発生要件‥‥‥‥‥‥‥‥‥ 186
配偶者短期居住権消滅請求‥‥‥‥‥ 199
背信的悪意者‥‥‥‥‥‥‥‥‥‥‥ 162
引渡義務‥‥‥‥‥‥‥‥‥‥‥‥‥ 110
非常の必要費‥‥‥‥‥‥ 174, 207, 209
被相続人の親族‥‥‥‥‥‥‥‥‥‥ 262
不在者財産管理人による供託‥‥‥‥ 282
不在者の財産の管理に関する処分の審
　判事件‥‥‥‥‥‥‥‥‥‥‥‥‥ 281
不在者の財産の管理に関する処分の取
　消し‥‥‥‥‥‥‥‥‥‥‥‥‥‥ 284
不相当な対価をもってした有償行為
　‥‥‥‥‥‥‥‥‥‥‥‥‥‥‥‥ 224
負担付贈与‥‥‥‥‥‥‥‥‥‥‥‥ 221
負担付遺贈‥‥‥‥‥‥‥‥‥‥‥‥ 222
物権法上の共有‥‥‥‥‥‥‥‥‥‥‥ 60
不特定物遺贈‥‥‥‥‥‥‥‥‥ 112, 136
返還請求権‥‥‥‥‥‥‥‥‥‥‥‥ 163
妨害停止請求権‥‥‥‥‥‥‥‥‥‥ 163
妨害予防請求権‥‥‥‥‥‥‥‥‥‥ 164
包括遺贈‥‥‥‥‥‥‥ 101, 119, 120, 136
包括承継人‥‥‥‥‥‥‥‥‥‥‥‥ 227
法定相続分‥‥‥‥‥ 18, 34, 82, 236, 273
法定相続分説‥‥‥‥‥‥‥‥‥‥‥ 233
法定代理人‥‥‥‥‥‥‥‥‥‥‥‥ 139
法務省令で定める額‥‥‥‥‥‥‥‥‥ 83
保全処分‥‥‥‥‥‥‥‥‥‥‥‥‥ 309
本案係属要件‥‥‥‥‥‥‥‥‥‥‥ 294

ま行

無償性‥‥‥‥‥‥‥‥‥‥‥‥ 146, 266
無資力‥‥‥‥‥‥‥‥‥‥‥‥‥‥ 251
申立ての取下げの制限‥‥‥‥‥‥‥ 288
持戻し免除の意思表示
　‥‥‥‥‥‥‥ 41, 43, 44, 219, 230, 235
　──の推定‥‥‥‥‥‥‥‥‥‥‥ 153

や行

やむを得ない事由………………… 55
有益費………………… 174, 207, 209
用法遵守義務………………… 165, 197
預貯金契約の解約の申入れ………… 132

預貯金債権………………… 61, 80, 132, 293
　——の仮払の仮処分……………… 292
預貯金の払戻し請求………………… 132

ら行

労務の提供………………… 265

逐条解説　改正相続法

2024年12月25日　初版第1刷発行

著　者　堂薗幹一郎　脇村真治
　　　　神吉康二　宇野直紀

発行者　石川雅規

発行所　株式会社商事法務

〒103-0027 東京都中央区日本橋 3-6-2
TEL 03-6262-6756・FAX 03-6262-6804〔営業〕
TEL 03-6262-6769〔編集〕
https://www.shojihomu.co.jp/

落丁・乱丁本はお取り替えいたします。　　印刷／広研印刷㈱
© 2024 Kanichiro Dozono, Shinji Wakimura,　Printed in Japan
Koji Kanki, Naoki Uno
Shojihomu Co., Ltd.
ISBN978-4-7857-3127-4
＊定価はカバーに表示してあります。

JCOPY ＜出版者著作権管理機構　委託出版物＞
本書の無断複製は著作権法上での例外を除き禁じられています。
複製される場合は、そのつど事前に、出版者著作権管理機構
（電話 03-5244-5088、FAX 03-5244-5089、e-mail: info@jcopy.or.jp）
の許諾を得てください。